教育部人文社会科学重点研究基地重庆工商
长江上游经济研究中心科研（智库）团队项目"长
创新创业与区域经济发展"（CJSYTD201
重庆市本科高校"三特行动计划"特色专业建设项目

Research on the Transformation and
Upgrading of Open Economy Under the
New Situation in China

新形势下我国开放型经济转型升级研究

段小梅　杨占锋　孙　娟　等/著

科学出版社

北　京

图书在版编目（CIP）数据

新形势下我国开放型经济转型升级研究/段小梅等著. —北京：科学出版社，2018.7

ISBN 978-7-03-058021-4

Ⅰ．①新… Ⅱ．①段… Ⅲ．①中国经济-开放经济-转型经济-研究 Ⅳ．①F125

中国版本图书馆 CIP 数据核字（2018）第 131740 号

责任编辑：杨婵娟　姜德君/责任校对：孙婷婷
责任印制：徐晓晨/封面设计：无极书装

编辑部电话：010-64035853

Email：houjunlin@mail.sciencep.com

科 学 出 版 社 出版

北京东黄城根北街 16 号
邮政编码：100717
http://www.sciencep.com

涿州市京南印刷厂 印刷

科学出版社发行　各地新华书店经销

*

2018 年 7 月第 一 版　开本：B5（720×1000）
2019 年 9 月第二次印刷　印张：16 1/8
字数：325 000

定价：98.00 元

（如有印装质量问题，我社负责调换）

前　言

改革开放以来，我国凭借丰富的劳动力禀赋优势，抓住国际产业向发展中国家转移的历史机遇，融入经济全球化进程，迅速崛起成为"世界贸易大国"，实现了经济腾飞。"以开放促改革"被公认为我国经济发展的典型模式和成功经验。但2008年金融危机后，全球经济呈现增长速度放缓、经济结构转型、各国之间竞争激烈、制度变化改革等多重特征。与此同时，国际贸易保护主义的强化与全球贸易规则的重构相交织。今天，在全球范围内，无论是发达国家还是发展中国家，或是近年来表现良好的新兴经济体，都在探寻摆脱危机、促进增长的良方，任何国家都面临着不进则退的考验。

在世界经济复苏乏力，外部需求急剧下降的国际背景下，我国开放型经济中严重依赖劳动密集型、资源密集型产品出口的粗放型发展方式和前一阶段经济迅速扩张而导致的产能过剩、区域差距、环境污染、生态压力、人口红利消失殆尽、能源资源约束加剧等深层结构性问题开始凸显，中国经济面临着不协调、不平衡和不持续的严峻挑战。面对这样的新形势、新挑战、新问题，我们并没有高筑"防火墙"，把世界经济带来的"惊涛骇浪"拒之"千里以外"，而是迎头而上，通过进一步扩大开放，打造更为坚实、从容面对"大风大浪"的"经济大船"。因此，党的十八大报告提出，"全面提高开放型经济水平"，"适应经济全球化新形势，必须实行更加积极主动的开放战略，完善互利共赢、多元平衡、安全高效的开放型经济体系"。党的十八届五中全会进一步明确"必须顺应我国经济深度融入世界经济的趋势，奉行互利共赢的开放战略，发展更高层次的开放型经济，积极参与全球经济治理和公共产品供给，提高我国在全球经济治理中的制度性话语权，构建广泛的利益共同体。开创对外开放新局面，必须丰富对外开放内涵，提高对外开放水平，协同推进战略互信、经贸合作、人文交流，努力形成深度融合的互利合作格局"。因此，我们必须在清楚认识当前世界和自身经济形势深刻变化的基础上，在危机中加快调整和转型，在变革中抓住发展机遇。然而，未来我国开放型经济如何突破国际和国内的环境约束？如何促进开放型经济可持续发展？其转型的方向在哪里？其转型的路径和需要的政策支持是什么？对这些问题的探索成为国际金融危机后学术界和实践部门的重要课题。

本书在对我国开放型经济的发展历程进行回顾、梳理、总结和反思的基础上，揭示其当前面临的新机遇和新挑战，以开放型经济中的主要内容——"对外贸易"和"外商投资"为重点，从"一带一路"倡议、新贸易保护主义、服务贸易、吸引外资、对外投资等角度探讨当前我国开放型经济面临的重大问题，主要的研究内容和观点如下。

（1）我国开放型经济的绩效评估与反思。为了完整地评估我国开放型经济的发展成效，本书遵循全面性与重点性相结合、动态性与持续性相结合、科学性和可操作性相结合的原则，构建了我国开放型经济的绩效评估体系。选取熵值法对各评估指标进行客观赋权测度，并采用模型进行评估。评估结果表明，我国开放型经济发展体制改革滞后，尤其是投资领域的体制改革，与国际上通行的"准入前国民待遇"和"负面清单"管理模式相差甚远；在以全球价值链为主导的新时期，以"出口导向"和"引进外资"为双引擎，以量取胜的发展模式亟待转变；投资过度，消费持续低迷、内需严重不足的经济结构制约了我国开放型经济进一步发展的潜力和水平提升；"双向开放"发展缓慢，难以充分体现我国在国际经济治理体系中的话语权和影响力。因此，我国必须顺应经济全球化的大趋势，加快开放型经济发展的转型升级，全面提高开放型经济水平。

（2）"一带一路"倡议：我国对外开放新格局。"一带一路"倡议目标的实现离不开沿线各国的共同努力，然而沿线国家数量众多，面临着诸多风险：地缘关系复杂，政治局势动荡；沿线是大国博弈和较量的重点地带，可能会引起相关国家的警惕与戒备；不同价值取向引发潜在危机，"一带一路"倡议可能会受到质疑；沿线国家经济发展差异大，软硬件建设难度增加；贸易投资环境差，区域合作机制有待完善；国内沿线各地无序竞争，缺乏相关外向型人才等。未来推进"一带一路"建设，其重点领域主要包括农业合作、能源合作、产能合作、金融合作、自由贸易区（简称自贸区）建设。但不同的国家其合作的重点也有所不同，东南亚国家的重点在于产能转移、基础设施建设、旅游业发展等；南亚国家可优先加强基础设施的互联互通和农产品贸易；中东阿拉伯国家重点在能源和资源领域；中亚国家在首先加快与哈萨克斯坦"光明之路"对接的基础上，加强矿藏和能源方面的投资合作；中欧、东欧国家在完善中欧班列合作的基础上，加大基础设施投资力度，加强以装备制造业为重点的产业合作，搭建好智库交流平台；俄罗斯的重点合作领域主要在高技术领域、物流设施建设、农林牧渔业等。在合作对策方面，要统筹规划，构建风险评估体系；确定重点领域，重视安全公共产品的提供；秉承开放包容精神，增强国际话语权；深化经贸合作，实现贸易便利化；推动企业外交，增强企业国际竞争力；培养和延揽人才，强化国际意识与能力等。

（3）新贸易保护主义下我国对外贸易的困境与突围。中国已成为世界第一大出口国、世界第一货物贸易大国，新贸易保护主义的兴起使中国成为最大受害者。

面对如此困境，本书认为应该从政府、行业、企业三个层面来进行"突围"。①政府层面：需要健全与国际惯例相吻合的法律法规体系，减少"灰色区域"的损害；构建贸易伙伴（尤其是一些发展中国家）合作援助体系，加快自贸区建设步伐；实施进出口贸易平衡发展战略，尤其是在进口领域实现"引进、消化、吸收和再创新"的良性循环；坚持"磋商"与"反击"并行的策略，采取适度的贸易制裁措施。②行业层面：行业协会要应对新贸易保护主义政策，维护企业权益，帮助企业积极应诉、申诉；构建行业预警体系，获取贸易壁垒信息；重新划分协会职能与管辖范围，加强与政府协作。③企业层面：熟悉和掌握国际规则，积极应对贸易摩擦；提高研发水平，掌握核心技术，打造品牌战略；"引进来"与"走出去"相结合，规避国际贸易风险。

（4）服务贸易：国际竞争力比较与提升。当前，服务贸易正逐渐取代货物贸易成为世界经济新的推动力。2014年，我国已成为全球服务贸易第五大出口国和第二大进口国。但我国服务贸易在高速发展的背后面临着一系列隐忧：行业结构、进出口结构、发展地区不平衡；开放度不仅远低于货物贸易，而且远低于新加坡、瑞士、韩国和加拿大等国家；逆差缺口大；法律制度与管理体制不完善等问题凸显。因此，需要从以下方面提升我国服务贸易竞争力水平：①通过优化服务贸易的进出口结构，进一步优化我国服务业产业结构。②在提升传统服务业的同时，培育新兴服务产业。在加强自主研发和创新能力同时，积极引进国外先进技术，形成"引进—消化—吸收"良性循环。③放宽外方进入我国服务领域的条件，引入外部优质资源，加快我国服务业"走出去"开拓国际市场，建立全球营销体系，实现竞争与发展的良性互动。④适时地在金融、保险、计算机和信息、专利和特许权、通信、咨询等方面，加快推出新型服务贸易产品，满足货物贸易发展需求，实现货物贸易与服务贸易的良性互动。

（5）吸引外资：规模稳定与质量提升。长期以来，我国主要依靠短期的土地、税收等政策优惠吸引外商投资，重视外资数量忽视外资质量，在吸引外商投资过程中累积的弊端也不断显现：引进外资的数量大但质量不高、促进国内技术进步不明显、对我国的产业控制加深，威胁产业安全、环境资源约束大等。与此同时，金融危机后，全球经济下行和发达国家"再工业化"导致全球外资流入大幅度下降、以美国为主的发达国家重构世界贸易投资规则、各国要素禀赋发生变化导致吸引外资的竞争加剧、外资更为重视长期性的制度性保障等，都对我国引资带来新的挑战。未来，我国可从以下几方面进一步优化利用外商投资的路径：①营造良好的外商投资环境，提高引进外资措施的便利化和制度的透明性；②优化外资区域布局，把吸引外资和区域协调发展有机结合起来；③引导外资产业投向，强化引进外资政策和我国产业政策的协同一致；④激发开放平台发展活力，以便于释放对外开放新能级；⑤"引资"和"引智"相结合，培育创新发展优势。

（6）对外投资：拓展我国开放型经济的新空间。我国的对外直接投资进入 21 世纪后发展迅猛，但在当前复杂的宏观环境和我国经济转型过程中面临严峻挑战：一是企业国际化水平偏低；二是在海外并购等活动中缺乏高素质国际经营管理人才；三是对外直接投资的地区分布与产业结构不尽合理；四是国家政策体系不够完善，经济保障机制相对匮乏；五是海外投资给东道国带来的环境社会问题会对投资项目的存续、人员的安全带来隐患，甚至会使中国面临人权与政治的挑战；六是国际投资规则变化带来的新风险。针对这些挑战，本书提出我国对外投资转型升级的路径和对策建议。未来其转型升级的路径主要包括：①创新境外经济贸易合作区建设，做好境外合作区的功能定位和项目配套，优化境外合作区的国别布局。②根据产业特性及不同区域的经济发展特点有选择性地推进国际产能合作。③投营建一体化、整合国内外资源、加强与发展中国家基础设施合作。④提升境外并购能力，提高并购成功率。⑤加强国际区域合作。

段小梅

2018 年 1 月 19 日

目　　录

前言

第一章　我国开放型经济发展为何需要转型 ·················· 1

　　第一节　我国开放型经济转型面临的新背景：基于国际视角 ·········· 1

　　第二节　我国开放型经济转型面临的新背景：基于国内视角 ·········· 6

　　第三节　我国开放型经济转型升级的机遇 ·················· 12

　　第四节　我国开放型经济转型升级的主要思路 ·············· 16

第二章　我国开放型经济发展历程与特点 ·················· 19

　　第一节　我国开放型经济的发展历程 ···················· 19

　　第二节　我国开放型经济发展的基本特点 ·················· 30

第三章　我国开放型经济发展的绩效评估与反思 ·············· 47

　　第一节　我国开放型经济发展的绩效评估 ·················· 47

　　第二节　我国开放型经济发展的反思 ···················· 71

第四章　"一带一路"倡议：我国对外开放新格局 ············· 87

　　第一节　"一带一路"提出背景及经贸合作现状 ·············· 87

　　第二节　提升"一带一路"沿线国家经贸合作的机遇与挑战 ········ 96

　　第三节　推进"一带一路"沿线国家经贸的合作方向和重点领域 ·········· 100

第五章　新贸易保护主义下我国对外贸易的困境与突围 ·········· 112

　　第一节　新贸易保护主义兴起的背景及发展趋势 ·············· 112

第二节 我国对外贸易的历程、特征及问题 ………………………… 117

第三节 新贸易保护主义对我国的影响 …………………………… 129

第四节 我国应对新贸易保护主义突围的路径探索与对策建议 ………… 135

第六章 服务贸易：国际竞争力比较与提升 …………………………… 144

第一节 我国服务贸易发展历程、现状和成效 …………………… 144

第二节 我国服务贸易的发展特点与存在问题 …………………… 154

第三节 中美韩印服务贸易竞争力对比研究 ……………………… 164

第四节 我国服务贸易竞争力提升策略 …………………………… 172

第七章 吸引外资：规模稳定与质量提升 ……………………………… 176

第一节 我国外商投资的历程和特点 ……………………………… 176

第二节 我国引进外资的成绩与问题 ……………………………… 187

第三节 吸引外商投资的机遇与挑战 ……………………………… 195

第四节 稳定引资规模，提升外资质量的路径和对策 ……………… 201

第八章 对外投资：拓展我国开放型经济的新空间 ………………… 207

第一节 中国对外投资发展历程及现状 …………………………… 207

第二节 中国对外投资存在问题、挑战及机遇 …………………… 223

第三节 我国对外投资转型升级路径与对策建议 ………………… 229

参考文献 ……………………………………………………………… 239

后记 …………………………………………………………………… 247

第一章 我国开放型经济发展为何需要转型

改革开放以来，我国凭借丰富的劳动力禀赋优势，抓住国际产业向发展中国家转移的历史机遇，融入经济全球化进程，迅速崛起成为"世界贸易大国"，实现了经济的腾飞。"以开放促改革"被公认为我国经济发展的典型模式和成功经验。但长期以来，我国开放型经济以劳动密集型、资源密集型产品出口为主要驱动力的粗放型发展方式累积了一些问题，并在近年开始凸显：人口红利终结、能源资源约束加剧、生态环境形势严峻等。而且金融危机后，全球经济呈现出增长速度放缓，经济结构转型，各国之间竞争激烈，制度变化改革等多重特征。与此同时，国际贸易保护主义的强化与全球贸易规则的重构相交织。今天，在全球范围内，无论是发达国家还是发展中国家，或是近年来表现良好的新兴经济体，都在探寻摆脱危机、促进增长的良方，任何国家都面临着不进则退的考验。中国必须清楚认识到当前世界和自身的深刻变化，在危机中加快自身经济的调整和转型，在变革中抓住发展新机遇。因此，未来我国开放型经济如何突破国际、国内的环境约束，实现其转型升级成为学术界和实践部门的重要课题。我国开放型经济面临的新背景究竟是什么？转型的机遇在哪里？转型升级的主要内容是什么？以下将对这些问题进行梳理和探讨。

第一节 我国开放型经济转型面临的新背景： 基于国际视角

全球贸易、资本、人口的快速流动加速了全球经济的融合，也带来了更多的不确定性和危险性，任何一个国家的微小变动都将牵一发而动全身，引起世界范围内的经济波动。2008 年美国金融危机爆发后，国际经济进入大调整、大转型的时代。世界经济发展呈现出一系列新趋势和新特点。这也构成了我国开放型经济转型升级的国际背景。

一、世界经济复苏乏力，前景仍不明朗

（一）金融危机的冲击和影响

2007 年 8 月，美国国内爆发的"次贷危机"造成大量金融机构破产，引发资本市场动荡。在随后的短短几个月中，这场危机逐渐演变为金融风暴，并迅速席卷全球。美国、欧盟、日本等国家和地区经济陷入衰退，全球经济持续低迷不振。2007～2009 年，美国国内生产总值（GDP）年增长速度从 1.78%跌至–2.78%；日本则从 2.17%跌至–5.52%[①]；欧元区内希腊、西班牙、爱尔兰、意大利、葡萄牙等国遭遇债务危机，整个欧元区（28 国）经济增长速度从 6%下降至–5.7%[②]。从世界整体来看，2009 年，全球经济自 1961 年以来首次出现负增长，GDP 增长速度从 2007 年的 4.31%跌至 2009 年的–1.72%[①]，这一方面说明此次危机带来的灾难性影响是空前而深远的，另一方面也表明世界各国（地区）之间的经济联系已难以割裂，全球经济出现了深度的融合。就我国而言，自 2001 年加入世界贸易组织（WTO）以来，中国已深度融入全球经济，在全球性金融风暴的席卷下，中国也难以独善其身。自 2007 年以来，中国经济整体增长出现波动性的下降，增速从 14.2%下降至 2015 年的 6.9%，为 1990 年以来的最低水平。全球经济的衰退，特别是发达国家经济的快速衰退对我国的出口带来了直接影响，我国货物进出口增长速度从 2007 年的 23.5%下降到 2009 年的–13.9%，1998 年来首次出现负增长；其中，出口增速从 25.7%下降至–16%，进口增速从 20.8%下降至–11.2%，出口受到的冲击更为强烈[③]。

（二）世界经济复苏乏力，不稳定性与不确定性增加

金融危机之前，得益于稳定的政治环境和贸易投资自由化的趋势，世界经济迎来了"大稳定"的繁荣时期。1998～2007 年，全球经济以每年 7%的增长率实现了高速增长。2008 年金融危机之后，各国政府、各类全球性组织都积极开展救市行动，以缓解危机带来的经济衰退，在一系列注资、降息、量化宽松政策下，全球经济虽然有所复苏，但经济增长动力仍旧不足。在 2016 年 10 月发布的《世界经济展望报告》中，国际货币基金组织（IMF）再次下调了 2016 年世界经济增速预期，其预计 2016 年全球经济增长速度仅为 3.1%，比 2016 年 1 月《世界经济展望最新预测》报道的数据还降低了 0.3 个百分点。从各国来

---

① 世界银行统计数据库，http://data.worldbank.org/country/。

② 欧洲经济数据中心，http://www.edatasea.com/Content/eu/ID/12。

③ 中华人民共和国统计局国家数据，http://data.stats.gov.cn/。

看，美国商务部 2017 年 3 月 30 日发布的数据显示，2016 年美国实际 GDP 增速为 1.6%，较 2015 年下降 1 个百分点，创五年最低[1]；欧元区虽然逐渐走出主权债务危机的阴影，但经济增长速度仍然不容乐观，据欧洲中央银行 2016 年报道，2016 年欧元区实际增长速度为 1.7%，未来一年仅为 1.6%[2]；日本的情况则更加不容乐观，虽然日本政府采取了一系列刺激经济的措施但收效甚微，据 2016 年世界银行统计数据库资料显示，日本预计经济增长速度仅为 0.47%[3]；除此之外，加拿大、澳大利亚等资源出口型国家也因全球大宗商品价格下跌遭受了巨大冲击；巴西和俄罗斯两大新兴经济体同样受大宗商品价格下跌的影响而陷入困境，2016 年两国的经济增长率分别为 -4.04% 和 -1.2%；而金融危机之后作为中流砥柱的中国，在外部冲击下也暴露出一系列问题，经济增速整体放缓，面临艰难转型。从整体来看，虽然已度过危机后最艰难的时段，但全球整体经济向上增长的势头疲软，下行风险加剧，复苏步伐将进一步放缓。

另外，影响全球经济增长的原因还包括世界各国政治和经济的不稳定性和不确定性。美国联邦储备系统（简称美联储）继续加息的消息层出不穷，如果美联储计划继续加息，美国经济的增长势头可能将会进一步减弱；除此之外，2016 年的美国大选对美国国内的政治局势和社会稳定带来了一定影响。欧洲的不稳定因素也与日俱增，英国脱欧首先引起英镑的迅速贬值，资本市场动荡；如若实行"硬脱欧"，英国则无法继续享受欧盟的单一市场待遇，经济上的衰退更加难以避免。除了脱欧问题外，中东难民的涌入给欧洲各国政府带来的财政问题和安全问题，给本就萎靡不振的欧洲经济更加沉重的打击。而与实体经济情况有着密切联系的大宗商品价格走势也不甚明朗，若大宗商品价格继续走低，那么俄罗斯、加拿大、新西兰、巴西，以及中东地区国家等原料输出国的经济将会面临进一步的震荡，特别是中东地区持续以来的战乱问题将使中东经济进一步缩水。就中国而言，需要用多长时间实现经济的转型调整仍然是未知数。印度的经济增长虽然领跑全球，但其结构性问题和双赤字问题也长期存在。这些不稳定和不确定增加了经济下行的风险，也将对实体经济和资本市场带来冲击，进而影响全球经济的复苏。

二、国际合作主流理念重构，国际经贸规则体系深度调整

2008 年金融危机后，随着新兴经济体的群体性崛起，全球经济格局和政治格

---

① 美国商务部，http://iefi.mof.gov.cn。

② 欧洲中央银行网站，http://www.ecb.europa.eu/press/key/date/2016/html/sp161114.en.html。

③ 世界银行统计数据库，http://data.worldbank.org/country/japan?view=chart。

局发生了重大调整。在多哈发展议程（简称多哈回合）止步不前的情况下，以美国为首的西方国家以维护贸易公平为由欲重构新一代国际经贸规则体系以巩固其国际地位，赢得战略主动权。2016 年 2 月 4 日，美国、日本、澳大利亚、越南等12 个国家已正式签署了《跨太平洋伙伴关系协定》（TPP），该协定在知识产权、劳工标准、环境条款和竞争中立方面设置了高门槛，企图将中国排除在外①。2013年 6 月，欧美同时宣布正式启动《跨大西洋贸易和投资伙伴关系协定》（TTIP）谈判，至 2016 年 2 月 18 日，针对该项协定的谈判已进行了 11 轮，双方在关税、市场准入、政府采购、市场监管方面进行了深度的讨论。2015 年，欧美两大经济体的经济总量达 341 765 亿美元，约占全球经济总量的 46.5%，商品进出口总额达到 144 130 亿美元，占全球商品进出口总额的 43.3%②，两大经济体之间一旦达成区域性的自由贸易协定，不仅会给中国的出口、投资带来负面压力，也会让中国在全球化进程中面临被边缘化的风险。据 WTO 统计，截至 2016 年 8 月 24 日仍生效并通报的区域贸易协定（RTAs）约有 423 个③，其中绝大部分为自由贸易协定。除了数量庞大以外，新一代的区域贸易协定还体现了范围广、标准高、宽领域等特点。仅《跨太平洋伙伴关系协定》（TPP）、《跨大西洋贸易和投资伙伴关系协定》（TTIP）、《区域全面经济伙伴关系协定》（RECP）三项区域贸易协定就跨越了美、欧、亚三大洲，涉及 30 多个国家和地区，谈判涉及竞争政策、服务贸易、投资环境等方面内容，TPP 还对环境条款、知识产权条款、劳动条款等方面提出了新要求。区域合作的加深有效地促进了区域间贸易，但作为发展中国家，更为复杂的合作内容和更加严格的加入条件可能会将我国拒之门外。除货物贸易外，推进服务贸易自由化的行动也已在全球范围内开展。从2013 年起，已有多个国家参与《国际服务贸易协定》（TISA）谈判，谈判内容涉及金融、运输、咨询、教育、电子商务等多个领域，其目的一方面是促进服务贸易的自由化，另一方面也意图对跨国服务贸易设置高标准和新规则。近年来，中国的服务贸易发展已取得了突破性成功，加入 TISA 也能给中国带来更多的机会，虽然我国已于 2013 年正式宣布加入 TISA 谈判，但想要成功加入依旧面临重重困难。

在现有发展水平和开放水平不高的情况下，发达国家以发展中国家"搭便车"为由欲重塑国际经贸规则的行为无疑会对中国的进一步对外开放带来冲击，如何应对贸易投资保护主义的加剧是当前我国开放型经济面临的严峻考验之一。

---

① 2017 年 1 月美国总统特朗普已宣布从 TPP 中退出。但仍将与美国盟友和其他国家发掘双边贸易机会。

② 世界银行统计数据库，http://data.worldbank.org/。

③ 世贸组织发布区域贸易协定的贸易情况，http://wto.mofcom.gov.cn/article/slfw/201609/20160901400445.shtml。

三、发达国家制造业回迁及警示

在全球产业转移的浪潮下，发达国家将非核心产业转移至亚洲、拉丁美洲国家，以获得成本优势。以欧洲一些国家，以及美国、日本为代表的发达国家成为主要的资本输出国和技术密集型、知识密集型产品出口国，以中国为代表的亚洲国家成为全球制造业中心，主要输出劳动密集型低附加值产品。金融危机爆发后，世界经济走向低迷，世界各国特别是长期以来坚持"去工业化"的国家纷纷意识到工业的"稳定器"作用，相继提出"再工业化"战略，试图提升现有工业并发展新工业，重塑制造业国际竞争优势，再次夺取全球经济制高点。美国先后发布《美国先进制造业伙伴关系计划》《美国先进制造业国家战略计划》《美国制造业创新网络计划》，从技术创新、投资、新兴产业发展等方面提出了打造美国先进制造业的对策和建议，目前摩托罗拉、苹果、IBM 等大型跨国公司已经或计划将其部分生产线迁回美国；德国提出了以智能制造为主导的工业 4.0 战略计划，依托物联网信息系统和信息通信技术实现工业生产的信息化、智慧化，提高德国工业的全球竞争力；日本发布 2015 年版《制造业白皮书》，提出要重视信息技术和物联网的应用推广，加快机器人、下一代清洁能源汽车、再生医疗及 3D 打印等行业的发展，促进日本制造业再次发展；英国推出《英国工业 2050 战略》，从更长远的角度分析当前英国制造业面临的问题及未来发展的趋势，提出促进制造业发展的对策和建议；法国提出"新工业法国"计划，确定了高速列车、电动飞机等 34 个优先发展的工业项目，重振法国工业。发达国家制造业回流给我国经济发展带来的影响是多重的。过去，凭借着劳动力优势和资源优势，我国一直以来都是跨国企业重要的海外投资地，但随着发达制造业的回流，我国制造业吸引外资的能力在逐年下降。据统计，2011~2014 年，我国制造业外商直接投资额从 521 亿美元持续下降至 399.4 亿美元，下降幅度达到了 23.3%（中华人民共和国国家统计局，2015）。外资企业的撤离将对我国的出口和就业带来一定的负面冲击。此外，本轮发达国家的制造业回流也并非单纯地将传统制造业迁移回国，而是运用新技术、新科技和新材料发展本国新兴产业。相比之下，发达国家有更加良好的工业基础和更加完善的产学研体系，这也使得未来我国面临的新兴制造产业的国际竞争更加激烈。

四、新兴国家同质竞争加剧

在发达国家积极部署重回全球经济战略制高点的同时，发展中国家也在加快全球化进程，通过开放促进本国经济发展。越南、泰国、柬埔寨、印度尼西亚、墨西哥等中低收入国家凭借着劳动力成本优势，正在争夺中低端制造转移。从2011年起，越南、柬埔寨、菲律宾的外商直接投资（FDI）净流入都经历了持续性增加，年均增长幅度分别达到了12.3%、20.9%和12.3%；而丰田、东芝、耐克、西门子等全球知名品牌早已将其工厂迁至泰国、印度尼西亚、墨西哥等地以降低生产成本。此外，同为金砖国家的印度近年来发展势头强劲，2015年，印度GDP的增长速度首次超过我国，达到了7.57%。印度本国服务业十分发达，服务业的产值已占到其经济总量的一半以上，特别是IT外包产业极具国际竞争优势。从2003年起，凭借着良好的服务业基础，印度已经成为服务贸易净出口国家，到2014年，印度服务贸易出口总额为1556.3亿美元，排名世界第8位。在服务业发展取得良好成绩的同时，近年来，印度政府提出了"印度制造"口号，并从税收制度、基础设施建设、劳动力改革、引进外商投资等多方面入手，激发本国优势，促进本国化工、制药、汽车、军工、电子等产业的发展。2015年，印度FDI净流入额达到了442.08亿美元，比2012年提高了84.2%，增长速度十分惊人[①]。金砖国家中，巴西和俄罗斯的表现也十分突出，两国在能源、矿产品和初级农产品方面具有比较优势，并拥有雄厚的工业基础，巴西的汽车工业、纺织业、造船业，俄罗斯的军工产业、航天航空产业都具备竞争优势。近年来，受全球大宗商品价格下跌的影响，巴西和俄罗斯的经济产生了一定的波动，但随着全球经济的逐步复苏和需求的上升，两国在出口方面也将成为中国强劲的对手。

第二节　我国开放型经济转型面临的新背景：基于国内视角

在外部环境发生深刻变化的同时，我国自身发展条件也在悄然改变。过去我们依靠低成本、高投入的增长方式实现了经济的腾飞，而这种"粗放式"的增长方式以环境、资源为代价，引发了当前经济发展的结构性问题和持续性问题。加之人口结构、收入结构的变化，我们过去拥有的低成本优势也在逐渐地流失。种种新变化构成了当前我国开放型经济转型升级的国内背景。

---

① 世界银行统计数据库，http://data.worldbank.org。

一、经济增长减速

自 1978 年改革开放到 2010 年的 30 多年中，中国经济经历了高速的增长，年均增长速度达到了 12.7%，经济总量排名上升至全球第二，被世界称为"中国奇迹"。但从 2011 年起，中国经济增速开始出现持续性的下滑，到 2015 年只有 6.9%，降为 1990 年以来最低水平。由此可见，我国经济已经进入调整转换期，不仅难以维持过去的高速增长，还面临着经济下行的风险。

改革开放以来，我们依靠出口和投资实现了经济的快速增长，在加入 WTO 后，中国经济与世界经济之间的联系更是密不可分，当前中国经济的减速也是外部形势和内部条件共同作用的结果。第一，出口对经济的拉动作用越来越弱。2006 年，我国货物和服务进出口对经济增长的贡献率①达到了 15.2%，但金融危机之后，受需求影响，出口对经济的拉动作用出现了持续性下降，到 2014 年，这一数值仅为 1.7%（中华人民共和国国家统计局，2015）。从出口地域来看，以欧洲地区一些国家，以及日本、美国等为代表的发达国家和地区是我国主要的商品出口目的地，2007 年，我国向上述国家出口的货物总值占同期货物出口总额的 51.2%。随着 2008 年金融危机的爆发，上述发达国家和地区经济陷入萧条，我国对日本、美国及欧洲地区的出口比例下降至 42%，这意味着发达国家的需求走势趋于疲软，全球需求市场结构正在发生重大转变。目前，世界经济复苏仍旧面临众多不确定性和不稳定性，加之发达国家制造业的回流及新兴国家的兴起，未来我国面临的出口竞争将更加激烈。第二，传统的投资主导增长模式已无法助力经济持续性发展。2008 年，中央出台了"四万亿"投资计划以应对全球金融风暴的冲击，从短期来看这的确促进了经济增长，在随后的两年中，投资对经济增长的贡献率都在 50% 以上。但过度的投资造成了房价大幅度上涨、产能过剩、供给不足等结构性问题，高投入高增长的模式已无法适应当前中国经济的发展。第三，消费拉动不足。2014 年，我国消费支出对经济增长的贡献率仅为 51.6%，而 1990 年曾达到 81%。樊纲和马蔚华（2015）认为，消费需求主导的增长模式转型是否成功主要在于居民收入是否提高，而我国大部分收入流向了政府金融国有企业和非公有制企业之中，居民所得比例较低，支付水平有限，因此，需求增长拉动经济增长的模式很难实现。由此可见，过去的高速增长难以为继，坚持过去传统的增长模式并非明智之举，只有推进经济的转型，调整经济结

---

① 贡献率是指货物和服务净出口增量与支出法国内生产总值增量之比。

构，寻找新的增长动力和增长点才能促进经济持续、健康地发展。

二、人口红利终结

改革开放以来取得的瞩目成绩得益于充裕而廉价的劳动力，大量劳动力与资本的有机结合迅速提高了产出水平，并通过出口的扩大实现了经济的快速增长。近年来，随着我国人口结构的转变，我国过去所拥有的人口红利也面临着逐渐消失的危险。从当前的情况来看，人口红利的消失主要有三点表现。第一，劳动力人口减少。根据国家统计局数据，2014 年，我国 15～64 岁的劳动力人口出现了负增长，相比上一年减少了 113 万人，在总人口中的占比下降至 73.4%，而 14 岁及以下、65 岁及以上人口数目逐年增加，在总人口中的占比已达到 26.6%，总人口抚养比上升到 36.2%，劳动力负担加重。据联合国《2015 世界人口展望报告》预计，到 2050 年，中国 15～59 岁的劳动力人口仅为总人口的 50%，远低于现有水平。第二，农村剩余劳动力转移趋于均衡。改革开放后，随着工业化水平和城镇化水平的提高，大量劳动力从农村转移至城市，从第一产业转移到第二、第三产业，保证了中国经济的持续性增长。但近年来"用工荒"问题的频频出现，越来越多的学者认为我国农业剩余劳动力将在未来 5～10 年全部转移（童玉芬等，2011；李迅雷等，2014），"人口红利"接近尾声。第三，工资水平逐渐上升。随着劳动力供给的减少、生活成本的提高和社会保障制度的普及，企业用工成本也开始逐年上涨。2000～2015 年，我国城镇单位就业人员平均工资上涨了约 6.6 倍。国际劳工组织最新发布的全球工资报告显示，2013 年，我国实际工资增长率达到了 7.3%，远高于全球平均水平。我国国家统计局发布的《2015 年农民工监测调查报告》表明，农民工月收入水平比上一年增加了 7.2%，劳动力成本大大提高。过去，我们凭借着劳动力成本优势出口了大量低成本、低附加值的劳动密集型产品，而随着人口红利的终结，依靠低成本所取得的全球竞争优势将不复存在。

三、能源资源约束加剧

传统的增长方式依靠高要素的投入实现了高产出和高增长，但也使得当前我国面临的能源、资源问题更加严峻。一方面，我国能源消耗量大且增长十分迅速，能源消费总量从 2000 年的 14.7 亿 t 标准煤增至 2013 年的 42.6 亿 t 标准煤，年均增长速度达到 8.5%。从人均来看，世界银行数据显示，2013 年，我国人均能源使用量达到了 2226.27kg 石油当量，高于世界平均水平约 18 个百分点。另一方面，从能源消耗构成来看，我国化石燃料的消费比重达到了88.14%，比美国和欧盟分别高出4.88%和17.28%[①]。这表明目前我国的能源消费仍以不可再生的化石燃料为主，再生性能源和清洁能源的利用率较低，不利于我国的持续性发展和环境保护。值得注意的是，我国能源利用效率水平明显较低。2014年，我国能源消费量在全球能源总消费中的比重达到了21.2%，而我国GDP仅占全球的14.8%，能源的全球消费占比是GDP占比的1.4倍，而经济合作与发展组织(OECD)国家的数值仅为0.6[①]。在资源方面，我国面临的约束也在趋紧。目前，我国的人均水资源量为2100m³，是世界平均水平的28%；人均耕地面积为0.078hm²，仅为世界平均水平的39.6%；铁矿石、有色金属等矿产资源的探明储量虽然有所提高，但出产量的增长速度明显快于探明储量的增长速度，这将进一步加速矿产资源的枯竭。传统大规模投资、大规模消耗形成的粗放式增长导致我国能源、资源消耗居高不下，在有限资源的约束下，粗放式增长方式只会造成供需矛盾的进一步加深，并引发更严重的能源资源问题。

四、生态环境形势严峻

改革开放以来，高耗能、高污染的粗放式增长所积累的环境问题正在全面爆发，解决环境问题更加刻不容缓，雾霾、水污染、土地沙漠化等问题已成为影响当前我国居民生活、生产的主要威胁。《2015中国环境状况公报》显示，2015年全国338个地级以上城市空气质量未达标数为265个，占比达到78.4%，未达标天数平均比例约为23.3%，污染物成分主要以细颗粒物（PM2.5）、臭氧、可吸入颗粒物（PM10）为主。其中，京津冀及周边地区是我国空气污染高发地区，2015年区域内70个地级以上城市共发生1710天次重度及以上污染，占全国的44.1%。从水资源的情况来看，2015年，全国地表水Ⅰ类水质断面点占比2.8%，比上年下降0.6个百分点，Ⅱ类、Ⅲ类水质占比虽然有所上升，但Ⅱ类、Ⅲ类水资源主要是集中式饮用水，在全国557个地表饮用水水源地中，达标水源地仅占92.6%。地下水的情况则更加不容乐观，《2015中国环境状况公报》显示，全国5118个地下水监测点中，较差和极差级水质占比分别达到了42.5%和18.8%，总比例超过70%，北方平原的比例更高，分别达到了48.4%和31.2%，部分地区存在重金属和有毒有机物污染。从土地资源的情况来看，2014年，全国耕地面积净减少10.73万hm²，总耕地平均质量等别为9.79等，总体偏低；土壤水土流失问题严重，现有土壤侵蚀总面积达到了294.9万km²。大规模的现代化生活、生产活动在急速

---

① 世界银行统计数据库，http://data.worldbank.org。

消耗资源的同时也排放出大量的垃圾废物。《2016 年全国大、中城市固体废物污染环境防治年报》显示，2015 年，全国 246 个大中城市一般工业固体废物生产量为 19.1 亿 t，生活垃圾生产量约为 1.86 亿 t，而对这些废物、垃圾的处理办法主要是土地填埋，这也将加深对土壤、水体资源的污染。除此之外，2015 年我国陆地排入海洋的污水排放总量达到了 62.45 亿 t，其中，石油类为 824.2t，总磷为 3149.2t，部分排放污水中甚至包括了汞、铅、镉等重金属（中华人民共和国环境保护部，2016）。无论是大气资源、水资源还是土地资源，当前我国面临的环境问题都十分严峻，转变经济发展方式，走出一条可持续的绿色发展之路对未来的经济发展、社会发展都至关重要。

五、频繁遭遇贸易摩擦

我国是世界货物贸易第一大国，2015 年我国出口总额在全球出口市场份额中占 13%。在凭借自身成本优势和价格优势迅速占领全球市场的同时，我国也受到了来自其他国家的贸易干预。当前，贸易摩擦越演越烈，我国已成为遭遇全球贸易摩擦最多的国家之一。近年来，我国的化工、医药、新能源产品，特别是光伏产品、钢铁产品频频受到来自美国、欧盟、加拿大等发达国家和地区的反倾销反补贴调查，根据商务部统计，仅 2016 年上半年，中国出口产品共遭遇来自 17 个国家发起的 65 起贸易救济调查案件，同比上升 66.67%，涉案金额 85.44 亿美元，同比上升 156%。其中，反倾销案件 46 起，反补贴案件 13 起，保障措施案件 6 起[①]。除了采取传统反倾销和反补贴的措施之外，新的贸易摩擦形势也成为发达国家的贸易保护手段。一是绿色贸易壁垒。2009 年 6 月，美国众议院通过了《美国清洁能源安全法案》，该法案允许美国在 2020 年对未达到节能减排要求的国家征收碳关税。根据该法案的条例，我国将成为美国碳关税的征收对象，我国的绝大部分产品也将面临额外关税。碳关税一旦实施，我国对美出口的商品将负担一笔额外的成本，价格优势将进一步削弱。此外，碳关税作为一种新的贸易壁垒也很有可能被其他国家复制，我国的对外贸易将会受到更大的冲击。二是技术性贸易壁垒。据统计，技术性贸易壁垒已成为影响全球贸易最主要的因素之一。根据我国国家质量监督检验检疫总局抽样调查结果，2014 年，我国从事出口贸易的企业中，有 36% 受到了国外技术性贸易壁垒的影响；企业为达到进口国要求而采取技术改进、认证、认可等措施造成的新增成本达到 222.2 亿美元；国外技术性贸易措施导致我国出口产品被国外扣留、销毁、退货等直接损失达 755.2 亿美元，同比增加

---

① 2016 年上半年中国出口产品共遭 17 国 65 起贸易救济调查案，http://www.ccpit.org/Contents/Channel_4130/2016/0720/673193/content_673193.htm，2016-07-20。

93.2 亿美元，占同期出口总值的 3.2%[①]，可见，技术性贸易壁垒带来的损失已超过反倾销和反补贴，并逐渐成为影响我国外贸出口的最大阻碍。当前，全球经济复苏缓慢，国际需求市场萎靡不振，贸易摩擦的加剧致使我国产品"走出去"将面临更大压力。

六、利用外资困境凸显，外资结构矛盾日益突出

金融危机爆发之后，欧美各国经济迅速衰退，中国成为全球热门的投资目的地，大量国外资本迅速涌入。数据显示，2007~2010 年，我国实际利用外资数额从 783.39 亿美元增至 1088.21 亿美元，年均增长速度达到了 11.6%。外资的引进对我国经济增长、就业促进和技术进步起到了举足轻重的作用，然而随着我国人口红利和资源红利的逐渐消失，加之发达国家制造业回流和其他新兴发展中国家的兴起，我国吸引外资的能力在逐渐走弱。2010~2014 年，我国实际利用外资数额从 1088.21 亿美元增长至 1197.05 亿美元，年均增长速度为 2.4%，仅为前一阶段的 1/5 左右。从行业来看，制造业和农林牧渔业两大行业外资流失速度加快，2014 年，两大行业实际利用外资总额分别为 339.39 亿美元和 15.22 亿美元，相比 2010 年下降了 19.5% 和 20.4%。交通运输、仓储和邮政业，金融业，房地产业，以及文化、体育和娱乐业等行业吸引外资能力有所增强，但从流入资金总额来看，房地产业依旧是外商投资的热门行业，2014 年，房地产业吸引外资数额达到了 346.3 亿美元，在全年实际利用外资总额中的比重达到了 29%。2015 年 4 月，国家发展和改革委员会（简称国家发改委）、商务部联合发布《外商投资产业指导目录（2015 年修订）》，放宽了外商投资房地产业的限制性条款，这将导致更多国外资本流入房地产市场，进一步刺激房价，导致房地产泡沫。从外资投入区域来看，2014 年，我国东部地区实际利用外资金额为 979.2 亿美元，约占全国的 82%，中部地区和西部地区实际利用外资金额为 108.6 亿美元和 107.8 亿美元，比重均只有 9% 左右[②]。可见，外商投资区域仍然集中于东部沿海发达地区，对中西部地区的投资力度较小。改革开放以来，我国通过承接 FDI 推动了产业提升和地方经济发展，但在利用外资的过程中出现的结构性问题加剧了我国经济发展不平衡的矛盾，因而，转变当前的发展方式对我国经济的均衡发展显得尤为重要。

---

① 质检总局召开新闻发布会通报 2014 年国外技术性贸易措施对中国出口企业影响调查情况等内容，http://www.aqsiq.gov.cn/zjxw/zjxw/xwfbt/201506/t20150629_443633.htm，2015-06-30。

② 2014 年我国利用外资规模稳中有进 结构更趋合理，http://www.mofcom.gov.cn/article/ae/ai/201501/20150100868311.shtml，2015-01-30。

第三节　我国开放型经济转型升级的机遇

一、全球政治经济版图的重组

　　发达国家曾长期以来一直是推动世界经济增长的主要引擎。金融危机之后，美国、欧盟、日本等发达国家和地区经济复苏乏力，而新兴国家出现了群体性崛起。2000 年，G7①经济总量的全球占比高达 66%，但 2011 年下降到 48%，E24②新兴经济体占比从 16%上升至 29%。从贸易情况来看，2000 年 G7 占全球进口近 50%，2011 年降至 37%，而 E24 则由 16%上升至 28%。根据世界银行发布的数据，2015 年，"金砖五国"经济总量已达世界总量的 21.4%，货物出口占全球货物出口的 19%，成为拉动全球经济发展的新引擎。IMF 在 2016 年 10 月发布的《世界经济展望》报告中提到，2017 年及以后，在新兴市场表现强劲的带动下，全球经济复苏速度将进一步加快。同时，该报告也预计 2017 年新兴国家总体增长速度将达到 4.6%，远高于发达国家。虽然发展速度较快，但新兴国家普遍面临着国内基础设施落后、市场发育水平较低等问题，新兴国家的群体性崛起必然加速新兴国家国内工业化、城市化进程，对全球资源、资本和技术的需求将成为刺激全球经济增长的一大动力，也为我国带来了巨大的市场机遇。另外，新兴国家的群体性崛起也推动了全球政治版图的重构。过去，新兴国家受发达国家经济、政策影响较大，缺乏国际话语权。随着经济的崛起，新兴国家在全球的政治地位变得越发重要。APEC③、OECD、G20④等机构已成为发达国家与新兴国家之间的对话、沟通平台，由发达国家单一主导的全球治理模式已经过时，发达国家与新兴国家共同参与全球治理已成为不可逆转的趋势。

---

　　① 7 个最发达的工业化国家：美国、日本、德国、英国、法国、意大利和加拿大。
　　② 国际货币基金组织将阿根廷、巴西、保加利亚、智利、中国、哥伦比亚、匈牙利、印度、印度尼西亚、拉脱维亚、立陶宛、马来西亚、墨西哥、巴基斯坦、秘鲁、菲律宾、波兰、罗马尼亚、俄罗斯、南非、泰国、土耳其、乌克兰、委内瑞拉这 24 个发展中国家（简称 E24）作为新兴经济体。
　　③ 亚洲太平洋经济合作组织（Asia-Pacific Economic Cooperation，APEC），简称亚太经合组织。
　　④ 20 国集团（G20）是一个国际经济合作论坛，由中国、阿根廷、澳大利亚、巴西、加拿大、法国、德国、印度、印度尼西亚、意大利、日本、韩国、墨西哥、俄罗斯、沙特阿拉伯、南非、土耳其、英国、美国及欧盟二十方组成。

二、新一轮科技革命与产业变革

当前，新一轮的技术革命正在全球范围内掀起，在科技浪潮的冲击下，从生产方式到产业形态，再到商业模式都发生了翻天覆地的变化。世界各国纷纷加快推进技术研发，调整产业布局，以求提高国际竞争力，进而在日益激烈的全球竞争中抢占先机。颠覆传统产业格局的新事物层见叠出，为社会先进生产力的发展指明了方向。从我国的发展趋势来看：集成电路及专用设备、信息通信设备、操作系统与工业软件、智能制造核心信息设备将成为新一代信息基础产业未来十年的发展重点；高档数控机床和机器人产业力争到 2025 年处于国际领先地位或国际先进水平；新能源汽车、新材料和以新机制、新靶点化学药、抗体药物、全新结构蛋白及多肽药物、新型疫苗为重点的新型生物医药产品已展现出诱人的应用前景；航空航天、海洋开发、船舶建造技术的创新更加密集；以数字模型文件、可黏合材料为基础，采用数字技术材料打印机来实现的 3D 打印技术，具有高效率、低成本、高精度的优势，将推动工业品由大批量集中式生产向定制化分布式生产转变；自动驾驶技术、无人机技术、智能家居设备、智能穿戴设备、远程医疗技术将进一步改善人们生活，增进人类福祉。这些创新技术不仅能带来新产业、新商品和新需求，创造新的经济增长点，更会促进传统生产流程、生产模式、产业链组合和管理制度进行深度调整，使制造业的发展摆脱对要素驱动、投资驱动的路径依赖，摆脱制造业高耗能高污染低附加值的窘境，向更加先进、更加高效、更加多元、更加绿色的方向发展。

三、我国在国际上的经济地位上升

自 1978 年以来，在改革开放的基本国策之下，中国发生了重大而深刻的变化。中国 GDP 从 1978 年的 1483.83 亿美元增加至 2015 年的 108 660 亿美元，年均增长速度高达 12.3%。2010 年，中国 GDP 总量首次超过日本，成为全球第二大经济体，据统计，中国对世界经济的贡献率已达到了 25%以上[①]。2010 年，中国制造业产出口占世界的比重为 19.8%，超过美国成为全球制造业第一大国。2013 年中国货物贸易进出口总额达 41 589.9 亿美元，首次超过美国成为全球第一大货物贸易国。同时，中国也是世界外汇储备第一大国，2014 年中国外汇储备达到 38 430.18 亿美元。2016 年 10 月 1 日，人民币正式加入 IMF 特别提款权货币篮子，这意味

---

① 2015 年中国对世界经济增长贡献率超 25%，http://money.163.com/16/0119/13/BDMRDTF100254TI5.html，2016-01-19。

着人民币国际化进程向前迈出了一大步。随着经济实力的增强，越来越多的中国企业参与到对外投资活动中去，2014 年中国实际对外投资额首次超过吸引外资额，成为对外净投资国。2015 年中国人均 GDP 达到 7924.65 美元，按照世界银行的最新标准，中国已步入中等偏上收入国家行列。中国也是发展创新、活力、联动、包容型世界经济的倡导者和奉行者。目前，中国是世界 120 多个国家的最大贸易伙伴、70 多个国家的第二大贸易伙伴，已与新西兰、韩国、澳大利亚等国家和东南亚国家联盟（简称东盟）地区签署了自由贸易协定，并在上海、广东、福建、重庆、辽宁、四川等地设立自由贸易试验区，以进一步提高自身国际贸易和跨国投资的便利化和自由化水平。在国际交往和国际事务处理中，中国积极承担大国责任、践行大国担当，目前，中国是 WTO、IMF、G20、APEC、上海合作组织、"10+3" 机制[①]的成员国，同时与 OECD 建立了良好的合作伙伴关系，是亚洲基础设施投资银行、丝路基金的发起国，在多边合作框架下，中国有能力与世界其他国家一起共同应对全球危机，帮助其他国家实现共同发展。

四、经济发展进入新常态，向形态更高级、分工更复杂、结构更合理阶段演化

改革开放以来，我们坚持出口导向型的发展道路，这种发展方式对能源、资源具有较强的依赖性，存在着高能耗、低成本、高污染、低效益的缺点。自 2008 年以来，经济的高速增长已难以为继，中国经济已进入新常态，经济发展的重点不再是片面追求 GDP 的高速增长，而是促进经济结构向更合理、更高级转化。在一系列政策调整下，中国经济结构调整的步伐加快，并取得了一定的成果。根据国家统计局发布的数据，2016 年上半年，我国国内生产总值为 340 637 亿元，同比增长 6.7%，经济增长速度较为稳定。其中，第二产业增加值为 134 250 亿元，占国内生产总值的 39.4%，第三产业增加值为 184 290 亿元，占国内生产总值的比重为 54.1%，比第二产业高出 14.7 个百分点，服务业成为第一大产业，成为稳定增长的平衡器。消费的拉动作用增强，2016 年上半年，最终消费对经济增长的贡献率为 73.4%，比上年同期提高 13.2 个百分点，比资本形成的贡献率高 36.4 个百分点，经济结构向消费型转型的趋势更加明显。与此同时，对高技术产业和服务业投资同比分别增长 13.1% 和 11.7%，在总投资中的占比分别达到 6% 和 57.7%，投资结构向更高级演进。供给侧改革效果也相当可观，2016 年上半年，高技术产

---

① "10+3" 机制是指东盟十国与中、日、韩三国，每年定期举行外长会议、财长会议、领导人会议等，根据《联合国宪章》的宗旨和原则、和平共处五项原则、《东南亚友好合作条约》等公认的国际原则处理相互关系，强调要推动东亚国家间的对话与合作，促进相互理解、相互信任和睦邻友好。

业和装备制造业增加值同比分别增长 10.2%和 8.1%，战略性新兴产业同比增长
11%，战略性新兴服务业营业收入同比增长 15.8%，新能源汽车产量同比增长
88.7%，工业机器人产量同比增长 28.2%，太阳能电池产量同比增长 28%，以高技
术含量、高附加值为特点的新兴技术产业增长速度持续加快；原煤、粗钢产量同
比分别下降 9.7%和 1.1%；3～6 月，商品房待售面积连续 4 个月减少，去产能、
去库存效果显著。产业结构和经济结构的变化促进产品结构、投资结构、供给结
构向更高端、更合理的方向演进，推动中国走向全球价值链顶端，使得我国参与
国际竞争与合作的能力大大增强。

五、"一带一路"建设全面推进

　　全球金融危机之后，世界经济整体复苏乏力，全球经济政治格局发生了重大
调整，区域经济合作成为促进各国经济发展的新趋势和新机遇。凭借着改革与开
放，中国一跃成为东方世界的新兴力量，国际经济地位和政治地位得到空前的提
高，已经成为名副其实的大国。在新时期、新阶段，中国如何承担大国责任、如
何建立与世界其他国家间的关系受到了国际社会的普遍关注。2013 年 9～10 月，
国家主席习近平在出访中亚和东南亚国家期间，先后提出共建"丝绸之路经济带"
和"21 世纪海上丝绸之路"的倡议构想，得到国际社会高度关注和沿线国家的积
极响应。"一带一路"倡议延续了中国自古以来"团结互信、平等互利、包容互
鉴、合作共赢"的丝路精神，以加强"政策沟通、道路联通、贸易畅通、货币流
通、民心相同"为目标，力求带动沿线国家实现共同发展。2015 年，我国与"一
带一路"沿线国家进出口总额达到 6.2 万亿元，约占同年我国进出口总额的 25.2%；
全年实际使用"一带一路"沿线国家外商直接投资 85 亿美元，增长 25.3%；投向
"一带一路"沿线国家对外直接投资 148 亿美元，增长 18.2%；与相关国家合作建
设了 50 多个境外经济贸易合作区（简称境外经贸合作区），新签对外承包工程合
同额 926 亿美元，相比上一年增长 7.4%（许宪春，2016）。在"一带一路"倡议
的基础上，中国提倡建立了亚洲基础设施投资银行、丝路基金，为沿线国家基础
设施建设提供资金，打通各国互联互通大通道。从国内来看，"21 世纪海上丝绸
之路"经东部沿海港口穿过南海至印度洋最终到达欧洲，将发挥东部沿海地理优
势、产业优势和资源优势，探索贸易新增长点；"丝绸之路经济带"东起中国，
经中亚、俄罗斯至欧洲，经中亚、西亚至波斯湾、地中海，经东南亚、南亚至印
度洋，沿线辐射新疆、重庆、陕西、内蒙古、黑龙江、广西、云南等 13 个省区，
将进一步带动我国东北部、中部和西部地区发展，发掘内陆地区对外发展潜力，
进一步缩小东部地区和西部、中部地区之间的发展差距。

第四节　我国开放型经济转型升级的主要思路

一、加快产业升级，嵌入全球价值链高端

自 20 世纪 80 年代以来，分工的国际化促使生产过程片段化，同一产业的不同环节或工序受要素禀赋影响流向不同的国家或区域，使得各国在产品价值链中处于不同位置，并进一步形成了各国之间的产业差异。改革开放以后，我国凭借低成本优势融入了全球价值链体系，成为发达国家对外投资和产业转移的重要目的地，取得了巨大的开放红利。但由于产品质量不高、技术含量较低、缺乏自主品牌，我国长期以来一直位于全球价值链分工体系中低端，面临着大而不强的尴尬处境。近年来新兴经济体的崛起，加之我国人口红利逐渐减弱，跨国公司寻求低端转移，我国过去的成本优势开始逐渐流失，面临着"脱链"风险。因此，加快产业升级，向全球价值链高端跃升将成为我国开放型经济转型的必然选择。当前，新一轮技术革命和产业革命已在全球范围内兴起，通过技术创新、产品创新、产业创新寻求新的经济增长动力已成为各国的共识。我国开放型经济的转型升级必须要适应全球价值链体系的深度调整，抓住产业技术革命新机遇，依靠技术创新、知识创新、管理创新、经营创新加快知识密集型、技术密集型和资本密集型产业的发展，从全球价值链体系的中低端向高端攀升，形成对外开放新竞争优势，获取对外开放新红利。

二、优化贸易结构，提升服务贸易水平

1980～2015 年，全球服务贸易进出口总额从 7707 亿美元增加至 93 657 亿美元，增长速度超过货物贸易，并将成为未来拉动全球经济增长的新引擎。我国既是服务贸易出口大国，又是服务贸易进口大国，但二者之间的差距自 1992 年以来出现了持续性的扩大。WTO 统计数据显示，到 2015 年，我国服务贸易逆差额达到了 1808.54 亿美元，是全球最大的服务贸易逆差国，这表明我国对服务产品的需求存在着严重的外部依赖。从服务产品的组成结构来看，我国的服务贸易产品以运输、旅游等传统服务产品为主，金融、咨询、专利服务等具备高附加值的新兴服务产品的发展虽然十分迅速，但整体成熟度远低于美国、英国、德国等发达国家，竞争力水平较低。目前，全球服务业附加值占全球 GDP 的比重已达到 68.47%，服务要素、服务产品的全球化已经成为不可逆转的趋势，未来全球竞争

也将更多地聚焦于服务领域，因此，优化我国贸易商品结构，全面提升服务贸易水平也将是新时期培育我国新型国际竞争优势的重要一环。一方面，要从服务产品本身入手，积极培育服务产品的国际竞争力，利用服务外包等新型贸易手段进一步扩大服务产品的出口；另一方面，要破除阻碍服务业发展的制度障碍，进一步放松对服务行业的管制，将服务业的开放作为下一步扩大开放的重点。

三、以投资促发展，加快中国企业 "走出去"

随着经济的快速发展，中国企业逐渐具备了"走出去"的能力，近年来，越来越多的中国企业将目光聚焦于国外，对外投资活动越发频繁。2014年，中国实际对外投资总额超过实际利用外资总额，成为净资本输出国。2015年，中国对外直接投资总额为1456.7亿美元，在全球流量中的比重达到9.9%，超过日本首次成为全球第二大资本输出国。在当前阶段，加快中国企业的对外投资，特别是在中东、非洲、拉丁美洲的投资，能将过剩的产能对外输出，有效解决我国产能过剩问题，有利于国内经济的结构性调整。更重要的是，对外投资是在全球范围内整合资源的有效方式，通过对外投资，特别是通过并购，企业能够以较快的速度获得国外市场、资源及技术、人才和管理经验等高级要素禀赋，以弥补自身缺乏品牌、技术、渠道的短板，完善自身的产业链并建立自身价值链体系。近年来，中国企业对外投资活动在量上取得了重大的突破，但从投资类别来看，中国企业对外投资更多地集中于能源、资源领域，或是为了取得国外技术和品牌，这与发达国家的对外投资行为仍存在一定的差距，也表明我国企业"走出去"尚处于初级阶段。因此，鼓励中国企业对外投资，进一步提高中国企业对外投资水平既是化解当前经济发展压力的重要手段，也是培育我国开放型经济新优势的重要途径。

四、积极参与全球经济治理，加快区域间合作

长期以来，全球规则的制定主要由发达国家主导，全球治理体系呈现出"西强东弱"的非均衡状态。受自身发展水平的限制，我国一直是全球经贸规则的被动接受者和适应者，在国际经贸事务的处理中缺乏国际话语权。2008年金融危机的爆发暴露出现有全球经济治理体系的内在缺陷，金融危机的快速蔓延也表明，单靠发达国家的自身力量难以解决全球性问题，全球经济治理体系急需改革。随着我国经济社会发展水平的提高，我国在国际社会中的地位也在不断上升，目前，中国已成为全球制造业第一大国、世界货物贸易第一大出口国和第二大进口国、全球第二大资本输出国，全球经济治理需要中国发出声音、积极参与、提供智慧。

推动全球经济向更加公平均衡方向发展既是中国应当承担的大国责任，也是中国经济发展的重要保障。与此同时，加强区域间合作已成为当前世界各国对外发展的主流思想和共同选择。据 WTO 统计，截至 2016 年 8 月 24 日，仍生效并通报的区域贸易协定（RTAs）约有 423 个[①]，在这种趋势下，加快与各国之间的区域合作将为我国开放型经济发展带来重大利好。过去的区域合作以扩大开放为主要目标，如今，世界各国更加关心中国能为其带来什么。因此，中国开放型经济转型升级的议题需将更多的目光聚集于合作共赢、利益共享，打造政策沟通、道路联通、贸易畅通、货币流通、民心相通的新型开放格局。

五、深化体制改革，培育"软环境"优势

为了获取更大的国际市场和发展机会，中国于 1986 年开启了重返关贸总协定的申请工作，并按照 WTO 的要求在关税配额、市场准入、贸易经营权等方面做出了相关承诺，这种以"开放倒逼改革"的方式促使中国在加入 WTO 后获得了巨大的开放红利。随着国际经济合作的深入，全球平均关税水平出现了明显下降，对贸易和投资的管制逐渐放松，单纯依靠"边境措施"刺激经济的发展方式难以长期有效，边境内"软环境"的优劣将成为影响一国经济持续性发展的重要因素。从贸易方面来看，国内外学者通过大量实证分析已得出贸易便利化水平的提高将有效提高贸易效率、减少贸易成本、促进贸易发展的结论。近年来，我国整体贸易便利化水平有明显提高，但与英国、美国、日本等发达国家相比仍存在一定差距，从口岸效率、海关监管、交通基础设施、规制环境、电子商务等方面入手改善我国贸易"软环境"应当成为当前经济改革工作的重点。从投资方面来看，长期以来，我国一直是发达国家对外投资的热门目的地，但随着国内外环境的深刻变化，我国吸引外资的能力逐渐减弱，甚至面临外资撤离的风险。在这样的形势下，如何维持我国对外资的吸引能力是我国经济发展面临的重要课题。近年来，随着国际资本流动的加快，越来越多的国家开始重视自身营商环境的改善。世界银行发布的《2017 年全球营商环境报告》显示，营商环境的改善将减少企业的运营成本、提高企业运营效率、促进就业，并带来直接的经济效益，因此，打造国际化、法制化、透明化、自由化的营商环境将是提高我国外资吸引力的重要途径。

---

① 常驻世界贸易组织代表团. 世贸组织发布区域贸易协定的贸易情况，http://wto.mofcom.gov.cn/article/slfw/201609/20160901400445.shtml。

第二章　我国开放型经济发展历程与特点

　　党的十一届三中全会拉开了我国改革开放的大幕，对外开放作为一项基本国策被确立，标志着我国由封闭半封闭型经济向全方位开放型经济转变。对外开放不仅深刻影响了我国社会主义经济发展的进程，使其成为实现社会主义现代化的必由之路，而且也对世界经济发展做出了重要贡献，创造了诸多适宜的发展机遇，让世界各国分享了我国的发展"红利"。正确认识我国对外开放的战略思想，科学反思和总结我国开放型经济的经验和教训，对推动我国开放型经济在更高层次上的健康发展有重要意义。

第一节　我国开放型经济的发展历程

一、我国开放型经济战略的实施背景及演变

　　（一）开放型经济的界定

　　开放型经济是与封闭型经济相对的经济学概念，它是一种立足于经济的全球化发展，是一个国家参与国际经济分工的应对措施及对应发展的经济体制模式。开放型经济是以对外开放为基础的系统性工程，涉及经济理论、体制机制、发展战略、贸易投资、金融汇率和产业发展等多个领域，尤其强调一国国内经济与整个国际市场的互动联系程度和参与国际分工的深度。随着世界经济格局的大调整和国际经贸规则的不断重构，开放型经济的内涵也呈现动态式的发展，经济主体和经济行为均得到不同程度的拓展。其中，经济主体由古典经济学时期的国家之间拓展至现代经济学的国家与国家、国家与地区、地区与地区之间；经济行为则由对外商品贸易为主拓展到商品、资本、劳务和技术等要素的跨国界流动。总体而言，开放型经济的基本特征可概括如下：①开放型经济是一国经济活动的国际化，通过各种要素的跨国界配置提高该国对外开放的深度、广度和整

体水平；②一国开放型经济发展水平取决于其市场化程度的高低和参与国际分工的深度和层次。前者是对开放型经济发展水平"量"的衡量，后者则是对开放型经济发展水平"质"的衡量；③开放型经济是一种互利共赢的经济模式，不同国家都以正和博弈的方式来参与国际经济合作；④在开放经济中，一国政府职能和市场机制始终处于不断协调和发展完善。

中国的开放型经济是由"外向型经济"发展而来，是对对外开放实践的科学总结和升华的综合体现。在开放型经济发展的初期阶段，中国政府和学者将更多精力聚焦到开放型经济体制改革和加入 WTO 后对国际规则的适应与调整。然而，近年来随着国内外环境的深刻突变，中国早期开放型经济依托的劳动力、廉价土地、区域政策优势等传统比较优势逐渐弱化，参与国际生产价值链的中低端层次受到他国比较优势的巨大挑战，而提升参与国际生产价值链分工的层次又遭受现有发展水平的瓶颈制约。本书基于国内外新的背景视角，将研究聚焦于开放经济中两大重要领域——投资和贸易，以及融合在其中的产业发展、体制改革、对策措施等方面，以弥补和完善在中国开放型经济新体制下，传统优势弱化后的开放型经济持续发展的创新路径。

（二）我国开放型经济的演变

对外开放是一场深刻的思想解放运动，长期闭关自守的国策和学习苏联计划经济模式禁锢了国人的思想观念，严重阻碍了我国经济社会的正常发展（季崇威等，1999）。囿于国际形势的严重制约和国内"左"的思想影响，我国错失了 20 世纪 50 年代和 60 年代全球两次大的世界性产业结构调整所带来的大好时机。20 世纪 70 年代，随着世界主题由"战争与革命"向"和平与发展"转变，我国政治外交取得了突破性进展，拉开了我国对外开放的大幕，也开启了从封闭型经济向开放型经济形态的转型之路。为了实现工农业和科学技术现代化，1978 年在邓小平的引导下兴起了向先进国家学习先进科学技术的潮流，并将其与引进国外的先进设备、技术、资金作为当时"对外开放"战略的主要内容。20 世纪 80 年代我国实施的外向型经济也是在长期资本极度稀缺压力下，作为一种政治取向所采取的战略，并在随后的很长一段时间都处于被动型开放，只是将自己视为由外商来利用的销售和投资市场而不是主动出击的策源地（申学锋，2012；董筱丹等，2012）。这种被动型的开放战略是我国为适应世界经济一体化和科学技术的快速发展，充分利用外部资源加快经济建设，有效提升自身经济实力的必然结果，其具体表现为我国经济增长长期过度依赖出口和外资在我国享有超国民待遇。

1992 年党的十四大对社会主义市场经济体制的确立，标志着我国开放型经济发展的雏形正式形成，1993 年党的十四届三中全会通过的《中共中央关于建立社会主义市场经济体制若干问题的决定》中首次明确提到"开放型经济"，我国开放型经济发展的道路建设正式开启，该决定提出"积极参与国际竞争与国际经济合作，发挥我国经济的比较优势，发展开放型经济，使国内经济与国际经济实现互接互补。"随后该提法一直以"将扩大对外开放作为基本指导思想"形式出现，直到党的十七大报告才再次明确提出"拓展对外开放的广度和深度，提高开放型经济水平"，并以"内外联动、互利共赢、安全高效"来定位我国开放型经济体系；党的十八大报告提出"全面提高开放型经济水平"，并以"互利共赢、多元平衡、安全高效"来定位我国开放型经济体系；紧接着在党的十八届三中全会通过的《中共中央关于全面深化改革若干重大问题的决定》中进一步提出"构建开放型经济新体制"。党的十八届五中全会进一步明确"必须丰富对外开放内涵，提高对外开放水平，协同推进战略互信、经贸合作、人文交流，努力形成深度融合的互利合作格局"。随着"开放型经济"提法的不断深化和完善，我国开放型经济形式已逐步由被动型向主动型转变，"自主创新、内资主导"取代"两头在外，大进大出"成为开放型经济发展的核心，开放型经济政策指导思想的不断深化为我国适应经济全球化新形势指明了方向。

二、我国开放型经济的发展阶段

通过对国内学者关于我国开放型经济的发展历程研究梳理（表 2-1），可以发现：大多数学者是围绕着"时间主线"分别从不同的角度展开研究，但在关键时间点和发展阶段的划分较为统一，而且 2001 年以前的历程划分较为详细，2001 年以后划分阶段较为模糊。本书综合已有学者的研究，并结合国家的开放政策和开放效果提出符合我国开放型经济的发展历程，大致分为五个发展阶段：第一阶段（1979～1983 年）、第二阶段（1984～1991 年）、第三阶段（1992～2000 年）、第四阶段（2001～2007 年）、第五阶段（2007 年以后）。其中，第一、第二阶段主要表现为以政府为主导的"外向型经济"发展；第三阶段以后才表现为以市场经济为主的"开放型经济"发展。

表 2-1　国内学者对开放型经济发展历程的研究梳理

研究角度	代表文献	阶段划分
发展水平	张幼文（2001）	规模扩张
		结构提升
		要素优化
对外开放指数	赵三英和蔡文浩（2007）	平稳调整期（1980～1991 年）
		大幅提高期（1992～1994 年）
		振荡期（1995 年以后）

续表

研究角度	代表文献	阶段划分
成本收益	陈继勇和胡艺（2009）	"部分让利"（1978~1991年） "互利"（1992~2000年） "共赢"（2001年以后）
要素禀赋优化	黎峰（2012）	劳动输出 资本输出 技术输出
战略演进	董筱丹等（2012） 沈传亮（2014）	实施"引进来"为主战略（1978~1996年） "引进来"与"走出去"相结合（1997~2006年） 实施互利共赢对外开放战略（2007年以后）
时间角度	兰宜生（2004）	起步阶段（1979~1984年） 不断扩大阶段（1984~1992年） 全面铺开阶段（1992~2001年）
	太平（2008）	试验探索阶段（1978~1991年） 全面开放阶段（1992~2000年） 体制接轨阶段（2001~2006年） 互利共赢阶段（2006年以后）
	陈文敬（2008a，2008b）	扬帆启程阶段（1979~1983年） 从沿海逐步向内地推进阶段（1984~1991年） 加速向纵深发展和全方位对外开放地域格局基本形成阶段（1992~2000年） 步入历史新阶段（2001年以后）
	曹启娥和曹令军（2009）	积极探索阶段（1978~1991年） 快速发展期（1992~2001年） 体制开放期（2001年以后）
	陈文敬和赵玉敏（2012）	破冰启程阶段（1979~1991年） 稳步成长阶段（1992~2001年） 快速发展阶段（2001年以后）

（一）第一阶段（1978~1983年）：试点沿海，起步探索阶段

该阶段正处于我国经济亟待恢复发展的时期，国内资源短缺，尤其建设资金严重不足，为了能突破国内封闭的制度观念障碍，更好地推进经济建设与发展，国家领导人从我国实际出发进行了客观评价，并提出要积极向国外学习，吸取他们的先进经验，引进他们的先进技术为我所用，在对外开放中进行经济建设（曹普，2011）。为更好地了解国外发展情况，我国先后派出529批次经香港地区出国考察人员，通过反思和比较，最终在党的十一届三中全会上做出了"在自力更生的基础

上，积极发展同世界各国的平等互利的经济合作，努力采用世界先进技术和先进设备，并大力加强实现现代化所必需的科学和教育工作"的伟大开放决策。

在将开放政策付诸实施的过程中，我国借鉴了国外兴办"出口加工区"的经验和模式，于 1979 年 7 月正式批准在深圳、珠海、汕头和厦门试办出口特区，并于 1980 年 5 月将深圳、珠海、汕头和厦门这 4 个出口特区改称为经济特区。至此，以深圳、珠海、汕头和厦门 4 个相对集中点的建立为典型标志，将我国开放型经济的历史性序幕正式拉开。

国家批准设立经济特区后，这 4 个地方的经济发展发生了巨大变化，成绩显著，尤其在引资项目上。经济特区发展当时主要是靠优惠条件吸引项目和资金。1983 年深圳、珠海、汕头和厦门利用外资项目共计 1180 项，实际利用外资 18 251 万美元，同 1979 年相比，利用外资项目增长 5.57 倍，实际利用外资增长 11.87 倍。1979～1983 年，4 个经济特区国内生产总值增长 2.13 倍，第二产业生产总值增长 2.02 倍，外贸出口增长 24.11 倍。

（二）第二阶段（1984～1991 年）：开辟沿海，不断扩大阶段

该阶段我国开放型经济发展区域由"点"向"线"及"面"延伸。早期试点建设的 4 个经济特区因特殊政策和灵活措施而发展得蒸蒸日上，但欠缺的管理经验也导致未曾料到的问题（如走私、贪污受贿等），使人们对经济特区的性质和作用产生了怀疑。为了消除误会，1980 年 12 月，邓小平在《贯彻调整方针，保证安定团结》的讲话中指出，"在广东、福建两省设置几个经济特区的决定，要继续实行下去。但步骤和办法要服从于调整，步子可以走慢一点。"（邓小平，1994）在肯定了经济特区后，邓小平于 1984 年 1～2 月专门到广东和福建对经济特区进行了实地视察，并于 2 月 24 日同其他领导人谈话时提出，"除现在的特区之外，可以考虑再开放几个港口城市，如大连、青岛。"1984 年 5 月，我国决定进一步开放我国沿海由北到南 10 个省区的 14 个城市（即大连、秦皇岛、天津、烟台、青岛、连云港、南通、上海、宁波、温州、福州、广州、湛江、北海），成为我国开放型经济发展的新的重大步骤。1985 年 3 月，营口市被国务院批复为享受沿海开放城市某些权限；1987 年又批准威海成为第 16 个沿海开放城市，促进了沿海城市的发展；1988 年 3 月，国务院决定适当扩大沿海经济开放区，扩大的范围包括天津市、河北省、辽宁省、江苏省、浙江省、福建省、山东省、广西壮族自治区的 153 个市县。

1985 年 2 月，中共中央、国务院联合下发中发〔1985〕3 号文件，正式将长江三角洲、珠江三角洲和闽南厦漳泉三角地区开辟为沿海经济开放区，并在经济开放区内逐步形成"贸-工-农"型的生产结构，继而将辽东半岛、胶东半岛开辟

为沿海经济开放区①。开辟沿海经济开放区是我国实施对内搞活、对外开放的又一重要步骤，是社会主义经济建设中具有重要战略意义的布局。

1988 年 4 月，第七届全国人民代表大会第一次会议通过了国务院提出的《关于设立海南省的议案》和《关于建立海南经济特区的议案》，标志着我国第 5 个也是最大的经济特区成立，并给予较大的优惠政策倾斜。

1990 年 4 月，中共中央、国务院决定开发开放上海浦东新区，并实行经济技术开发区和某些经济特区的政策，这是中央为深化改革、扩大开放而做出的又一重大部署。

至此，我国的开放型经济发展，通过由"点"向"线"，进而向"面"的推进，在沿海地区形成了由"经济特区-沿海开放城市-沿海经济开放区"构成的对外开放新格局，大大拓宽了开放型经济发展的规模和领域。

在此阶段，我国实施 "扩大出口创汇，以足够外汇实施进口替代"的战略，使我国进出口贸易总额由 1984 年的 535.49 亿美元增长到 1991 年的 1356.34 亿美元，增长至 2.53 倍。其中，出口贸易增幅较大，年均增长率高达 15.54%，贸易额由 1984 年的 261.39 亿美元增长到 1991 年的 718.43 亿美元，增长至 2.75 倍；进出口货物的商品结构不断优化，工业制成品的比重不断上升，初级产品的比重不断下降。尤其是出口结构变化最为明显，初级产品由 45.66% 下降到 22.47%，工业制成品则由 54.34% 上升到 77.53%，变动的幅度达 23.19 个百分点；对外经济合作成绩显著，对外承包工程合同数由 1984 年的 344 份增长到 1991 年的 1171 份，合同金额由 15.38 亿美元，增长到 25.24 亿美元，分别增长至 3.4 倍和 1.64 倍。对外劳务合作经历了从无到有，并稳定发展时期，年末在外人数由 1984 年的 2.76 万人增长到1991 年的 6.83 万人，增长至 2.47 倍（表 2-2）。

表 2-2　1984～1991 年中国进出口商品结构变化　　　（单位：亿美元）

年份	进出口总额	出口			进口		
		总额	初级产品	工业制成品	总额	初级产品	工业制成品
1984	535.49	261.39	119.34	142.05	274.10	52.08	222.02
1985	696.02	273.50	138.28	135.22	422.52	52.89	369.63
1986	738.46	309.42	112.72	196.7	429.04	56.49	372.55
1987	826.53	394.37	132.31	262.06	432.16	69.15	363.01
1988	1027.91	475.16	144.06	331.10	552.75	100.68	452.07
1989	1116.78	525.38	150.78	374.60	591.40	117.54	473.86
1990	1154.36	620.91	158.86	462.05	533.45	98.53	434.92
1991	1356.34	718.43	161.45	556.98	637.91	108.34	529.57

资料来源：《中国统计年鉴 1999》

---

① 中共中央、国务院关于批转《长江、珠江三角洲和闽南厦漳泉三角地区座谈会纪要》的通知，http://www.chinalawedu.com/falvfagui/fg22016/1600.shtml,1985-02-18。

（三）第三阶段（1992～2000 年）：延伸内陆与边境，全面铺开阶段

1992 年年初邓小平在南方谈话中，提出了"三个有利于"的重要观点。受此精神的引导，1992 年党的十四大明确提出必须进一步解放思想，扩大对外开放。由此，掀开了我国对外开放的新高潮，开放型经济的发展也进入全面铺开阶段。

1992 年 3～7 月，国务院先后决定进一步开放黑河、绥芬河、珲春、满洲里、伊宁、博乐、塔城、凭祥、东兴、畹町、瑞丽、河口、二连浩特 13 个沿边城市。1992 年 6 月，国务院决定开放长江沿岸芜湖、九江、岳阳、武汉、重庆 5 个内陆城市。至此，中国长江沿岸 10 个主要中心城市已全部对外开放，沿江开放格局形成。同时，开放哈尔滨、长春、呼和浩特、石家庄 4 个边境、沿海地区省会（首府）城市。1992 年 6～7 月，国务院决定开放太原、合肥、南昌、郑州、长沙、成都、贵阳、西安、兰州、西宁、银川 11 个内陆省会（首府）城市。

2000 年，伴随着西部大开发战略的实施，我国对外开放区域加速向纵深推进，广大的西部地区也融入我国开放型经济发展中。至此，我国从沿海、沿江、沿边，从东部到中西部地区，多层次、多方式、全方位的对外开放格局基本形成。

这一阶段的全面开放，使我国开放型经济稳步发展，开放的领域和层次得到"质"的提升：由"点线开放"转向"全面开放"、由"政策导向"转向"市场导向"、由"区域开放"转向"产业开放"、由"注重贸易数量"转向"注重贸易质量"。2000 年，我国进出口贸易额比 1992 年增长了近 3 倍，年均增长 14.06%，在世界排位上升至第 8 位，但贸易额占当年世界进出口贸易的比例很小，仅为 3.81%。

同期，我国出口商品结构大大优化，出口创汇能力得到明显提升。工业制成品出口所占比重上升到 90%。其中，以机械及运输设备为主的出口超过轻纺产品、橡胶制品、矿冶产品及其制品，占出口总额的 1/3 以上，成为我国第一大出口产品。我国外汇储备从 1992 年的 194.43 亿美元增长到 2000 年的 1655.74 亿美元，增长至 8 倍多，为我国经济建设积累了宝贵资金（表 2-3，图 2-1）。

表 2-3　1992～2000 年中国进出口商品结构变化　　　　　（单位：亿美元）

年份	进出口总额	出口			进口		
		总额	初级产品	工业制成品	总额	初级产品	工业制成品
1992	1655.25	849.40	170.04	679.36	805.85	132.55	673.30
1993	1957.03	917.44	166.66	750.78	1039.59	142.10	897.49
1994	2366.20	1210.06	197.08	1012.98	1156.14	164.86	991.28
1995	2799.64	1478.80	214.85	1272.95	1320.84	244.17	1076.67
1996	2898.81	1510.48	219.25	1291.23	1388.33	254.41	1133.92
1997	3251.62	1827.92	239.53	1588.39	1423.70	286.20	1137.50

续表

年份	进出口总额	出口			进口		
		总额	初级产品	工业制成品	总额	初级产品	工业制成品
1998	3239.46	1837.09	204.89	1632.20	1402.37	229.49	1172.88
1999	3606.30	1949.31	199.41	1749.90	1656.99	268.46	1388.53
2000	4742.97	2492.03	254.60	2237.43	2250.94	467.39	1783.55

资料来源：《中国统计年鉴 2001》

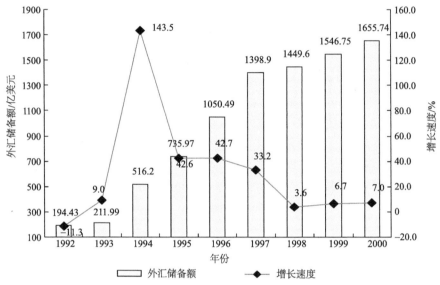

图 2-1　　1992～2000 年中国外汇储备及增长变化

资料来源：《中国统计年鉴 2001》

（四）第四阶段（2001～2007 年）：体制接轨，综合发展阶段

2001 年 12 月 11 日我国正式加入 WTO，成为其第 143 个多边贸易体制的正式成员，标志着我国开放型经济发展进入全新的竞争阶段。加入 WTO 是新时期我国对外开放发展格局的分水岭，规则化和制度化逐渐成为我国开放型经济发展的主旋律。加入 WTO 后，我国迈开了高层次开放型经济发展的步伐，对外开放由我国政府主导的"政策性开放"转向世界贸易组织的"制度性开放"，由"自我开放市场"转向世界贸易组织各成员国间的"双向开放市场"，由"被动接受规则"转向积极参与世界贸易组织并"主动参与并制定规则"，由"双边磋商机制"转向"双边、多边相互结合和促进机制"[①]。

---

① 新中国成立 60 周年经济社会发展成就回顾报告之二，http://www.gov.cn/gzdt/2009-09/08/content_1411684. htm，2009-09-08。

作为 WTO 成员，我国一方面可获得多边体制带来的种种好处，另一方面也要履行开放本国市场的各项义务和承诺。加入 WTO 后，我国积极推进与 WTO 的体制接轨，大幅修订了与外贸相关的法律法规，降低了进口关税，减少了非关税壁垒。2003 年 10 月，党的十六届三中全会审议通过的《中共中央关于完善社会主义市场经济体制若干问题的决定》提出"深化涉外经济体制改革，全面提高对外开放水平"，着重强调"完善对外开放的制度保障"，要按照市场经济和 WTO 规则的要求，加快内外贸一体化进程，并形成稳定、透明的涉外经济管理体制，创造公平和可预见的法制环境，确保各类企业在对外经济贸易活动中的自主权和平等地位。在加入 WTO 5 年的过渡期内，我国加大对与 WTO 有关的法律法规、规章的清理、修订和补充，逐步建立起了适应社会主义市场经济需要，符合 WTO 规则的统一、透明的法律体系；关税总水平大幅度下降，从加入 WTO 前的 15.3% 下降到 2007 年的 9.8%，其中农产品平均税率降为 15.2%，工业品平均税率降为 8.95%；进一步扩大市场准入，全面放开对外贸易经营权，逐步开放银行、保险、电信、建筑、零售、旅游、会计等服务贸易领域，为外国服务供应者进入上述领域提供条件等。

在经济全球化和区域经济一体化步伐加快，我国全面建设小康社会和构建社会主义和谐社会的新形势下，我国政府于 2006 年决定用新的思路和发展模式推进天津滨海新区的开发开放，使之成为继深圳经济特区带动珠江三角洲发展、浦东新区带动长江三角洲发展之后，又一带动区域发展的新的经济增长极[①]。天津滨海新区的开发开放，不仅有利于探索新时期我国区域发展的新模式，而且还有效地提升了京津冀和环渤海地区的对外开放水平，从而进一步提高我国开放型经济发展水平。

加入 WTO 带来的良好外部条件为我国经济发展提供了有力推动，我国经济取得了举世瞩目的成就。2007 年我国的国内生产总值增长至 2001 年的 2.43 倍，年均增长 15.95%；外汇储备从 2001 年的 2121.65 亿美元增加到 2007 年的 15 282.49 亿美元，突破万亿美元大关，增长至 7 倍多；2001～2007 年，实际利用外资累计超过 4000 亿美元，年均实际利用外资超过以往同期，居发展中国家首位；与此同时，我国进一步加快实施"走出去"战略，众多中国企业在境外投资建厂，2001～2007 年累计对外直接投资近 800 亿美元，年均增长 25.2%；2007 年对外承包工程合同金额达 776.21 美元，较 2001 年增长至近 6 倍（表 2-4）。

[①] 国务院关于推进天津滨海新区开发开放有关问题的意见，http://www.gov.cn/zwgk/2006-06/05/content_300640. htm，2006-05-26。

表 2-4 2001～2007 年中国经济发展相关指标变化

年份	国内生产总值/亿元	外汇储备/亿美元	实际利用外资/亿美元	对外直接投资/亿美元	对外承包工程合同金额/亿美元
2001	110 270.4	2 121.65	496.72	68.9	130.39
2002	121 002	2 864.07	550.11	25.2	150.55
2003	136 564.6	4 032.51	561.40	28.6	176.67
2004	160 714.4	6 099.32	640.72	55	238.44
2005	185 895.8	8 188.72	638.05	122.6	296.14
2006	217 656.6	10 663.4	670.76	211.6	660.05
2007	268 019.4	15 282.49	783.39	265.06	776.21

资料来源：《2008 年世界投资报告》《中国统计年鉴 2008》

　　加入 WTO 后，我国对外贸易的发展焕发勃勃生机，步入了历史上最快最好的发展时期。2001～2007 年，我国进出口贸易总额两次突破万亿美元发展大关，2004 年首次突破 1 万亿美元大关，2007 年又一举突破 2 万亿美元大关。2007 年，我国进出口贸易总额达到 21 765.8 亿美元，比 2001 年增长至 27 倍。其中，出口总额从 2001 年的 2661 亿美元增长到 2007 年的 12 204.6 亿美元，增长至 4.59 倍；进口总额从 2435.9 亿美元增长到 9561.2 亿美元，增长至 3.93 倍。2001～2007 年，进出口贸易年均增长 27.37%，其中出口年均增长 28.9%，进口年均增长 25.6%（图 2-2）。

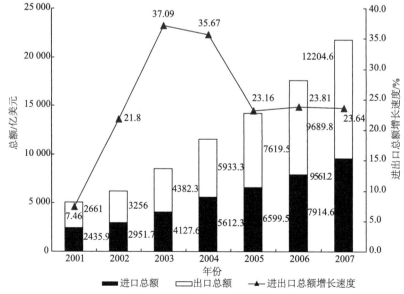

图 2-2 2001～2007 年中国进出口总额及增长变化

资料来源：《中国统计年鉴 2008》

随着加入 WTO 后我国对外承诺的逐一兑现，我国服务贸易取得了丰硕成果，但与同期货物贸易的发展变化相比，服务贸易的规模和增长速度的发展变化都相对缓慢，而且始终处于贸易逆差状态。我国服务贸易总额由 2001 年的 719 亿美元增长到 2007 年的 2509 亿美元，增长至 3.49 倍，年均增长 23.16%。其中，出口额由 329 亿美元增加到 1216 亿美元，增长至 3.7 倍，年均增长 24.34%；进口额由 390 亿美元增加到 1293 亿美元，增长至 3.32 倍，年均增长 22.11%；出口贸易年均增速虽然高出进出口贸易增速近 1 个百分点，高出进口贸易 2 个百分点以上，但贸易差额却呈现不断扩大趋势，贸易逆差由 2001 年 61 亿美元扩大至 2007 年 77 亿美元。

（五）第五阶段（2007 年以后）：互利共赢，深化发展阶段

经济全球化是当代世界经济的重要特征之一，也是世界经济发展的重要趋势。随着经济全球化的深入发展，生产力和国际分工高度细化和分化，世界各国的经济联系日益紧密，相互依存、利益交融也在不断加深，互利共赢成为经济全球化时代我国开放型经济发展的理性选择。

早在 2005 年 10 月党的十六届五中全会上，我国首次明确提出将"互利共赢"作为我国对外开放的新战略，不仅明确了全球化时代我国对外开放的新规则，而且使我国开放型经济达到了新的发展水平。2007 年 10 月党的十七大报告又深刻指出："中国将始终不渝奉行互利共赢的开放战略"，进一步拓展对外开放广度和深度，提高开放型经济水平，不断完善内外联动、互利共赢、安全高效的开放型经济体系，形成经济全球化条件下参与国际经济合作和竞争的新优势。至此，从最初提出对外开放，到利用国内外两种资源两个市场，再到互利共赢的开放战略的演进，我国开放型经济发展已经从改革开放初期"立足自身，提升竞争力"上升到经济全球化下"立足全球，担当国际责任"（隆国强，2006）。

我国早在 21 世纪初就通过"建设自由贸易区"和"建立战略经济对话机制"等多种具体形式主动开展了对外多双边互利合作，为我国开放型经济迈入互利共赢，深化发展阶段奠定了良好基础。

加快自由贸易区建设成为我国加入 WTO 后统筹两个市场两种资源，进一步深化对外开放，以开放促发展促改革的重要手段。党的十七大把"自由贸易区建设"上升为国家战略，党的十八大进一步提出"统筹双边、多边、区域次区域开放合作，加快实施自由贸易区战略，推动同周边国家互联互通"，自由贸易区已成为我国对外开放的新形式、新起点，以及与其他国家实现互利共赢的新平台。我国自贸区建设进程自 2002 年启动以来，已签署自贸协定 16 个，涉及 24 个国家和地区，分别是中国与东盟、智利、巴基斯坦、新西兰、新加坡、秘鲁、哥斯达黎加、冰岛、瑞士、韩国、澳大利亚、格鲁吉亚、马尔代夫的自贸协定，内地与香港、澳门的更紧密经贸关系安排（CEPA），以及大陆与台湾的海峡两岸经济合

作框架协议（ECFA）（表 2-5）。

表 2-5　中国同其他国家或地区已签署的自贸协定

序号	国家或地区	签署时间	生效时间	序号	国家或地区	签署时间	生效时间
1	东盟*（10 国）	2002 年 11 月	2010 年 1 月	9	哥斯达黎加	2010 年 4 月	2011 年 8 月
2	中国香港	2003 年 6 月	2003 年 6 月	10	中国台湾	2010 年 6 月	2010 年 6 月后
3	中国澳门	2003 年 10 月	2003 年 10 月	11	冰岛	2013 年 4 月	2014 年 7 月
4	智利	2005 年 11 月	2006 年 7 月	12	瑞士	2013 年 7 月	2014 年 7 月
5	巴基斯坦	2006 年 11 月	2007 年 7 月	13	韩国	2015 年 6 月	2015 年 12 月
6	新西兰	2008 年 4 月	2008 年 10 月	14	澳大利亚	2015 年 6 月	2015 年 12 月
7	新加坡	2008 年 10 月	2009 年 1 月	15	格鲁吉亚	2017 年 5 月	2018 年 1 月
8	秘鲁	2009 年 4 月	2010 年 3 月	16	马尔代夫	2017 年 12 月	

资料来源：商务部网站，http://www.mofcom.gov.cn/

*中国-东盟自贸协定起源于 2002 年 11 月，中国与东盟签署的《中国-东盟全面经济合作框架协议》，决定在 2010 年建成中国-东盟自贸区，并正式启动自贸区建设进程。2010 年 1 月，中国-东盟自贸区如期全面建成

　　为加快我国与其他国家或地区在经济领域建设性合作关系的发展，适应多双边经贸关系互利共赢的主流趋势，我国积极推动战略经济对话成为促进合作长效机制。2000 年 10 月我国倡导成立"中非合作论坛"对话机制，并于当年 10 月在北京召开第一届部长级会议，双方决定在 21 世纪建立和发展长期稳定、平等互利的新型伙伴关系，建立中非合作论坛机制；2001 年 6 月上海合作组织正式成立，并启动了上海合作组织多边经济合作进程，进一步加强了我国与周边国家的关系；2005 年、2006 年我国先后建立了"中国-加勒比经贸合作论坛""中国-太平洋岛国经济论坛"两个机制；2006 年 9 月设立中美战略经济对话，成为世界上最大的发展中国家和最大的发达国家之间在经济领域的战略性对话，对世界经济增长和全球稳定安全产生了积极影响；随后，我国先后与日本、欧盟、东盟等国家（地区）建立了相应的经济对话机制，加强了与主要经贸关系伙伴在重大地区及国际经济问题上的政策沟通和合作；2013 年 9~10 月，我国先后提出建设"丝绸之路经济带"和"21 世纪海上丝绸之路"的倡议，主动发展与沿线国家的经济合作伙伴关系，共同打造政治互信、经济融合、文化包容的利益共同体、命运共同体和责任共同体。

第二节　我国开放型经济发展的基本特点

　　对外开放战略的实施不仅提升了我国的综合国力，也以其辉煌的成就向世界

展示了我国开放型经济发展的成功模式和丰硕成果。伴随着对外开放的渐进式发展，我国的劳动生产率和贸易量呈现出"井喷"式增长，对外贸易迅速发展，相继成为全球第一货物贸易大国和第一出口大国。我国开放型经济发展之路是在紧密结合自身国情，客观理性把握世界发展态势基础上，不断在实践中摸索和完善起来的，并在开放理论、开放主体、开放区域、贸易结构、贸易方式等方面呈现出新的特点。

一、对外开放理论体系逐渐完善

我国的开放型经济是在邓小平对外开放思想的推动下起步，并在开放理论和实践的良性互动中渐进式发展起来的。在改革开放前期，邓小平一针见血地指出："从一九五七年下半年开始，我们就犯了'左'的错误。总的来说，就是对外封闭，对内以阶级斗争为纲，忽视发展生产力，制定的政策超越了社会主义的初级阶段"（邓小平，1993）。他将对外开放阐述为："对外开放具有重要意义，任何一个国家要发展，孤立起来，闭关自守是不可能的，不加强国际交往，不引进发达国家的先进经验、先进科学技术和资金，是不可能的"（邓小平，1993）。1982 年 12 月，对外开放政策被正式写入我国宪法。由此可见，把对外开放作为与改革相并列的一项基本国策，已成为建设我国特色社会主义的一项重要途径和保障。

在邓小平理论的指引下，我国学术界对开放型经济涉及的各方面进行了理论探讨，论证了发展开放型经济的必要性和必然性，并取得了丰富的研究成果。我国开放型经济发展的 30 年来，基于外贸理论、外资理论、外汇理论及区域开放理论等方面的不断完善，已初步形成具有中国特色的全方位对外开放的理论体系。

在外贸理论方面，学术界重点集中在外贸作用、理论基础、发展战略上进行探讨分析。对外贸易作用上，学术界努力摆脱了"两个平行的世界市场"理论[①]和苏联在 20 世纪 50 年代经济理论研究方法的影响，重新正视对外贸易存在的根本原因和作用。学术界一致认可国际贸易是生产力发展的必然产物，它独立于任何社会制度，但又能为各不相同的社会服务，其存在的根本原因是商品经济下国际分工的存在，通过贸易可以促进各国人民交往，从而推动人类社会的进步（陈贤翼，1980）。关于对外贸易作用的探讨也随着我国经济发展变化由浅及深，从最初分析外贸的经济效益（袁文祺和王健民，1982；王林生，1982；季崇威和袁文祺，1983；陈德照和谈世中，1983），先后延伸到对促进经济结构调整、提升经济增长和实现经济结构转变和升级的探讨（江小涓，1993；樊明太，2000）。在理论基础上，学术界从早期对"比较成本论"和"国际分工论"的争论（袁文祺

---

① "两个平行的世界市场"理论是斯大林提出的，他认为在第二次世界大战后统一的无所不包的世界市场瓦解了，取而代之的是统一强大的社会主义阵营和资本主义阵营相对立，因而有了两个平行的也是互相对立的世界市场。

等，1980；陈寿琦，1981；薛荣久，1982；高鸿业，1982；王和平，1988）延伸到对"竞争优势"（洪银兴，1997）的分析，从而将"比较优势"与"竞争优势"结合起来分析我国外贸发展（王子先，2000）。在发展战略上，学术界紧密结合国家对外开放的总思路，重点探讨了我国经济发展不同阶段外贸发展战略的几个主要模式：进口替代战略、出口导向战略、国际大循环战略、平衡发展战略、大经贸战略及科技兴贸战略等。从我国外贸理论现有的研究文献来看，学术界用动态的发展理念借鉴和吸取西方外贸理论，更加注重如何运用西方外贸理论对我国外贸发展进行指导。虽然尚未形成全新的社会主义外贸理论，但随着我国外贸发展格局的变化和非公经济的快速发展，全球化和内外经济一体化及其相互关系研究成为学术界的研究热点，我国外贸理论也逐渐向国际学术界靠近（李晓西，2008）。

在外资理论方面，邓小平理论对利用外资进行了全面阐述。他指出："一个'三资'企业办起来，工人可以拿到工资，国家可以得到税收，合资合作的企业收入还有一部分归社会主义所有，更重要的是，从这些企业中，我们可以学到一些好的管理经验和先进的技术，用于发展社会主义经济。"（邓小平，1993）通过把合资企业中间的社会主义成分一项一项剥出来的方式评价外资，具有很强的说服力。学术界则围绕利用外资的基本原则、战略和作用进行了分析，指出在我国开放型经济发展过程中，外国直接投资加快了国内产业结构的升级，并产生了技术外溢效应，甚至在推动中国就业中发挥了积极作用，但要把握好机遇，在确保国家经济安全的前提下，进一步改善投资环境，提高利用外资的竞争力（李晓西，1994；胡祖六，2004；江小娟，2004）。

在外汇理论方面，学术界紧密结合我国实际情况围绕着汇价制度、汇价水平和汇率制度改革进行了深度研究，从而推动了我国外汇体制改革，取得了很大进展。在开放型经济发展初期，我国先后实行了双重汇率制度、单一汇率制度，其间学术界对外汇实际部门政策操作的分析与评价，推动我国政府于1994年1月1日取消了双重汇率制度，人民币官方汇率与市场汇率并轨，实行以外汇市场供求为基础的单一的有管理的浮动汇率制。随着我国经济的发展和国际情势的变化，2005年7月21日，我国开始实行以市场供求为基础、参考一篮子货币进行调节、有管理的浮动汇率制度。从此，人民币的汇率制度改革进入了以"建立健全以市场供求为基础的、有管理的浮动汇率体制，保持人民币汇率在合理、均衡水平上的基本稳定"为总体目标的新阶段。

在区域开放理论方面，比较成熟且具有实践指导意义的当属邓小平的区域开放思想、沿海开放和海洋发展战略思想。在对外开放上，以东部区域作为我国区域发展的重点，依靠市场运行机制，通过沿海的带头作用，使东部率先开放发展并形成示范效应，然后依次从沿海"前线"到内地有步骤、分层次地开放，邓小平的这些区域开放思想不仅是对我国区域发展战略的科学总结，更是改革开放理论与实践的重要内容（王建琼和刘平昌，2008）。受邓小平开放思想的影响，学术界在 20 世纪 80 年代初提出了我国对外开放应实施"经济特区—沿海开放城市—经济技术开发区—沿海开放城市—沿海开放地区—内地"的"梯度推进"战略理论，并在实践中得到了印证。随着我国开放型经济的深入发展，学术界在沿海开放基础上进一步探讨了沿边和沿江开放，并对全国部分区域出现的增长极和增长带加以关注和研究，西部大开发、振兴东北老工业基地、中部崛起、跨区域经济区等区域开放中的热词已成为学术界的重点关注对象。在我国幅员辽阔的国土上，地区经济差距不可避免，要在加快国内市场一体化建设基础上，发挥中心城市增长极的作用，大力推动跨地区、跨行业、跨所有制的经济协作活动，以点式辐射和带状推移相结合的对外开放格局才能有利于形成我国经济发展的全方位对外开放态势的理论观点已在学术界达成共识（廖元和，1990；尹汉宁等，1994；郝志成和贺奇业力图，1997；盖起军，2000；吕康银，2002；李由，2006）。

二、国际经济合作空间逐步拓展

改革开放以来，我国对外合作的主体由"国家与国家"拓展为"国家与国家、国家与地区、地区与地区"，国际合作空间逐步拓展。2018 年，我国已与世界上 230 多个国家和经济体建立了双边或多边贸易关系，并与 24 个国家（地区）签署了 16 个自贸协定；来华投资的国家和地区超过 200 个，对外投资分布在全球 190 个国家（地区），投资覆盖率近八成，已形成全方位、多层次、宽领域、多元化的开放型经济格局，为我国经济社会发展不断注入了新的动力和活力。

在地理格局的分布上，亚洲、欧洲和北美洲成为我国对外货物贸易的主战场，1980～2014 年，三洲货物贸易之和占我国对外货物贸易额的比重始终保持在 80% 以上。其中，亚洲所占比重高达 50% 以上，成为我国对外货物贸易的主战场，其次是欧洲，且亚洲和欧洲的货物贸易比重基本保持稳定发展，北美洲的货物贸易比重呈下降趋势。自 1980 年以来，我国同拉丁美洲和非洲的货物贸易比重呈现上升趋势，2010 年两大洲占我国对外货物贸易比重首次超过 10%，2014 年达到 11.27%（表 2-6）。由此可见，随着我国开放型经济的发展，对外货物贸易在继续稳定传统主要贸易伙伴基础上，开始向经济基础都比较薄弱的拉丁美洲和非洲倾斜。

表 2-6　各大洲占中国对外货物贸易的比重　（单位：%）

年份	1980	1984	1991	2001	2007	2008	2009	2010	2011	2012	2013	2014
亚洲	53.49	58.44	66.99	56.52	54.64	53.32	53.10	52.69	52.26	52.88	53.47	52.85
欧洲	17.83	18.49	16.29	19.15	19.67	19.95	19.33	19.27	19.24	17.66	17.55	18.02

续表

年份	1980	1984	1991	2001	2007	2008	2009	2010	2011	2012	2013	2014
北美洲	17.45	14.68	12.09	17.24	15.30	14.37	14.86	14.22	13.58	13.87	13.84	14.19
拉丁美洲	3.10	3.06	1.74	2.93	4.72	5.59	5.52	6.17	6.63	6.76	6.28	6.12
非洲	2.18	2.27	1.05	2.12	3.39	4.18	4.13	4.27	4.57	5.13	5.06	5.15
大洋洲及太平洋群岛	2.72	2.59	1.76	2.03	2.28	2.58	3.06	3.33	3.56	3.53	3.69	3.63

资料来源：根据历年《中国统计年鉴》的相关数据整理计算而得

注：2007 年以前年份仅列出第二章对我国开放型经济发展阶段划分的关键节点年份

在合作主体的数量变化上，以 2007 年为分水岭。2007 年以前，与我国在开放项目上建立关系的国家（地区）数量呈现不断上升的趋势。2007 年以后，我国开放型经济发展进入互利共赢，深化发展阶段，建立经贸关系的国家（地区）数量逐渐趋于稳定。虽然在改革开放初期，我国开放型经济基本上同时开展了对外双向货物贸易、直接投资和经济合作，但不同阶段的侧重点有所不同。货物贸易和外商直接投资自改革开放以来一直作为我国开放型经济发展的重点，截至 2014年，我国已与世界上 229 个主要国家（地区）建立了货物贸易关系，吸引外商直接投资的主要国家（地区）数量达到 141 个，成为令世人瞩目的国际贸易大国和引进外资大国（表 2-7）。

表 2-7　中国开放经济的主体数量变化情况　　　　（单位：个）

项目	年份	合计	亚洲	欧洲	北美洲	拉丁美洲	非洲	大洋洲及太平洋群岛
货物贸易	1980	65	23	21	2	7	10	2
	1984	141	36	28	2	27	44	4
	1991	140	38	27	2	25	44	4
	2001	217	41	50	4	45	58	19
	2007	222	46	46	4	46	59	21
	2014	229	47	49	4	48	60	21
外商投资	1985	29	10	13	2	2	0	2
	1991	35	13	16	2	0	2	2
	2001	142	36	37	3	29	27	10
	2007	158	39	40	3	30	35	11
	2010	156	41	41	3	29	33	9
	2014	141	40	40	3	23	27	8
对外直接投资	2003	139	39	27	45	22	3	10
	2007	173	8	4	2	4	6	2
	2011	177	8	4	2	3	6	2
	2012	179	8	4	2	3	6	2
	2013	184	8	4	2	3	6	2
	2014	186	8	4	2	3	6	2

续表

项目	年份	合计	亚洲	欧洲	北美洲	拉丁美洲	非洲	大洋洲及太平洋群岛
	1998	183	39	42	3	31	53	15
	2001	147	39	17	3	19	53	16
对外经	2007	187	42	43	2	34	53	13
济合作	2012	177	45	34	3	28	54	13
	2013	184	46	36	2	34	53	13
	2014	198	47	40	4	36	54	17

资料来源：根据历年《中国统计年鉴》的相关数据整理计算而得

注：表中的数量是统计年鉴上中国与主要国家（地区）发生经贸关系且有明确记载的数量，统计时间以统计年鉴首次记载为起始，并选取第二章对我国开放型经济发展阶段划分的关键节点年份

三、区域开放格局逐渐深化

在我国开放型经济发展进程中，区域开放经历了规模扩张和质量提升两个主要阶段，区域开放格局呈现出由低级向高级化的发展态势。1978～2000 年，我国区域开放以规模扩张为主，由沿海到内地有梯度的逐步开放，截至 2000 年，我国已对外开放 919 个市县，已有海、陆、空一类口岸 240 多个。2000 年以后，我国区域开放更加注重区域间的联动发展和统筹发展，区域开放以优化区域经济结构、提升经济增长动力为主。因此，我国区域开放表现为以区域化为主，加强与邻近区域整合发展，形成多次区域性的统筹开放格局。

党的十一届三中全会以后我国区域开放才真正开始，在邓小平对外开放思想指导下，由"点"向"线"及"面"分层逐步开放。

1979 年 7 月，党中央、国务院正式批准广东、福建两省在对外经济活动中实行特殊政策和灵活措施，标志着我国区域开放正式起步。20 世纪 80～90 年代是我国各区域梯度密集对外开放的时代，其中 80 年代重点推动沿海地区的对外开放，90 年代重点推动沿边、沿江和内陆省会城市的开放。1980～1990 年，政府以"经济特区""沿海开放城市""沿海开放经济区""沿海开放城市经济技术开发区"的名义在沿海地区先后开放了 5 个沿海经济特区、16 个沿海开放城市、5 个沿海开放区和 1 个沿海开放城市经济技术开发区。1992 年是我国区域密集开放的一年，先后开放了 13 个沿边城市，10 个沿江城市，4 个边境、沿海地区省会(首府)城市和 11 个内陆省会（首府）城市，横跨我国中、西两大经济带，是我国重要的经济腹地。2000 年，伴随着西部大开发战略的实施，我国对外开放区域加速向纵深推进，广大的西部地区也融入我国开放型经济的发展区域。至此，我国从沿海、沿江、沿边，从东部到中西部地区，多层次、多方式、全方位的对外开放格局基本形成。

进入 21 世纪，为了能更好地适应经济全球化深入发展的新趋势，我国区域开放在全国范围内呈现片状和带状模式的发展，并在特定区域实施自由贸易区，以

促进该区域内经济综合、全面地发展。

2009~2010 年，我国已通过区域经济发展规划的形式部署了新一轮区域开发开放版图，涵盖长江三角洲、珠江三角洲、黄河三角洲、北部湾、环渤海、海峡西岸、东北三省、中部和西部地区。此轮部署中，有对改革开放以来沿海地区发展中的薄弱环节新的战略部署，如天津滨海新区、江苏沿海地区、海峡西岸经济区、广西北部湾经济区等；也有对我国经济最活跃的两大沿海板块——长江三角洲和珠江三角洲的重新部署；还有对经济发展相对较弱的中西部区域统筹部署，如促进中部地区崛起规划、黄河三角洲高效生态经济区、关中—天水经济区等。从我国区域发展规划部署看，新一轮的区域开放发展在对经济发达的沿海布局基础上，还注重统筹开发沿边，从东部、南部延伸到中部、西部、东北等地；更加注重区域的内涵式开放发展，将不同区域以往的外向型增长结构转变为区域间的外需、内需共同发展。

为进一步构建开放型经济新体制，促进经济要素有序自由流动、资源高效配置和市场深度融合，推动沿线各国实现经济政策协调，开展更大范围、更高水平、更深层次的区域合作，共同打造开放、包容、均衡、普惠的区域经济合作架构，我国先后发布了新的区域开放发展规划。2013 年发布了《依托黄金水道推动长江经济带发展的指导意见》，旨在推动沿江产业结构优化升级，打造世界级产业集群，培育具有国际竞争力的城市群，使长江经济带成为充分体现国家综合经济实力、积极参与国际竞争与合作的内河经济带；2015 年国家发改委、外交部、商务部联合发布了《推动共建丝绸之路经济带和 21 世纪海上丝绸之路的愿景与行动》，旨在通路、通航的基础上通商，开创地区新型合作模式，形成和平与发展新常态。

为推进改革和提高开放型经济发展水平，我国提出以周边为基础加快实施自由贸易区战略，形成面向全球的高标准自由贸易区网络，并于 2013 年 9 月在上海设立区域性自由贸易园区——中国（上海）自由贸易试验区，拉开我国区域自由贸易区的建设步伐。2015 年 3 月，新增广东（三大片区：广州南沙自由贸易区、深圳蛇口自由贸易区、珠海横琴自由贸易区）、天津、福建 3 个自由贸易试验区；2016 年 8 月，又新增中国（辽宁）自由贸易试验区、中国（浙江）自由贸易试验区、中国（河南）自由贸易试验区、中国（湖北）自由贸易试验区、中国（重庆）自由贸易试验区、中国（四川）自由贸易试验区、中国（陕西）自由贸易试验区 7 个自由贸易区。至此，自由贸易区的建设步伐在短短 3 年时间内覆盖了我国东中西三大区域，为我国全面提高开放型经济发展水平提供了良好开端。

四、外贸经营主体多元发展

在开放型经济发展进程中，我国外贸经营主体由改革开放初期绝对垄断的国

有企业扩展到国有企业、外商投资企业（包括所有含有外资成分的企业）和民
营企业（除"国有独资""国有控股"外的其他类型企业）等多元共同发展。
改革开放初期，国有企业一直处于对外贸易的垄断地位，1990 年在中国进出口
贸易额中占比仍高达 80%以上（陈文敬和赵玉敏，2012）。随着对外开放的不
断深入和初显成效的外贸体制改革，外商投资企业和民营企业在外贸经营权的
下放过程中逐渐成长起来，初步形成多元化的外贸经营主体；2001 年加入 WTO
进一步加快了我国外贸经营主体多元化的发展步伐。2002 年，外商投资企业、
国有企业和民营企业进出口额占我国进出口总额的比重分别为 53.2%、38.2%
和 8.6%，国有企业在我国外贸经营中的绝对垄断地位已不复存在，取而代之
的是外商投资企业。

　　进入 21 世纪以来，随着我国社会主义市场经济的成熟发展，民营企业在外贸
中表现得异常活跃，其占我国进出口贸易总额比重呈现不断上升趋势；而国有企
业和外商投资企业占比则出现下滑，国有企业尤为明显，2002～2014 年（2003
年资料暂缺）下滑幅度高达 20 个百分点左右（图 2-3）。2009 年，民营企业首
次超过国有企业，成为我国第二大外贸经营主体。到 2014 年，国有企业进出口
额占我国进出口额的比重已降至 17.4%，外商投资企业维持在 46.1%，民营企业
则达到 36.5%，与外商投资企业相差不到 10 个百分点。2002 年以来，在我国进
出口贸易额中，民营企业的进出口贸易规模已由 2002 年的 533 亿美元增长到 2014
年 15 714 亿美元，年均增长 32.58%，12 年间贸易额绝对量增长至近 30 倍，占我
国进出口贸易额的比重增长至 4 倍多，2014 年已达到国有企业外贸规模的 2.1 倍
（表 2-8）。

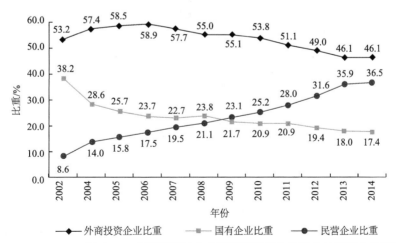

图 2-3　2002～2014 年（2003 年资料暂缺）中国外贸经营主体进出口贸易占总额比重

资料来源：根据历年《中国商务年鉴》、中国年度统计公报、中国对外贸易形势报告及商务部网站的相关数据整理计算而得

表 2-8　　2002～2014 年中国各贸易主体进出口贸易额的比重

年份	出口贸易额/亿美元	其中						进口贸易额/亿美元	其中					
		外企/亿美元	比重/%	国企/亿美元	比重/%	民企/亿美元	比重/%		外企/亿美元	比重/%	国企/亿美元	比重/%	民企/亿美元	比重/%
2002	3 256.0	1 699	52.2	1 229	37.7	328	10.1	2 951.7	1 603	54.3	1 145	38.8	205	6.9
2004	5 933.3	3 386	57.1	1 536	25.9	1 012	17.1	5 612.3	3 246	57.8	1 765	31.4	604	10.8
2005	7 619.5	4 442	58.3	1 688	22.2	1 490	19.6	6599.5	3 875	58.7	1 972	29.9	754	11.4
2006	9 689.8	5 638	58.2	1 913	19.7	2 139	22.1	7 914.6	4 726	59.7	2 252	28.5	938	11.9
2007	12 204.6	6 955	57.0	2 248	18.4	2 977	24.4	9 561.2	5 594	58.5	2 967	28.2	1 267	13.3
2008	14 306.9	7 906	55.3	2 572	18.0	3 807	26.6	11 325.7	6 200	54.7	3 538	31.2	1 593	14.1
2009	12 016.1	6 722	55.9	1 910	15.9	3 384	28.2	10 059.2	5 452	54.2	2 885	28.7	1 719	17.1
2010	15 777.5	8623	54.7	2 344	14.9	4 813	30.5	13 962.4	7 380	52.9	3 876	27.8	2 693	19.3
2011	18 983.8	9 953	52.4	2 672	14.1	6 360	33.5	17 434.8	8 648	49.6	4 934	28.3	3 852	22.1
2012	20 487.1	10 227	49.9	2 563	12.5	7 699	37.6	18 184.1	8 712	47.9	4 954	27.2	4 512	24.8
2013	22 090.0	10 443	47.3	2 490	11.3	9 168	41.5	19 499.9	8 748	44.9	4 990	25.6	5 765	29.6
2014	23 422.9	10 747	45.9	2 565	11.0	10 115	43.2	19 592.3	9 093	46.4	4 911	25.1	5 599	28.6

　　资料来源：根据历年《中国商务统计年鉴》、中国年度统计公报、中国对外贸易形势报告及中国商务部网站相关数据整理计算而得

　　注：受四舍五入的影响，表中数据稍有偏差；2003 年资料暂缺

　　2002～2014 年我国进出口贸易经营主体结构的发展变化趋势表明，以国有企业主导的外贸时代已结束，外商投资企业依然是我国进出口贸易经营的第一大主体，但民营企业在进出口贸易中都显示出了较强的增长活力，且在进出口贸易规模上已经超过国有企业，与外商投资企业的差距也在逐渐缩小。民营企业在未来我国开放型经济发展中将成为不可或缺的外贸经营主体。

五、开放结构更加合理

　　改革开放以来，我国的货物贸易、服务贸易、外商投资、对外直接投资及对外经济合作均得到不同程度的发展，开放结构形式呈现多元化和不平衡的发展格局。其中，货物贸易、外商投资在我国开放型经济发展的各个阶段都发挥了"桥头堡"的作用，成为我国开放型经济发展的核心；同时，积极实施的"走出去"战略促进了我国服务贸易、对外直接投资和对外经济合作快速增长，逐渐在开放型经济发展中发挥着越来越重要的作用。

　　从贸易结构看，数量上，货物贸易和服务贸易均呈现快速增长的趋势；占比上，货物贸易呈下降趋势，服务贸易有所增长，但货物贸易仍占绝对优势（表 2-9）。

随着开放型经济的不断发展，我国逐渐成为货物贸易顺差大国，但也成为世界第一大服务贸易逆差国，2014 年货物贸易顺差达到 5945 亿美元，服务贸易逆差额达到 1599 亿美元。1982～2014 年，货物贸易总额占对外贸易总额的比重保持在 85% 以上，由 416.1 亿美元上升到 39 586.4 亿美元，增长至 95 倍，年均增长 15.29%；在世界货物贸易中所占比重由 1.2% 上升至 12%；2013 年首次超越美国成为全球最大货物贸易国，并连续两年保持全球第一货物贸易大国地位。我国服务贸易统计始于 1982 年，当年进出口总额仅为 44 亿美元，2014 年增长到 6043 亿美元，增长至 137 倍，年均增长 16.63%，其中，服务出口贸易年均增长 15.05%，2014 年总额达 2222 亿美元，居全球第五位，其全球占比为 4.6%；服务进口贸易年均增长 18.03%，2014 年总额达 3821 亿美元，居全球第二位，仅次于美国，其全球占比上升至 8.1%，虽然我国已成为全球服务贸易的重要国家，但服务贸易总额仅占我国对外贸易总额的 13.24%。

表 2-9　1982～2014 年中国对外贸易结构

年份	贸易总额/亿美元	增长速度/%	货物贸易			服务贸易		
			贸易额/亿美元	增长速度/%	占比/%	贸易额/亿美元	增长速度/%	占比/%
1982	460.1	—	416.1	−5.47	90.44	44	—	9.56
1984	589.5	23.02	535.5	22.76	90.84	54	25.60	9.16
1988	1 107.8	24.26	1 027.8	24.36	92.78	80	23.10	7.22
1991	1 465	16.98	1 357	17.55	92.63	108	10.20	7.37
2000	5 403	29.31	4 743	31.52	87.78	660	15.40	12.22
2004	12 882.5	35.28	11 545.5	35.67	89.62	1 337	32.00	10.38
2007	24 247.3	24.19	21 738.3	23.46	89.65	2 509	30.90	10.35
2010	33 351.6	33.73	29 727.6	34.68	89.13	3 624	26.40	10.87
2011	42 858.6	28.51	38 667.6	6.20	90.22	4 191	15.60	9.78
2012	46 309.3	8.05	41 603.3	7.60	89.84	4 706	12.30	10.16
2013	48 426.4	4.57	43 030.4	3.40	88.86	5 396	14.70	11.14
2014	45 629.4	−5.78	39 586.4	−8.00	86.76	6 043	12.60	13.24

资料来源：国家统计局国家数据，http://data.stats.gov.cn/

注：表中数据以服务贸易正式纳入统计年鉴为起始年份，且 2010 年以前年份列出服务贸易占比发生转折变化年份及第二章对我国开放型经济发展阶段划分的关键节点年份

从投资结构看，我国吸引外商直接投资（FDI）和对外直接投资（ODI）都呈现快速增长的趋势，而且 2014 年 ODI 首超 FDI，我国第一次成为净值的对外投资的主体，并进入了资本输出时代。1984～2014 年，我国 FDI 由 14.19 亿美元增加到 1195.62 美元，增长至 84 倍左右，年均增长 15.93%；ODI 由 1.34 亿美元增加到 1231.2 亿美元，年均增长 25.54%。在地区分布上，亚洲地区成为我国 FDI

和 ODI 的主要集中区，来自亚洲地区的 FDI 和 ODI 占比达到一半以上，且呈现持续上升的趋势；2014 年我国吸引亚洲地区的 FDI 达到 82.74%，较上年上升 2.21%，其余各洲（地区）均有所下滑，其中拉丁美洲地区下滑幅度最大，由 2003 年的 13.08%下滑到 2014 年的 6.47%，下滑一半以上。从 2003 年我国实施《对外直接投资统计制度》以来的 ODI 数据看，在我国不断加快对外投资便利化的进程中，中国企业"走出去"的内生动力日益增强，2014 年我国 ODI 创历史最高值，占全球当年 ODI 流量的 9.1%，位列全球国家（地区）排名的第 3 位，亚洲成为我国 ODI 的主要投资地区，欧洲和拉丁美洲其次，但对拉丁美洲地区的投资的下滑幅度较大，由 2003 年的 36.5%下滑到 2014 年的 8.6%，下滑至 3/4 左右（表 2-10）。

表 2-10　2003～2014 年中国吸引外资和对外投资情况

类别		2003 年	2004 年	2005 年	2006 年	2007 年	2008 年	2009 年	2010 年	2011 年	2012 年	2013 年	2014 年
吸引外商直接投资	金额/亿美元	535.1	606.3	603	630.21	747.68	923.95	900.33	1057.35	1160.11	1117.16	1175.86	1195.62
	亚洲/%	64.60	63.56	60.08	56.48	56.75	61.58	68.65	74.14	77.34	78.35	80.53	82.74
	非洲/%	1.17	1.31	1.80	1.96	2.00	1.82	1.48	1.22	1.42	1.25	1.17	0.85
	欧洲/%	8.09	8.11	9.49	9.19	5.88	5.97	6.22	5.66	5.08	5.69	5.86	5.61
	拉丁美洲/%	13.08	15.28	18.99	22.80	27.11	22.84	16.62	12.92	10.80	9.20	6.98	6.47
	北美洲/%	9.78	8.41	6.27	5.93	4.57	4.33	4.16	3.83	3.09	3.46	3.47	2.73
	大洋洲/%	3.28	3.34	3.36	3.64	3.70	3.46	2.86	2.22	2.26	2.05	1.98	1.59
中国对外直接投资	金额/亿美元	28.5	55	123	211.6	265.1	559.1	565.3	688.1	746.5	878	1078.4	1231.2
	亚洲/%	52.5	54.6	71	43.4	62.6	77.9	71.4	65.3	60.9	73.8	70.1	69
	非洲/%	2.6	5.8	2.8	2.9	5.9	9.8	2.6	3.1	4.3	2.9	3.2	2.6
	欧洲/%	5.3	3.1	2.8	3.4	5.8	1.6	5.9	9.8	11.1	8	5.5	8.8
	拉丁美洲/%	36.5	32	20.1	48	18.5	6.6	13	15.3	16	7	13.3	8.6
	北美洲/%	2	2.4	2.2	1.5	4.3	0.6	2.7	3.8	3.3	5.6	4.5	7.5
	大洋洲/%	1.1	2.2	1.1	0.8	2.9	3.5	4.4	2.7	4.4	2.7	3.4	3.5

资料来源：根据历年《中国统计年鉴》和中国对外直接投资公报整理计算而得

注：受四舍五入的影响，表中数据稍有偏差

我国对外贸易和投资结构在不断优化和提升的同时，还加强了对外经济合作。从对"完成营业额"和"派出人数"进行的统计来看，我国开放型经济在对外经济合作上主要集中在亚洲和非洲地区，这两洲对外经济合作所占比重均在 70%以上，而且对外承包工程一枝独大（表 2-11）。1998～2010 年，以完成营业额统计的对外经济合作中，对外承包工程完成营业额以年均 21.12%的速度增长，2010 年达到 921.70 亿美元，是劳务合作完成营业额的 10.38 倍；其在我国对外经济合作中所占的比重由 1998 年的 79.46%上升至 2010 年的 91.21%，派出劳务合作与其差距越来越大。2011～2014 年，以派出人数统计的对外经济合作中，对外承包工程与派出劳务合作的差距在逐渐缩小，甚至个别年份派出劳务合作的人数要高于对外承包工程人数，说明随着我国开放型经济的不断深化发展，以人为主的对外经济合作逐渐凸显，纯劳务合作的新兴市场也逐渐成为我国开放型经济发展的重要组成部分。

表 2-11　1998～2014 年中国对外经济合作情况

	类别	1998 年/亿美元	1999 年/亿美元	2000 年/亿美元	2004 年/亿美元	2007 年/亿美元	2010 年/亿美元	2011 年/万人	2012 年/万人	2013 年/万人	2014 年/万人
承包工程	完成营业额/派出人数[*]	92.43	85.22	83.79	174.68	406.43	921.70	24.32	23.34	27.09	26.92
	亚洲	53.22	45.02	47.95	81.42	203.53	426.58	13.03	11.70	13.09	13.45
	非洲	18.71	18.28	10.96	38.13	123.76	358.30	10.00	9.02	11.20	10.78
	欧洲	2.39	1.26	3.54	13.94	35.86	49.87	0.46	0.79	0.96	1.02
	拉丁美洲	1.04	0.72	1.68	8.74	28.78	62.74	0.52	1.44	1.61	1.40
	北美洲	1.11	1.04	1.29	3.72	9.85	8.89	0.05	0.02	0.081	0.04
	大洋洲	1.00	1.20	1.23	1.15	4.18	15.30	0.25	0.34	0.16	0.23
劳务合作	完成营业额/派出人数[*]	23.90	26.23	28.13	37.53	67.67	88.80	20.91	27.84	25.57	29.26
	亚洲	15.48	17.11	19.12	22.97	31.68	33.05	16.95	21.41	19.82	22.26
	非洲	1.44	2.03	1.85	1.82	2.17	4.19	1.64	2.27	2.37	2.95
	欧洲	2.46	1.71	1.84	2.50	4.71	1.82	1.87	1.61	1.05	1.08
	拉丁美洲	0.48	0.70	0.63	8.08	0.36	0.35	0.26	1.93	1.98	2.51
	北美洲	2.04	2.25	2.33	2.49	0.83	0.33	0.09	0.10	0.10	0.13
	大洋洲	0.48	0.63	0.43	0.95	0.15	0.11	0.08	0.26	0.20	0.25

资料来源：根据历年《中国统计年鉴》《中国商务年鉴》和中国年度统计公报的相关数据整理计算而得

[*]为确保数据资料比较的一致性，根据已公开出版的各种统计资料，2010 年及以前数据以完成营业额进行统计，2010 年以后以派出人数进行统计

注：表中数据以统计年鉴中开始按国别、地区统计对外经济合作完成营业额记载年份为起始年份，且 2010 年以前年份仅列出第二章对我国开放型经济发展阶段划分的关键节点年份及部分具有代表性的年份

六、贸易方式向多元、平衡方向发展

20 世纪 80 年代以来，我国先后采取了灵活多样的贸易方式来促进对外贸易的发展，贸易方式的多样化不仅丰富了我国的对外贸易形式，也为我国在开放型经济发展中拓展对外交流和联系发挥了重要作用。在众多贸易方式中，由外资主导的加工贸易成为我国贸易增长中的主要动力。加工贸易起步于 1978 年

广东省签订的第一份来料加工协议，主要包括来料加工、进料加工和出料加工等形式，并与一般贸易方式一起在我国进出口贸易中占据着举足轻重的位置（马光明，2015）。

在我国开放型经济发展的 30 多年来，这两种方式的贸易额之和在我国进出口贸易总额中的占比呈现下降的趋势，由 1982 年的 99.61%下降到 2014 年的 86.53%，但整体上仍以此消彼长的形式维持在 80%以上。其中，加工贸易方式呈现出上升态势，1982 年我国加工贸易进出口总额为 3.29 亿美元，2014 年已增长到 1.4 万亿美元，年均增长 29.84%，32 年增长至 4255 倍，占我国进出口贸易额的比重从 0.79%提高到 32.75%。在我国进出口贸易总额发展中，其他贸易方式所占比重也呈现上升趋势，从 1982 年的 0.39%提高到 2014 年的 13.47%，贸易方式从以加工贸易和一般贸易为主导不断向多样化的贸易方式发展。

表 2-12 中出口贸易方式变化表明，除一般贸易外，加工贸易仍是最主要的出口贸易方式，其份额变化呈现倒 U 形发展，由改革开放初期的 0.24%逐渐上升，并在进入 21 世纪后的很长一段时间在我国出口贸易中占据 50%以上的份额，2008 年后开始下降。加工贸易在我国出口贸易中份额变化说明金融危机后我国转变贸易增长方式初显成效，拥有自主知识产权的制造业产品和高新技术产品在国际上竞争力逐渐增强，这一现象在一般贸易所占份额呈现正 U 形的发展变化也可得到验证。受全球经济危机、贸易保护主义抬头及我国深化改革政策的影响，一般贸易所占份额的正 U 形变化滞后于加工贸易，其向上拐点在 2014 年才出现。据资料显示，2015 年我国一般贸易出口额达到 12 114.83 亿美元，占出口贸易总额比重为 53.42%，较 2014 年上升了 2 个百分点，一般贸易能否实现真正意义上的正 U 形发展还有待进一步验证。

表 2-12　1982～2014 年中国各类贸易方式的出口情况

年份	出口总额/亿美元	其中			
		加工贸易出口额/亿美元	所占比重/%	一般贸易出口额/亿美元	所占比重/%
1982	223.2	0.53	0.24	222.45	99.66
1984	261.4	29.29	11.21	231.62	88.61
1988	475.2	140.60	29.59	326.22	68.65
1991	719.1	324.10	45.07	381.20	53.01
2000	2 492.0	1 376.52	55.24	1 051.81	42.21
2001	2 661.0	1 474.33	55.41	1 118.81	42.04
2002	3 256.0	1 799.28	55.26	1 361.87	41.83
2003	4 382.3	2 418.51	55.19	1 820.34	41.54
2004	5 933.3	3 279.70	55.28	2 436.06	41.06

续表

年份	出口总额/亿美元	其中			
		加工贸易出口额/亿美元	所占比重/%	一般贸易出口额/亿美元	所占比重/%
2005	7 619.5	4 164.67	54.66	3 150.63	41.35
2006	9 689.8	5 103.55	52.67	4 162.00	42.95
2007	12 204.6	6 175.60	50.60	5 384.57	44.12
2008	14 306.9	6 752.00	47.19	6 626.00	46.31
2009	12 016.1	5 870.00	48.85	5 298.00	44.09
2010	15 777.5	7 403.00	46.92	7 207.00	45.68
2011	18 983.8	8 354.00	44.01	9 171.00	48.31
2012	20 487.1	8 628.00	42.11	9 880.00	48.23
2013	22 090.0	8 605.00	38.95	10 875.00	49.23
2014	23 422.9	8 843.00	37.75	12 038.00	51.39

资料来源：根据历年《中国统计年鉴》和中国年度统计公报整理计算而得

注：表中数据 2000 年以前仅列出第二章对我国开放型经济发展阶段划分的关键节点年份及部分具有代表性的年份

随着我国开放型经济的深入发展，以及加入 WTO 后的对外开放力度加大，加工贸易在我国进口贸易额中的份额在 2001 年就开始出现下滑趋势，随后在不断波动中平稳发展。直到 2008 年后，受全球经济危机爆发，加之我国人口红利的消失，劳动力成本上升，大批沿海劳动密集型产业向周边国家转移的影响，加工贸易在我国进口贸易额中的份额真正步入下滑阶段，近似地形成了倒 U 形曲线（表 2-13）。

表 2-13　1982～2014 年中国各类贸易方式的进口情况

年份	进口总额/亿美元	其中			
		加工贸易进口额/亿美元	所占比重/%	一般贸易进口额/亿美元	所占比重/%
1982	193.0	2.76	1.43	188.85	97.85
1984	274.1	31.47	11.48	238.49	87.01
1988	552.8	151.05	27.32	352.04	63.68
1991	637.9	250.3	39.24	295.4	46.31
2000	2 250.9	925.58	41.12	1 000.79	44.46
2001	2 435.5	939.74	38.59	1 134.56	46.58
2002	2 951.7	1 222.01	41.40	1 291.11	43.74
2003	4 127.6	1 629.04	39.47	1 876.51	45.46
2004	5 612.3	2 216.94	39.50	2 481.45	44.21

续表

年份	进口总额/亿美元	其中			
		加工贸易进口额/亿美元	所占比重/%	一般贸易进口额/亿美元	所占比重/%
2005	6 599.5	2 740.12	41.52	2 796.33	42.37
2006	7 914.6	3 214.72	40.62	3 330.74	42.08
2007	9 561.2	3 684.75	38.54	4 286.13	44.83
2008	11 325.7	3 784.00	33.41	5 257.00	46.42
2009	10 059.2	3 223.00	32.04	5 339.00	53.08
2010	13 962.4	4 174.00	29.89	7 680.00	55.00
2011	17 434.8	4 698.00	26.95	10 075.00	57.79
2012	18 184.1	4 812.00	26.46	10 218.00	56.19
2013	19 499.9	4 970.00	25.49	11 099.00	56.92
2014	19 592.3	5 244.00	26.77	11 096.00	56.63

资料来源：根据历年《中国统计年鉴》和中国年度统计公报整理计算而得

注：表中数据2000年以前仅列出第二章对我国开放经济发展阶段划分的关键节点年份及部分具有代表性的年份

七、商品结构不断优化升级

进出口商品结构的变化是对我国经济发展水平、资源使用情况和对外贸易政策实施效果的直接反映，也是衡量我国开放型经济发展成效最直观的核心指标之一。20世纪80年代初期，我国还是一个以出口初级产品、进口工业制成品为主的贸易弱国。1980年我国初级产品贸易顺差为21.55亿美元，工业制成品贸易逆差为40.53亿美元。20世纪80年代中后期至90年代初，政府所实施的一系列进出口贸易政策促使我国在1995年以后，真正实现了向以进口初级产品、出口工业制成品为主的转变。2014年我国工业制成品贸易顺差达到9173亿美元，初级产品贸易逆差达到5343亿美元，与1995年相比，分别扩大了47倍和182倍。工业制成品在我国对外商品贸易中已占有绝对的主导地位，我国贸易大国地位逐渐显现。

在出口商品结构中，我国先后经历了两次重要转变，一次是20世纪80年代末商品类别的转变，即由初级产品出口为主向工业制成品出口为主的转变，一次是20世纪90年代中后期以来商品质量提升的转变，即以轻纺等劳动密集型产品出口为主向以机电和高新技术产品等资本技术密集产品为主的转变（表2-14）。1979年，初级产品出口占我国出口贸易总额的53.6%，工业制成品出口占46.4%，到了1991年，两者的出口比重转变为22.45%和77.46%，工业制成品在出口贸易中的地位得到了明显提升。1991年我国机电产品和高新技术产品出口额为170亿美元，占比仅为 23.64%，1999 年机电产品和高新技术产品出口额突破千亿美元大关，达到 1017.3 亿美元，占比首次超过 50%，并逐渐成为我国出口的主要商品；2007 年，我国机电产品和高新技术产品出口突破万亿美元大关，达到 10 688.6 亿美元，占比 87.58%；2014 年出口规模达到 19 714.3 亿美元，占出口总额比重由 1991 年 23.64% 提高到 84.17%，年均增长 22.96%，比同期全部货物贸易出口年均增速高出 6.61 个百分点。

表 2-14　1982～2014 年中国出口商品结构

年份	出口总额/亿美元	初级产品		工业制成品		机电产品		高新技术产品	
		金额/亿美元	比重/%	金额/亿美元	比重/%	金额/亿美元	比重/%	金额/亿美元	比重/%
1982	223.2	98.5	44.11	120.5	53.98	—	—	—	—
1984	261.4	113.7	43.51	135.8	51.94	—	—	—	—
1988	475.2	144.3	30.37	331.1	69.68	61.6	12.96	—	—
1991	719.1	161.5	22.45	557.0	77.46	141.2	19.64	28.8	4.00
1995	1 487.8	214.9	14.44	1 273.0	85.56	438.6	29.48	101.2	6.80
1996	1 510.5	219.3	14.52	1 291.2	85.48	482.1	31.92	126.9	8.40
1997	1 827.9	239.5	13.10	1 588.4	86.90	593.2	32.45	162.7	8.90
1998	1 837.1	204.9	11.15	1 632.2	88.85	665.4	36.22	202.1	11.00
1999	1 949.3	199.4	10.23	1 749.9	89.77	769.7	39.49	247.6	12.70
2000	2 492.0	254.6	10.22	2 237.4	89.78	1 053.1	42.26	371.3	14.90
2001	2 661.0	263.4	9.90	2 397.6	90.10	1 187.9	44.64	465.7	17.50
2002	3 256.0	285.4	8.77	2 970.6	91.23	1 570.8	48.24	677.2	20.80
2003	4 382.3	348.1	7.94	4 034.2	92.06	2 274.6	51.90	1 104.3	25.20
2004	5 933.3	405.5	6.83	5 527.8	93.17	3 234.0	54.51	1 655.4	27.90
2005	7 619.5	490.4	6.44	7 129.2	93.56	4 267.3	56.00	2 182.4	28.64
2006	9 689.8	529.2	5.46	9 160.2	94.53	5 494.4	56.70	2 814.9	29.05
2007	12 204.6	615.1	5.04	11 562.7	94.74	7 014.2	57.47	3 674.4	30.11
2008	14 306.9	779.6	5.45	13 527.4	94.55	8 229.3	57.52	4 156.1	29.05
2009	12 016.1	631.1	5.25	11 384.8	94.75	7 129.7	59.33	3 768.5	31.36
2010	15 777.5	816.9	5.18	14 960.7	94.82	9 334.3	59.16	4 924.1	31.21
2011	18 983.8	1 005.5	5.30	17 978.4	94.70	10 854.4	57.18	5 487.4	28.91
2012	20 487.1	1 005.6	4.91	19 481.6	95.09	11 794.2	57.57	6 012.0	29.35
2013	22 090.0	1 072.7	4.86	21 017.4	95.14	12 646.6	57.25	6 600.8	29.88
2014	23 422.9	1 126.9	4.81	22 296.0	95.19	13 109.0	55.97	6 605.3	28.20

资料来源：根据历年《中国统计年鉴》、统计公报及商务部网站统计数据库整理计算而得

注：表中数据 1995 年以前仅列出第二章对我国开放型经济发展阶段划分的关键节点年份及部分具有代表性的年份

伴随着出口结构的优化，我国进口商品结构也发生了实质性的变化。从商品类别来看，初级产品在 2008 年经济危机之前呈现缓慢上升趋势，2008 年以后虽

有所上升，但与工业制成品的进口所占比重都相对比较稳定，分别保持在 30%和 60%左右。从进口商品质量提升来看，机电产品和高新技术产品逐渐成为我国进口的主要商品。1991 年，我国机电产品和高新技术产品进口额为 344.4 亿美元，占当年进口总额的 54%，随后在 1999 年和 2010 年分别突破千亿美元和万亿美元大关，2014 年机电产品和高新技术产品进口额已达到 14 057.5 亿美元，占比提高到 71.75%（表 2-15）。随着机电产品和高新技术产品进口的快速增长，通过进口来模仿和学习的经验积累在增加，不仅扩大了我国产品的生产范围，也提升了产品质量等级，从而我国的商品贸易形式也逐渐由产业间贸易向产业内贸易转变。

表 2-15　1982～2014 年中国进口商品结构

年份	进口总额/亿美元	初级产品		工业制成品		机电产品		高新技术产品	
		金额/亿美元	比重/%	金额/亿美元	比重/%	金额/亿美元	比重/%	金额/亿美元	比重/%
1982	193.0	74.8	38.75	114.2	59.18	—	—	—	—
1984	274.1	49.9	18.19	216.8	79.08	—	—	—	—
1988	552.8	100.7	18.21	451.8	81.74	207.0	37.45	—	—
1991	637.9	108.3	16.98	529.6	83.02	250.0	39.19	94.4	14.80
1995	1 320.8	244.2	18.49	1 076.7	81.51	591.8	44.81	218.3	16.53
1996	1 388.3	254.4	18.32	1 133.9	81.68	614.0	44.23	224.5	16.17
1997	1 423.7	286.2	20.10	1 137.5	79.90	593.3	41.67	238.9	16.78
1998	1 402.4	229.5	16.36	1 172.9	83.64	640.1	45.64	292.0	20.82
1999	1 657.0	268.5	16.20	1 388.5	83.80	775.8	46.82	376.0	22.69
2000	2 250.9	467.4	20.76	1 783.6	79.24	1 028.7	45.70	525.1	23.33
2001	2 435.5	457.4	18.78	1 978.1	81.22	1 205.2	49.48	641.2	26.33
2002	2 951.7	492.7	16.69	2 459.0	83.31	1 556.0	52.72	828.0	28.05
2003	4 127.6	727.6	17.63	3 400.0	82.37	2 250.0	54.51	1 193.0	28.90
2004	5 612.3	1 172.7	20.89	4 439.6	79.11	3 039.0	54.15	1 614.0	28.76
2005	6 599.5	1 477.1	22.38	5 122.4	77.62	3 502.2	53.07	1 976.6	29.95
2006	7 914.6	1 871.3	23.64	6 043.3	76.36	4 276.5	54.03	2 473.0	31.25
2007	9 561.2	2 430.9	25.42	7 128.6	74.56	4 989.8	52.19	2 869.9	30.02
2008	11 325.7	3 623.9	32.00	7 701.7	68.00	5 381.4	47.52	3 418.5	30.18
2009	10 059.2	2 898.0	28.81	7 161.2	71.19	4 911.7	48.83	3 097.1	30.79
2010	13 962.4	4 338.5	31.07	9 623.9	68.93	6 603.1	47.29	4 126.7	29.56
2011	17 434.8	6 042.7	34.66	11 392.2	65.34	7 534.9	43.22	4 629.8	26.55
2012	18 184.1	6 349.3	34.92	11 834.7	65.08	7 823.8	43.03	5 067.5	27.87
2013	19 499.9	6 580.8	33.75	12 919.1	66.25	8 398.4	43.07	5 579.5	28.61
2014	19 592.4	6 469.4	33.02	13 123.0	66.98	8 543.4	43.61	5 514.1	28.14

资料来源：根据历年《中国统计年鉴》、统计公报及商务部网站统计数据库整理计算而得

注：表中数据 1995 年以前仅列出第二章对我国开放经济发展阶段划分的关键节点年份及部分具有代表性的年份

第三章 我国开放型经济发展的绩效评估与反思

第一节 我国开放型经济发展的绩效评估

从第二章对我国开放型经济发展历程的梳理可知，党的十一届三中全会拉开了我国开放型经济发展道路的序幕，经济体制的革新和对外开放战略的更替，推动了对外开放区域从沿海扩大到内地，开放基地从经济特区上升到（高新）经济技术开发区，逐渐形成了全方位、多层次、宽领域和立体化的开放格局。从党的十四届三中全会首次明确提出"开放型经济"，先后经历了党的十五大"发展开放型经济"、党的十七大"拓展对外开放的广度和深度，提高开放型经济水平"、党的十八大"全面提高开放型经济水平"、党的十八届三中全会"构建开放型经济新体制"和党的十八届五中全会"发展更高层次的开放型经济"，对我国开放型经济发展的相关问题的研究成为学术界和政策面共同关注的焦点问题，迈向更高层次的开放型经济成为我国经济深度融入世界经济的内在要求和必然选择。

在过去30多年的开放历程中，我国开放型经济的发展绩效究竟如何？哪些是当前我们进一步开放的制约和短板？这就需要我们建立相应的指标体系进行综合评估。

一、开放型经济发展评估体系研究述评

关于开放型经济发展的评估研究，现有国内外学者主要沿着两条主线展开，即经济开放规则和经济开放结果（周茂荣和张子杰，2009；孙敬水和林晓炜，2016）。其中，经济开放规则通过分析一国关税壁垒和非关税壁垒等贸易保护性措施来衡量该国的对外开放程度；经济开放结果则是分析商品（包括产品和劳务）与生产要素等流量变化而带来的一系列经济影响效应。一国贸易保护性措施政策的变化最终会反映到该国的商品（包括产品和劳务）与生产要素等流量变化上，从而影响该国经济的各个方面。因此，通过构建指标体系衡量开放型经济所带来的影响

效应的研究文献呈现不断增加的趋势。

　　衡量一国经济开放结果的评估体系并不是一蹴而就，而是由最初的单一指标逐渐发展到一系列指标体系的衡量。外贸依存度是度量贸易开放程度最常用的单一指标，用来评估和度量一国开放程度。为了完整地评估一国的开放型经济发展效应，国内外学者开始从商品、生产要素对外开放等角度入手设计综合性的评估指标体系。由于目前学术界对开放型经济的含义尚未有明确的界定，评估开放型经济的综合性指标体系的构成也不尽相同。通过对现有国内文献整理发现，早期形成以国际贸易（包括商品和服务）、国际金融和国际投资分类的对外开放测度体系已被众多学者广泛接受。一些学者对我国对外经济发展的定量研究主要集中在开放程度的度量上，重点围绕着商品、生产要素和金融资本的跨境流动难易程度展开。随着经济全球化的加快和我国参与国际分工的深化，后续研究者以国际贸易、国际金融和国际投资三个方面为基础，结合自己的研究目的和数据的可获得性对指标体系进行了细化，研究重点也开始向开放型经济发展质量和效益评估上倾斜。

　　关于开放型经济发展的评估，北京市统计局外向型经济外经统计课题研究组（1992）基于国民经济外向型程度、国民经济的对外依赖程度和国民经济外向发展的承受能力三个方面进行了初步探索。2012 年，国家发展和改革委员会国际合作中心课题组（2013）在博鳌亚洲论坛上发布了对外开放指数报告，并于 2013 年公开发表。与北京市统计局外向型经济外经统计课题研究组所构建的指标体系相比，国家发展和改革委员会国际合作中心课题组结合我国经济发展实际和新时期对外开放的客观要求，从经济的开放指标延伸到技术开放和社会开放的更多指标，从而能更真实地衡量我国不同地区的开放程度。

　　真正从开放型经济绩效角度开展研究分析始于 2013 年，王晓亮和王英（2013）从广义角度界定了开放型经济内涵，在借鉴前人研究成果基础上从开放型经济发展水平的质量和效益方面进行了指标的补充与拓展研究，从而从开放的基础、规模、结构和效益 4 个方面构建出了包含 24 个指标的区域开放型经济发展水平评估指标体系。刘晓玲（2013）从开放的经济质量和效益两个大方面构建了开放型经济发展质量与效益指标体系，其中，开放质量涉及开放速度的稳定性、结构的改善和发展的可持续性 3 个一级指标 14 个二级指标；开放效益涉及投入产出的效率和生产能力的充分性 2 个一级指标 4 个二级指标。殷阿娜和王厚双（2015）从开放型经济的广义内涵出发，构建了中国开放型经济发展绩效评估指标体系，该体系包括经济发展效益、社会发展效益和资源环境效益 3 个层面 37 个具体指标。何计文和邓玲（2016）从开放基础、开放规模、开放结构、开放效益和开放潜力 5 个方面构建了 27 个二级指标来衡量长江经济带开放型经济的指标体系。

综上可知，我国学者关于开放型经济指标体系的构建研究及评估起步较晚，现有的文献研究主要集中在对外开放测度的衡量上，已基本形成以贸易开放、金融开放和投资开放为基础的指标体系，并结合不同地区的实际情况在基础指标体系上不断细化和完善，从而确定可实施的具体指标，而且赋予各指标不同权重的方法比较普遍，尤以主观赋值法较多。但缺少理论依据的主观判断，未考虑到不同指标的性质有所不同，并忽略了各指标间的相互关系，因此使用具有较好统计理论基础的数理统计法来确权成为近年来兴起的研究方法（周茂荣和张子杰，2009）；理论界尚未在开放型经济的内涵界定上形成统一认识，所以现有学者对开放型经济指标体系的构建及评估主要以对外开放程度的测度指标体系为基础，延伸到更加关注开放型经济的发展质量和效益，具体衡量指标因不同学者的研究目的而有所不同。

二、我国开放型经济绩效评估的指标体系构建

（一）指标体系的构成说明

走开放型经济的发展道路是我国实施对外开放政策的必然结果，它有利于促进我国与其他国家深层次的交流与合作，充分利用国内外的资源和市场进行合理的分工，全面发展本国经济，不断提升国际竞争力，从而更好地融入经济全球化的进程中。开放型经济是一种互动的经济模式，是建立在本国一定的经济发展基础上，通过与其他国家的互通有无来实现商品及生产要素的无障碍流动。

在新时期我国开放型经济的发展质量和效益直接影响着我国对外开放经济的广度和深度。因此，本书在遵循全面性与重点性相结合、动态性与持续性相结合、科学性和可操作性相结合的原则下，构建了我国开放型经济发展的绩效评估指标体系。该指标体系包括开放基础、开放规模、开放结构、开放效益、开放潜力和开放承受力6个层面。一国区域内部资源的拥有量和开发程度决定了该国能否在经济全球化中占有一席之地，开放基础即对该国自身发展水平和发展实力的衡量，它是实施开放型经济发展的前提和有力支撑；开放规模是对国家开放型经济发展水平的广度和深度进行衡量，反映一国开放型经济发展的程度；开放结构是对国家开放型经济发展方向的指引，反映一国开放型经济发展的优化度；开放效益是对国家开放型经济的发展质量和发展成效的衡量，反映一国开放型经济发展的成果；开放潜力是对国家开放型经济发展可持续性的衡量，反映一国开放型经济发展的长效；开放承受力是对国家开放型经济发展合理性的衡量，反映一国开放型经济发展的抵抗力。该指标体系下共设有39个具体指标，见表3-1。

表 3-1 我国开放型经济发展的绩效评估指标体系构建

一级指标	二级指标	指标内容
开放基础（A）	人均国内生产总值（A_1）/元	国内生产总值/总人口
	第二产业比重（A_2）/%	第二产业增加值/GDP
	第三产业比重（A_3）/%	第三产业增加值/GDP
	城镇化率（A_4）/%	城镇人口/总人口
	交通运输网密度（A_5）/(km/km^2)	（公路+铁路+内河航道+定期航班）/国土面积
	港口货物吞吐量（A_6）/万 t	港口货物吞吐量
	人力资本水平（A_7）/年万人	R&D 人员全时当量
开放规模（B）	对内贸易额（B_1）/亿元	社会消费品零售总额
	对外贸易额（B_2）/亿美元	进口总额+出口总额
	外商直接投资额（B_3）/亿美元	实际外商直接投资额
	对外直接投资额（B_4）/亿美元	中方协议投资额
	对外经济活动合同金额（B_5）/亿美元	对外承包工程合同金额+对外劳务合同金额
	国际旅游外汇收入（B_6）/亿美元	国际旅游外汇收入
	内贸依存度（B_7）/%	社会消费品零售总额/ GDP
	外贸依存度（B_8）/%	进出口总额/ GDP
	外资依存度（B_9）/%	FDI/ GDP
	对外直接投资依存度（B_{10}）/%	ODI/ GDP
	对外经济合作合同额占 GDP 比重（B_{11}）/%	（对外承包工程+劳务合作）/ GDP
开放结构（C）	工业制成品出口比重（C_1）/%	工业制成品出口额/ 出口总额
	加工贸易出口比重（C_2）/%	加工贸易出口额/ 出口总额
	初级产品进口比重（C_3）/%	初级产品进口额/ 进口总额
	加工贸易进出口比重（C_4）/%	加工贸易出口额/加工贸易进口额
	高新技术产品进出口比重（C_5）/%	高新技术产品出口额/高新技术产品进口额
	对外直接投资比重（C_6）/%	ODI/ （FDI+ODI）
	国际旅游收入比重（C_7）/%	国际旅游收入额/ 旅游收入总额
开放效益（D）	外商经济贡献度（D_1）/%	外商投资企业工业总产值/规模以上工业企业总产值
	外资企业就业贡献度（D_2）/%	外资企业城镇就业人数/城镇总就业人数
	外资技术贡献度（D_3）/%	外资 R&D/ FDI

续表

一级指标	二级指标	指标内容
开放效益（D）	高新技术产品出口贡献度（D_4）/%	高新技术产品出口额/出口总额
	贸易经济贡献度（D_5）/%	（对内贸易额+出口总额−进口总额）/GDP
	贸易技术贡献度（D_6）/%	（高新技术产品进口额+技术引进经费支出额+购买国内技术出口额）/GDP
	环境污染治理度（D_7）/%	环境污染治理投资额/GDP
开放潜力（E）	教育经费支出比重（E_1）/%	教育经费支出额/财政总支出额
	学成回国留学人员比重（E_2）/%	学成回国留学人员人数/留学人员总人数
	科学技术支出比重（E_3）/%	科学技术支出额/财政总支出额
	R&D经费支出比重（E_4）/%	R&D经费支出总额/GDP
	能源加工转换效率（E_5）/%	能源加工转换效率
开放承受力（F）	负债率（F_1）/%	年末借用国外资金债务余额/GDP
	偿债率（F_2）/%	对外借款还本付息额/外汇储备额

（二）具体指标的设置及解释

（1）开放基础（A）。该指标体系是促进开放型经济发展的有利支撑，主要由人均国内生产总值（A_1）、第二产业比重（A_2）、第三产业比重（A_3）、城镇化率（A_4）、交通运输网密度（A_5）、港口货物吞吐量（A_6）和人力资本水平（A_7）7个二级指标构成。其中，人均国内生产总值是衡量国家经济发展状况的指标，该指标值越高，说明开放型经济的发展基础越稳固；第二、第三产业比重体现国家经济结构的合理化程度，该指标值越高，说明开放型经济在广度和深度上越有发展潜力；城镇化率是经济社会发展进步的主要反映和重要标志，该指标反映国家对开放型经济发展的组织管理水平；交通运输网密度和港口货物吞吐量是衡量开放型经济发展中货物和劳务贸易流动载体的承载能力；人力资本水平是反映开放型经济发展中劳动力的素质水平和持续发展能力，较高的人力资本水平能促进国家的经济发展，较高的研发投入则推动着国家经济持续发展。

（2）开放规模（B）。该指标体系是对国家开放型经济发展广度和深度的反映，主要由对内贸易额（B_1）、对外贸易额（B_2）、外商直接投资额（B_3）、对外直接投资额（B_4）、对外经济活动合同金额（B_5）、国际旅游外汇收入（B_6）、内贸依存度（B_7）、外贸依存度（B_8）、外资依存度（B_9）、对外直接投资依存度（B_{10}）和对外经济合作合同额占GDP比重（B_{11}）11个二级指标构成。其中，

$B_1 \sim B_6$ 这 6 个二级指标是用来衡量国家开放型经济发展的广度，对内、对外贸易额反映了贸易开放规模的大小，外商直接投资额和对外直接投资额反映了投资的开放规模，对外经济活动合同金额和国际旅游外汇收入反映了服务的开放规模；$B_7 \sim B_{11}$ 这 5 个二级指标是用来衡量国家开放型经济发展的深度，内贸依存度和外贸依存度反映了贸易活动对经济发展的影响程度，外资依存度和对外直接投资依存度反映了投资活动对经济发展的影响程度，对外经济合作合同额占 GDP 比重反映了服务活动对经济发展的影响程度。

（3）开放结构（C）。该指标体系反映了开放型经济发展优化度，主要考察了市场结构和产业结构，主要由工业制成品出口比重（C_1）、加工贸易出口比重（C_2）、初级产品进口比重（C_3）、加工贸易进出口比重（C_4）、高新技术产品进出口比重（C_5）、对外直接投资比重（C_6）和国际旅游收入比重（C_7）7 个二级指标构成。工业制成品出口比重、加工贸易出口比重、初级产品进口比重、加工贸易进出口比重和高新技术产品进出口比重 5 个二级指标反映了国家参与国际分工水平的高低；对外直接投资比重反映了国家以更高层次参与全球经济发展的水平；国际旅游收入比重反映了国家服务业对外开放程度。

（4）开放效益（D）。该指标体系反映了开放型经济发展的质量和成效，主要由外商经济贡献度（D_1）、外资企业就业贡献度（D_2）、外资技术贡献度（D_3）、高新技术产品出口贡献度（D_4）、贸易经济贡献度（D_5）、贸易技术贡献度（D_6）和环境污染治理度（D_7）7 个二级指标构成。外商经济贡献度、外资企业就业贡献度和外资技术贡献度 3 个二级指标反映了在开放型经济发展中，国外企业对国内经济发展和社会效益产生的影响；高新技术产品出口贡献度反映国家参与技术性贸易的发展水平；贸易经济贡献度和贸易技术贡献度反映货物、劳务及技术性贸易对经济增长的拉动作用；环境污染治理度反映了开放型经济发展过程中对环境的治理效率。

（5）开放潜力（E）。该指标体系反映了开放型经济持续发展的能力，主要由教育经费支出比重（E_1）、学成回国留学人员比重（E_2）、科学技术支出比重（E_3）、R&D 经费支出比重（E_4）、能源加工转换效率（E_5）5 个二级指标构成。教育经费支出比重和学成回国留学人员比重反映了国家对人力资源的经费投入力度及人力资本的储备情况；科学技术支出比重和 R&D 经费支出比重反映了财政经费对技术研发的支持力度，通过增加经费投入来促进研发实力的不断增强，从而促进开放型经济快速发展；能源加工转换效率是观察能源加工转换装置和生产工艺先进与落后、管理水平高低等的重要指标，它影响着开放型经济的协调发展。

（6）开放承受力（F）。该指标体系反映了开放型经济发展的合理性，主要由负债率（F_1）和偿债率（F_2）2 个二级指标构成。这 2 个二级指标反映了在开放型经济发展中，国家经济增长对外债的依赖程度和对外偿债能力，从而判断开放型经济发展是否健康。

三、我国开放型经济发展绩效的综合评估测度与结果分析

（一）测度方法的选择及原理分析

现有的关于开放型经济发展水平评估体系中各具体指标的权重确定问题研究，主成分分析和因子分析方法占主流，但这两种方法是通过降维后再来确定权重，其分析结果无法对开放型的经济发展水平进行全面性评估。因此，本书选取改进的熵值法对我国开放型经济发展绩效综合评估的 39 个具体指标进行客观赋权测度。

熵值法（entropy method）是一种客观赋权法，在信息论中，熵是对系统不确定性（即无序程度）的一种度量。信息量越大，不确定性就越小，熵也就越小，从而权重越大；信息量越小，不确定性越大，熵也越大，从而权重越小。根据熵的此性质，可以用来判断已量化的某个指标的离散程度，并计算出评估体系中各具体指标基于熵的相对优异性量化评估指数，从而据此对研究对象进行综合评估（谷震离，2010）。

熵值法的基本步骤如下。

（1）构建原始指标数据矩阵，若某研究项目有 n 年，m 项评估指标，设 x_{ij} 为第 i 年第 j 项指标的数值，从而形成原始指标数据矩阵为

$$x = \left(x_{ij} \right)_{m \times n} \quad (i = 1, 2, \cdots, n; j = 1, 2, \cdots, m)$$

对于每一个具体指标 x_j，其值的差距越大意味着该指标在综合评估中所起的作用也越大，反之就越小。

（2）指标的归一化处理：异质指标同质化。由于原始评估指标的计量单位不完全相同，在利用这些具体指标进行综合评估时，首先要对它们进行标准化处理，以消除量纲和数量级的限制。目前使用最普遍的无量纲化方法是数据标准化法，该方法在消除了量纲和数量级的影响时，还消除了各指标变异程度上的差异，因而不能很好地反映原始数据所包含的信息，最终导致综合评估的结果不准确（叶宗裕，2003）。因此，结合本书实际选取均值化方法来消除各评估指标的量纲和数量级，其具体计算公式为

$$x_{ij}^{*} = \frac{x_{ij}}{\overline{x}_j} \quad (i = 1, 2, \cdots, n; j = 1, 2, \cdots, m)$$

式中，$\bar{x}_j$ 为各指标的平均值。

（3）计算第 j 项指标下第 i 年占整个考察期 j 项指标和的比重：

$$p_{ij} = \frac{x_{ij}}{\sum\limits_{i=1}^{n} x_{ij}} \quad (i = 1, 2, \cdots, n; \ j = 1, 2, \cdots, m)$$

（4）计算第 j 项指标的熵值：

$$e_j = -k \sum\limits_{i=1}^{n} p_{ij} \ln p_{ij}$$

式中，常数 $k = \dfrac{1}{\ln n} > 0$，从而保证 $0 \leqslant e_j \leqslant 1$，即 e_j 最大为 1。

（5）计算信息熵冗余度：

$$d_j = 1 - e_j$$

（6）计算各项指标的权值：

$$w_j = \frac{d_j}{\sum\limits_{j=1}^{m} d_j}$$

确定出各维属性指标的权重后，运用综合评估的方法，采用模型 $D = \sum w_i x_i$（其中 w_i 为各维属性指标的权重，x_i 为各维属性指标标准化后的数值）计算不同年份开放型经济发展的综合评估值 D_i 即可。

（二）数据来源与预处理

基于文献分析构建的开放型经济发展的绩效评估指标体系，根据各指标数据统计标准的统一性和可获得性，本书选取 1995～2014 年共 20 年的相关数据。评估指标体系中的各具体指标的原始数据来源于 1996～2015 年各年《中国统计年鉴》《中国商务年鉴》《中国高技术产业统计年鉴》《中国贸易外经统计年鉴》及中国历年《国民经济和社会发展统计公报》。指标体系中的 2 个适度指标（负债率和偿债率）通过 $x_{ij}' = -\left| x_{ij} - \bar{x}_{ij} \right|$ 进行了正向化处理；人均 GDP 为以 1990 年为基期消除物价影响而计算的实际值；评估指标体系各具体指标的初始数据见表 3-2。

表 3-2　我国开放型经济发展的绩效评估指标体系初始数据

年份	A_1	A_2	A_3	A_4	A_5	A_6	A_7	B_1	B_2	B_3	B_4	B_5	B_6	B_7	B_8	B_9	B_{10}	B_{11}	C_1	C_2
1995	2 730.37	47.51	34.20	29.04	0.26	80 166	75.17	23 613.80	2 808.64	375.21	20.00	96.70	87.33	39.12	38.86	5.19	0.28	1.34	85.56	49.50
1996	2 972.52	47.79	34.06	30.48	0.26	85 152	80.40	28 360.20	2 898.81	417.26	21.14	102.70	102.00	40.07	34.05	4.90	0.25	1.21	85.48	55.80
1997	3 216.37	47.65	35.41	31.91	0.29	90 822	83.12	31 252.90	3 251.62	452.57	25.62	114.00	120.74	39.66	34.21	4.76	0.27	1.20	86.90	54.50
1998	3 436.77	46.55	37.65	33.35	0.31	92 237	75.52	33 378.10	3 239.46	454.63	26.34	118.00	126.02	39.82	32.00	4.49	0.26	1.17	88.85	56.86
1999	3 668.50	45.97	39.09	34.78	0.32	105 162	82.17	35 647.90	3 606.30	403.19	17.74	130.00	140.99	39.89	33.41	3.73	0.16	1.20	89.77	56.88
2000	3 947.77	46.10	40.27	36.22	0.35	12 5603	92.20	39 105.70	4 742.97	407.15	9.16	149.00	162.24	39.47	39.63	3.40	0.08	1.25	89.78	55.26
2001	4 245.83	45.45	41.82	37.66	0.36	142 634	95.65	43 055.40	5 096.51	468.78	68.85	165.00	177.92	39.40	38.60	3.55	0.52	1.25	90.10	55.43
2002	4 601.66	44.91	42.68	39.09	0.37	166 628	103.51	48 135.90	6 207.66	527.43	27.00	179.00	203.85	39.95	42.65	3.62	0.19	1.23	91.23	55.25
2003	5 032.67	45.62	42.03	40.53	0.39	201 126	109.48	52 516.30	8 509.88	535.05	28.50	209.00	174.06	38.22	51.26	3.22	0.17	1.26	92.06	55.18
2004	5 507.78	45.90	41.18	41.76	0.43	246 074	115.26	59 501.00	11 545.55	606.30	55.00	276.44	257.39	36.77	59.05	3.10	0.28	1.41	93.17	55.28
2005	6 094.71	47.02	41.33	42.99	0.58	292 777	136.48	68 352.60	14 219.06	603.25	122.60	344.14	292.96	36.49	62.18	2.64	0.54	1.50	93.56	54.66
2006	6 831.15	47.56	41.82	44.34	0.60	342 191	150.25	79 145.20	17 604.39	630.21	211.60	714.05	339.49	36.07	63.95	2.29	0.77	2.59	94.53	52.67
2007	7 758.41	46.86	42.86	45.89	0.64	388 200	173.62	93 571.60	21 765.72	747.68	265.10	844.21	419.19	34.63	61.25	2.10	0.75	2.38	94.74	50.61
2008	8 462.80	46.93	42.82	46.99	0.66	429 599	196.54	114 830.10	25 632.60	923.95	559.10	1 126.62	408.43	35.94	55.72	2.01	1.22	2.45	94.55	47.19
2009	9 197.70	45.88	44.33	48.34	0.67	475 481	229.13	133 048.20	22 070.35	900.33	565.30	1 351.10	396.75	38.11	43.19	1.76	1.11	2.64	94.79	48.87
2010	10 110.03	46.40	44.07	49.95	0.73	548 358	255.40	158 008.00	29 739.98	1 057.35	688.10	1 432.67	458.14	38.25	48.74	1.73	1.13	2.35	94.82	46.92
2011	10 997.43	46.40	44.16	51.27	0.81	616 292	288.30	187 205.80	36 418.65	1 160.11	746.50	1 423.32	484.64	38.26	48.07	1.53	0.99	1.88	94.70	44.01
2012	11 780.52	45.27	45.31	52.57	0.80	665 245	324.70	214 432.70	38 671.19	1 117.16	878.00	1 565.29	500.28	39.68	45.18	1.31	1.03	1.83	95.09	42.11
2013	12 621.96	44.01	46.70	53.73	0.90	728 098	353.30	242 842.80	41 589.93	1 175.86	1078.40	1 716.29	516.64	40.80	43.27	1.22	1.12	1.79	95.14	38.95
2014	13 535.84	43.10	47.84	54.77	0.97	769 557	371.06	271 896.10	43 015.27	1 195.62	1231.20	1 917.56	1 053.80	42.22	41.03	1.14	1.17	1.83	95.19	37.75

续表

年份	C_3	C_4	C_5	C_6	C_7	D_1	D_2	D_3	D_4	D_5	D_6	D_7	E_1	E_2	E_3	E_4	E_5	F_1	F_2
1995	18.49	126.15	46.23	5.06	34.65	21.96	2.69	0.08	6.78	41.43	3.08	0.59	21.50	28.21	4.43	0.58	71.05	14.75	16.18
1996	18.32	135.33	56.36	4.82	34.11	23.20	2.71	0.11	8.38	41.50	2.67	0.58	21.47	31.43	4.39	0.57	71.50	13.66	13.43
1997	20.10	141.93	68.26	5.36	32.15	27.10	2.80	0.19	8.92	43.91	2.56	0.64	20.62	31.82	4.43	0.65	69.23	13.78	12.97
1998	16.36	152.27	69.35	5.48	30.38	24.74	2.72	0.49	11.02	44.12	2.91	0.86	19.95	41.87	4.06	0.66	69.44	14.43	11.96
1999	16.20	150.66	65.71	4.21	29.19	26.07	2.73	0.73	12.67	42.60	3.51	0.92	18.26	32.62	4.12	0.76	70.45	14.06	9.81
2000	20.76	148.70	70.55	2.20	29.72	27.41	2.77	0.95	14.86	41.49	4.44	1.02	17.23	23.39	3.62	0.90	69.40	12.18	7.90
2001	18.78	156.96	72.46	12.81	29.48	28.52	2.78	1.16	17.46	41.11	4.92	1.01	17.78	14.58	3.72	0.95	69.70	15.40	39.48
2002	16.69	147.22	82.00	4.87	30.32	29.38	3.01	1.40	20.85	42.04	5.76	1.13	18.04	14.34	3.70	1.07	69.00	13.92	30.40
2003	17.63	148.43	92.46	5.06	29.50	31.23	3.29	1.71	25.17	39.75	7.26	1.18	18.28	17.18	3.96	1.12	69.40	13.21	25.49
2004	20.89	147.95	102.54	8.32	31.14	32.73	3.78	2.42	27.88	38.41	8.32	1.18	18.06	21.56	3.85	1.21	70.60	13.45	22.74
2005	22.38	152.01	110.39	16.89	31.22	31.73	4.39	3.09	28.64	40.95	8.70	1.27	17.99	29.52	3.93	1.31	71.10	12.97	20.96
2006	23.64	158.76	113.81	25.14	30.29	31.61	4.75	4.01	29.05	42.52	9.02	1.17	18.37	31.34	4.18	1.37	70.90	12.30	18.68
2007	25.42	167.67	121.18	26.18	29.09	31.50	5.11	4.27	28.50	42.06	8.13	1.25	16.11	30.56	4.29	1.37	71.20	10.95	15.42
2008	32.00	178.44	121.59	37.70	24.48	29.55	5.02	4.20	29.05	42.42	7.46	1.55	14.39	38.54	4.17	1.44	71.50	8.48	11.63
2009	28.81	182.13	121.65	38.57	21.02	27.89	5.10	4.86	31.38	41.93	6.09	1.51	13.68	47.23	4.29	1.66	72.40	8.39	10.81
2010	31.07	177.36	119.32	39.42	19.78	27.23	5.26	5.12	31.21	41.23	6.79	1.84	13.96	47.35	4.67	1.71	72.50	9.00	13.19
2011	34.66	177.82	118.48	39.15	13.95	25.94	5.98	5.99	28.91	40.30	6.13	1.45	15.10	54.81	4.39	1.78	72.20	9.17	15.75
2012	34.92	179.30	118.62	44.01	12.21	24.17	5.97	7.44	29.34	42.37	5.94	1.53	16.87	68.29	3.54	1.91	72.70	8.61	16.33
2013	33.75	173.14	118.29	47.84	10.86	23.67	7.75	7.96	29.89	43.49	5.82	1.52	15.69	85.41	3.63	1.99	73.00	8.98	17.71
2014	33.02	168.64	119.79	50.73	17.60	22.97	7.52	8.32	28.20	45.88	5.28	1.49	15.18	79.34	3.50	2.02	73.50	16.98	33.78

资料来源：各具体指标数值的原始数据均来自 1996~2015 年各年《中国统计年鉴》《中国高技术产业统计年鉴》《中国贸易外经统计年鉴》《中国商务年鉴》，部分具体指标经作者整理计算得出

（三）我国开放型经济发展绩效的综合评估结果分析

1. 评估体系各指标权重分析

从一级指标构成来看，我国开放型经济的开放规模是 6 个一级指标中占比最大的，约为 49.52%；然后依次是开放效益（约占 13.20%），开放基础（约占 12.90%），开放承受力（约占 10.27%），开放结构（约占 9.82%），开放潜力（约占 4.28%）。从一级指标的权重占比可以发现，在我国开放型经济发展的 20 年间，我国"走出去"的经济模式起到了有力的推动作用，开放规模得到了飞速发展，其变化幅度最大，从而其所占比重也最大；其次是开放的基础和开放承受力，人力资本数量和质量的大幅度提升，以及对外开放港口设施的扩展和完善，为我国开放型经济发展提供了良好的发展平台，而合理地把控外债规模、对外债适度有效地管理在我国开放型经济发展进程中起到了很好的保驾护航作用；发展变化最不明显的是开放潜力，其占比不足 5%，意味着 20 年间，我国开放型经济的发展并未形成良好的持续态势，后继发展乏力。

从二级指标构成来看，本书所有构建的 39 个二级评估指标的平均权重为 0.02564。而通过熵值法所确定的开放型经济发展的绩效评估体系指标权重中，权重大于 0.02564 的二级指标仅有 12 个，其中开放基础 2 个指标，开放规模 6 个指标，开放结构 1 个指标，开放效益 1 个指标，开放承受力 2 个指标（表 3-3）。把权重大于 0.02564 的 12 个指标按从大到小排序，依次是对外直接投资额（B_4）、对外经济活动合同金额（B_5）、外资技术贡献度（D_3）、对外直接投资比重（C_6）、对外贸易额（B_2）、偿债率（F_2）、对内贸易额（B_1）、港口货物吞吐量（A_6）、对外直接投资依存度（B_{10}）、国际旅游外汇收入（B_6）、负债率（F_1）、人力资本水平（A_7）。根据熵值法的原理，这 12 个指标的权重大于平均权重，说明这些指标在我国开放型经济发展以来，其变化幅度较大，所携带的信息较多，从而对我国开放型经济的发展具有重要的影响。

2. 开放型经济发展的综合绩效评估结果分析

通过熵值法确定了我国开放型经济发展的绩效评估体系指标权重，进而计算出我国开放型经济发展的绩效得分（表 3-4）。从表 3-4 中可以看出，我国开放型经济发展的绩效得分的综合值 1995～2014 年虽呈现不断上升的趋势，但整体绩效水平仍在低位，没有出现明显的提升。在考察的 20 年间，整体变动幅度仅出现了 2 次跨越（由 0 到 1 和由 1 到 2 的跨越），2008 年综合绩效得分跨越 1，达到 1.0705，2014 年综合绩效得分跨越 2，达到 2.3746。

表 3-3　我国开放型经济发展的绩效评估体系指标权重

一级指标	二级指标	一级指标	二级指标	一级指标	二级指标	一级指标	二级指标	一级指标	二级指标	一级指标	二级指标
开放基础（0.12899）	A_1（0.02512）	开放规模（0.49522）	B_1（0.05644）	开放结构（0.09822）	C_1（0.00013）	开放效益（0.13204）	D_1（0.00144）	开放潜力（0.04277）	E_1（0.00177）	开放承受力（0.10275）	F_1（0.04224）
	A_2（0.00007）		B_2（0.06963）		C_2（0.00146）		D_2（0.01359）		E_2（0.02512）		F_2（0.06051）
	A_3（0.00085）		B_3（0.01693）		C_3（0.00771）		D_3（0.07693）		E_3（0.00073）		
	A_4（0.00364）		B_4（0.13970）		C_4（0.00103）		D_4（0.01743）		E_4（0.01511）		
	A_5（0.01788）		B_5（0.08750）		C_5（0.00786）		D_5（0.00015）		E_5（0.00004）		
	A_6（0.04980）		B_6（0.04237）		C_6（0.07100）		D_6（0.01341）				
	A_7（0.03163）		B_7（0.00023）		C_7（0.00902）		D_7（0.00910）				
			B_8（0.00474）								
			B_9（0.02030）								
			B_{10}（0.04814）								
			B_{11}（0.00924）								

注：受四舍五入的影响，表中数据稍有偏差

表 3-4 我国开放型经济发展的绩效得分

年份	开放基础	开放规模	开放结构	开放效益	开放潜力	开放承受力	综合值
1995	0.0480	0.4387	0.0410	0.0286	0.0284	0.0675	0.2394
1996	0.0510	0.4842	0.0411	0.0297	0.0304	0.0727	0.2631
1997	0.0544	0.5504	0.0437	0.0328	0.0315	0.0793	0.2977
1998	0.0547	0.5659	0.0426	0.0436	0.0381	0.1012	0.3092
1999	0.0592	0.5995	0.0375	0.0527	0.0331	0.1147	0.3283
2000	0.0664	0.6627	0.0328	0.0628	0.0286	0.0989	0.3597
2001	0.0711	0.7797	0.0678	0.0709	0.0236	0.2617	0.4392
2002	0.0782	0.8279	0.0416	0.0829	0.0248	0.1475	0.4513
2003	0.0868	0.7488	0.0431	0.0987	0.0274	0.0874	0.4094
2004	0.0977	1.0553	0.0564	0.1217	0.0313	0.0659	0.5649
2005	0.1160	1.2364	0.0863	0.1417	0.0376	0.0399	0.6602
2006	0.1296	1.5076	0.1143	0.1651	0.0396	0.0056	0.7986
2007	0.1457	1.8181	0.1185	0.1705	0.0390	0.0511	0.9602
2008	0.1599	2.0117	0.1577	0.1696	0.0449	0.1342	1.0705
2009	0.1758	1.9910	0.1584	0.1839	0.0531	0.1438	1.0656
2010	0.1972	2.2938	0.1613	0.1947	0.0539	0.1095	1.2165
2011	0.2198	2.4309	0.1594	0.2113	0.0596	0.0820	1.2867
2012	0.2368	2.5775	0.1751	0.2462	0.0700	0.0872	1.3686
2013	0.2581	2.7678	0.1869	0.2642	0.0821	0.0671	1.4676
2014	0.2734	4.5565	0.1988	0.2692	0.0784	0.2379	2.3746

在这 20 年的发展中,我国开放型经济的综合绩效得分值逐渐变大,基本上可划分为三个阶段。

第一阶段(1995~2007 年),我国开放型经济发展综合绩效得分小于 1。在这一阶段,我国开放型经济经历了从沿海向沿江、沿边,从东部向中西部地区的"区域全面开放",而且不断调整和转变以适应并融入全球经济体系的开放战略,进一步推动了开放型经济向纵深发展。在经历了 1978~1992 年由半封闭型经济向对外单边窗口的开放后,我国开放型经济的发展已不再局限于仅利用国内外市场为我国的经济建设服务,不断探索与国际接轨成为这一阶段开放型经济发展的基本特点。从"政策性开放"向"市场和制度性开放"的转向、从"区域开放"向"产业开放"的转向、从"自我单边开放市场"向"双向开放市场"的转向等一系列探索与调整使我国开放型经济取得了飞速发展。在该发展阶段,我国服务贸易得到了快速发展,民营企业也积极参与到开放型经济发展中,开放型经济发展的综合绩效得分翻了两番,由 1995 年的 0.2394 增长到 2007 年的 0.9602。尤其是加入 WTO 后的 2001～2007 年是我国开放型经济发展变化最大的 7 年，同期增幅多在 15%以上，高出考察期平均增长速度近 5 个百分点。

第二阶段（2008～2013 年），我国开放型经济发展综合绩效得分为 1～2。受国际经济危机的影响，我国开放型经济综合绩效得分在 2009 年出现下滑，随后恢复上升并趋于稳定。与第一阶段增长相比，这一阶段我国开放型经济发展综合绩效得分的增长速度明显放缓，年均仅增长 6.51%，比考察期平均增长速度（12.84%）低 6.33 个百分点，仅相当于第一阶段平均增速的 1/2。除了美国金融危机导致的全球经济发展低迷影响外，我国国内经济发展的结构性矛盾凸显成为这一阶段我国开放型经济发展缓慢的主要原因。受到国内外不利的经济和政治等因素的影响，我国开放型经济健康、稳定、持续的发展面临严峻的挑战。

第三阶段（2014 年以后），2014 年综合绩效得分跨越 2，开启了我国开放型经济发展的第三阶段。党的十八大以来，我国加快转变对外经济粗放型发展模式，引导企业出口从传统竞争成本向竞争技术与品牌的转变，扩大高附加值产品和自主品牌的出口比例，努力提高对外开放的经济效益，开放型经济的规模和承受力得到显著提高，与 2013 年相比，开放规模由 2.7678 提高到 4.5565，开放承受力由 0.0671 提高到 0.2379；但受经济结构战略性调整过渡期和开放型经济体系不断完善的影响，开放潜力呈现小幅下滑。总体来看，我国开放型经济发展已跨入新的发展时期。

我国开放型经济发展各层面的绩效得分层次分明，不均衡发展的趋势日益明显，开放规模远高于其他层次，且差距呈现逐渐扩大的趋势。在 20 年的开放型经济发展中，所构建的 6 个一级指标由 1995 年的两大类（开放规模为 1 类，其余为 1 类）发展到 2014 年的三大类（开放规模为 1 类，开放潜力为 1 类，其余为 1 类），开放潜力已严重落后于其他一级指标，几乎没有什么实质性的增长，导致我国开放型经济发展后续乏力。开放承受力的得分随着我国参与全球经济发展的广度和深度变大，其变化幅度波动较大，但在 2010 年后逐渐趋稳。在考察的 20 年中，开放基础、开放规模、开放结构和开放效益的绩效得分都实现了两番及以上的增长变化。其中，变化最明显的是开放效益，在开放型经济发展初期与开放潜力共同构成我国开放型经济持续发展的短板，但开放效益在 20 年的发展过程中实现了三番以上的增长，在 2013 年甚至超过了开放基础和开放结构，仅次于开放规模成为我国开放型经济持续发展的支撑。与其他 3 个层面相比，开放结构的变化趋势较为缓慢，而且波动幅度较大，2012 年才达到了两番的增长变化，这与我国在开放型经济发展中的贸易方式和商品结构不无关系，贸易方式中的加工贸易和一般贸易呈现的 U 形发展是其波动的主要原因，商品结构在机电产品和高新技术产品贸易规模上的优化升级推动了开放结构的增长，但比较薄弱的发展基础和较为缓慢的增长速度致使其逐渐成为我国开放型经济发展的短板。在 20 年的发展中，我国开放型经济发展始终以开放规模为重点，加之该层面绩效得分占了近一半的比重，从而在我国开放型经济的发展变化中占据了绝对的主导地位。

为了进一步对我国开放型经济发展开展绩效评估，本书采用公式 $x_i' = 60 \times (x_i - x_{min})/(x_{max} - x_{min}) + 40$ 对绩效得分进行了百分制的转化，并将评估绩效设定为"优""良""中""差"，依次对应得分分别为大于 90 分、80～90 分、60～80 分、小于 60 分，转化结果见表 3-5。

表 3-5　我国开放型经济发展的绩效转化得分

年份	开放基础		开放规模		开放结构		开放效益		开放潜力		开放承受力		综合值	
	转化得分	评估	转化得分	评估	转化得分	评估	转化得分	评估	转化得分	评估	转化得分	评估	转化得分	评估
1995	40.00	差	40.00	差	42.98	差	40.00	差	44.99	差	54.50	差	40.00	差
1996	40.79	差	40.66	差	42.99	差	40.28	差	47.05	差	55.72	差	40.67	差
1997	41.71	差	41.63	差	43.96	差	41.04	差	48.15	差	57.28	差	41.64	差
1998	41.77	差	41.85	差	43.53	差	43.74	差	54.89	差	62.42	中	41.96	差
1999	42.98	差	42.34	差	41.72	差	46.01	差	49.80	差	65.56	中	42.50	差
2000	44.90	差	43.27	差	40.00	差	48.53	差	45.21	差	61.86	中	43.38	差
2001	46.16	差	44.97	差	52.66	差	50.56	差	40.00	差	100.00	优	45.62	差
2002	48.04	差	45.67	差	43.18	差	53.54	差	41.28	差	73.25	中	45.96	差
2003	50.32	差	44.52	差	43.72	差	57.48	差	43.89	差	59.17	差	44.78	差
2004	53.24	差	48.98	差	48.55	差	63.22	中	47.95	差	54.15	差	49.15	差
2005	58.09	差	51.62	差	59.35	差	68.21	中	54.44	差	48.04	差	51.82	差
2006	61.73	中	55.58	差	69.46	中	74.05	中	56.50	差	40.00	差	55.72	差
2007	66.02	中	60.10	中	71.00	中	75.39	中	55.81	差	50.66	差	60.26	中
2008	69.78	中	62.92	中	85.13	良	75.16	中	61.84	中	70.14	中	63.35	中
2009	74.02	中	62.62	中	85.42	良	78.73	中	70.30	中	72.38	中	63.22	中
2010	79.71	中	67.03	中	86.45	良	81.43	良	71.07	中	64.36	中	67.46	中
2011	85.74	良	69.03	中	85.76	良	85.57	良	76.94	中	57.90	差	69.43	中
2012	90.25	优	71.16	中	91.43	优	94.28	优	87.61	良	59.13	差	71.73	中
2013	95.93	优	73.94	中	95.71	优	98.77	优	100.00	优	54.42	差	74.51	中
2014	100.00	优	100.00	优	100.00	优	100.00	优	96.25	优	94.42	优	100.00	优

从综合绩效评估来看，1995～2014 年的发展过程中，我国开放型经济发展实现了由"差"到"中"的转变。2006 年及以前，我国开放型经济发展的综合值评估为"差"，发展速度缓慢，经济的可持续性弱；2007 年起，我国开放型经济发展的综合值评估由"差"转变为"中"，发展速度也有所提升，综合值绩效转化得分由 2007 年的 60.26 分跨越到 2013 年的 74.51 分，开放型经济得到了稳定可持续的发展。2003 年国内"非典事件"和 2009 年全球经济危机的蔓延均导致了我国开放型经济发展的波动回调，足以看出加入 WTO 是一把双刃剑，在推动我国开放型经济发展的同时，也带来了不稳定的波动。随着对外开放的不断加宽加深，我国开放型经济应对国内外突发事件变化的能力还有待进一步增强。

从构成开放型经济发展水平的 6 个一级指标看，除开放承受力外，其余 5 个一级指标在 2003 年及以前的绩效转化得分均评估为"差"，随着加入 WTO 后逐渐与国际经济规则和制度接轨，各个一级指标的绩效转化得分评估才逐渐由"差"转变为"中"，表明在加入 WTO 前我国重在发展开放型经济的广度，加入 WTO 以后才逐渐重视与国际接轨，从而促进开放型经济向纵深发展。在 20 年的发展变化中，开放基础、开放结构、开放效益和开放潜力均实现了绩效转化得分评估由"差→中→良→优"的递进发展。自 2004 年起，随着我国经济实力的提升，主动参与国际经济发展的积极性提升，开放基础、开放结构、开放效益和开放潜力 4 个一级指标用了不到 10 年的时间实现了从"中"到"优"的转变，未来在进一步推动我国开放型经济转型升级时，仍需关注这 4 个一级指标的发展持续力。开放规模虽占有近一半权重，但在 20 年的发展变化中，其绩效转化得分与综合值转化得分变化同步，也是仅实现了由"差"到"中"的提升，而且与综合值转化得分的差距越来越大，说明随着我国开放型经济逐渐向深度化发展，开放结构、开放效益和开放潜力等其他层面逐渐成为我国开放型经济发展的重点和核心。

3. 开放型经济发展的总绩效分层面效应分析

1）开放基础效应

1995～2014 年，构成开放基础的人均 GDP、第二产业比重、第三产业比重、城镇化率、交通运输网密度、港口货物吞吐量和人力资本水平均得到不同程度的提高，开放基础绩效转化得分呈现持续增长的趋势，年均增长率为 4.94%。从图 3-1 中开放基础绩效转化得分的变化趋势看，2003 年为增长速度变化幅度的分水岭，2003 年及以前，我国开放基础绩效转化得分的增长速度较为缓慢，环比增长速度均低于年均增长速度；2003 年以后其高于平均的增长速度，并从"差"依次经过"中""良"，最后达到"优"等。在所考察的 20 年发展变化中，开放基础与开放型经济综合发展相辅相成，且在开放型经济发展中，开放基础得到了较大提升。但从两者的发展趋势看，开放型经济发展相对滞后，对不断完善稳固的开放基础有效利用不够，不能很好地以开放基础为支撑向高层次的开放型经济发展。

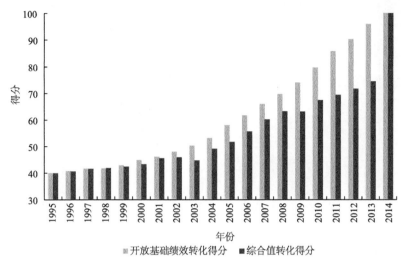

图 3-1 开放基础绩效转化得分与综合值转化得分的发展比较（1995～2014 年）

2）开放规模效应

1995～2014 年，我国开放型经济一直把开放规模作为发展的重点，两者的发展趋势完全趋同，也仅实现了从"差"向"中"的提升转变，而且均在 2003 年和 2009 年受到国内外环境影响而出现短暂下滑的波动调节（图 3-2）。在 20 年的发展变化中，我国开放型经济的广度发展非常明显，由贸易开放规模（对内贸易额和对外贸易额）、投资开放规模（外商直接投资额和对外直接投资额）及服务开放规模（对外经济活动合同金额和国际旅游外汇收入）共同构成的广度开放规模指标均呈现快速增长。而深度发展略有不足，内外贸易发展失衡，过度依赖外贸使外贸依存度不断上升，而内贸依存度基本上保持不变；投资活动此消彼长，外资依存度呈现明显的下降趋势，对外直接投资依存度有所上升，但增长速度缓慢；服务活动占比较小，且增幅不大。从开放规模绩效转化得分的增长速度看，开放规模效应水平变化经历了低速增长、调整增长和快速增长三个阶段，其总体年均增长 4.94%；1995～2002 年，在对外开放政策的影响下，我国开放型经济在不断摸索和适应国际化过程中摸索发展，其规模效应以 1.91%的速度低速增长；2003～2008 年，加入 WTO 为我国进一步对外开放提供了良好平台，开放型经济的规模效应进入了调整增长阶段，年均增长速度达到 7.16%，高出考察期平均增速 2.2 个百分点；2008 年的全球金融危机下，各国贸易保护主义抬头，我国的开放规模有所下降，2009 年的开放规模的绩效得分比 2008 年下降了 0.3，但在国家政策刺激和结构调整力度加大的影响下，2009～2014 年，开放规模绩效得分以年均 9.81%的速度在快速增长。

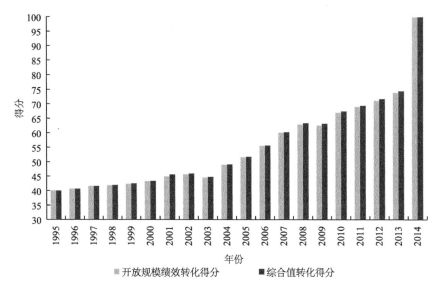

图 3-2　开放规模绩效转化得分与综合值转化得分的发展比较（1995～2014 年）

3）开放结构效应

随着我国开放型经济发展水平的不断提升，开放结构绩效转化得分在波动中不断增长，实现了由"差"到"优"大幅提升，而且在 2008 年以后呈现稳定上升趋势。从图 3-3 可以发现，开放结构受国内外经济波动的影响更为明显，1997 年的亚洲金融危机、2001 年加入 WTO 和 2008 年的全球经济危机都对开放结构产生了不利影响，从而使开放结构绩效转化得分呈现出了 U 形的曲线特征。U 形曲线在 2008 年以前表现得最明显，先后以 1995～2000 年的倒 U 形曲线和 2001～2007 年的正 U 形曲线交替出现。但随着我国开放型经济水平的不断提升，开放结构也更趋稳定，相对于已经发生的两次 U 形波动，2007 年开始浮现的全球经济危机对开放结构的影响相对较小，且有了一定的滞后性，仅在 2011 年出现小幅下滑后又稳步上升。

从开放结构绩效转化得分的增长速度看，2006 年以前增长速度的变动幅度较大，但随着加入 WTO 后对外开放市场的不断扩大，开放结构调整的步伐逐渐加快，2002～2007 年开放结构绩效转化得分以年均 10.46%的速度在快速增长；2008 年全球经济危机给我国开放结构调整再次提供了机遇，对外直接投资比重、初级产品进口比重均在不断上升，开放结构也与我国开放型经济发展水平相适应，2008～2014 年我国开放型经济的结构效应进入了深化调整阶段，年均增长速度基本稳定在 2.72%。从开放结构变化来看，1995～2014 年，我国加工贸易出口比重、高新技术产品进出口比重和国际旅游收入比重呈现下降趋势，参与国际分工处于中低端水平，服务业的对外开放程度不高；虽然我国对外直接投资比重呈现不断上升趋势，但存量规模远不及发达国家。2014 年年末，我国对外直接投资存量为8826.4 亿美元，仅相当于同期美国对外投资存量的 14%，英国、德国的 55.7%，法国的 69%，日本的 74%[①]。

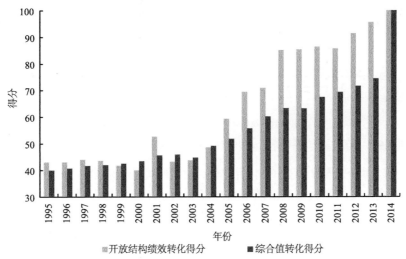

图 3-3　开放结构绩效转化得分与综合值转化得分的发展比较（1995～2014 年）

4）开放效益效应

伴随着我国开放型经济的发展，开放效益绩效转化得分呈现不断提升趋势。受 2008 年国际经济危机的影响，反映我国货物、劳务及技术性贸易对经济增长的拉动作用的贸易经济贡献度和贸易技术贡献度，反映环境治理效率的环境污染治理度，反映国外企业对国内经济发展和社会效益产生影响力的外商经济贡献度在 2008 年均出现不同程度的下降，从而导致开放效益短暂下降，随后稳步上升（图 3-4）。在我国开放型经济发展的初期阶段，我国实施的以"进口替代"和"出口主导"的创汇与促进经济发展战略导致开放型经济发展以扩大规模为主，开放效益相对较低，1995～1997 年开放效益绩效转化得分均低于综合值转化得分。1998 年以后，随着我国"大经贸"战略、"以质取胜"战略和"科技兴贸"战略的实施，开放效益绩效转化得分开始超越综合值转化得分，并呈现快速的增长速度，年均增长速度达到 5.3%，略高出考察期的平均增速。

---

① 参见商务部《2014 年中国对外直接投资统计公报》。

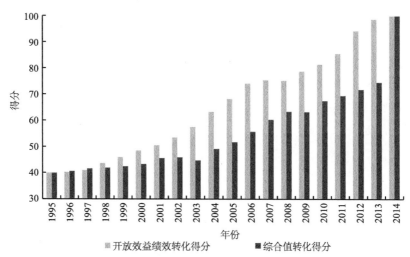

图 3-4　开放效益绩效转化得分与综合值转化得分的发展比较（1995～2014 年）

进入 21 世纪，随着经济的不断增长，发展环境问题和自主研发创新逐渐得到社会的关注，我国开放型经济的效益虽然得到了不断深化发展，但构成开放效益的 7 个二级指标中，有 4 个指标的发展趋势呈倒 U 形曲线，开放效益持续保持"优"等面临巨大挑战；粗放型开放经济发展带来的环境问题近些年表现的越发明显，而我国的环境污染治理度仅从 1995 年的 0.59%上升到 2013 年的 1.49%，仅相当于 20 世纪 70 年代发达国家的环保投入水平。按照国际经验，当环境治理度为 1%～1.5%时，可以控制环境恶化的趋势；当该比例达到 2%～3%时，环境质量可有所改善。我国当下的环保投入只控制了环境恶化的趋势，按照环境治理度从 1995 年起的平均增速，要使我国环境质量有所改善，从 2014 年开始最少需要 7 年时间才能实现，我国环境污染治理也对开放效益的高水平稳定发展提出挑战。

5）开放潜力效应

由教育经费支出比重、学成回国留学人员比重、科学技术支出比重、R&D 经费支出比重和能源加工转换效率 5 个指标构成的开放潜力在我国开放型经济发展过程中呈现出 U 形曲线趋势（图 3-5）。1995～2014 年，我国开放潜力基本上靠政府的政策和低成本的劳动力资源推动，而由开放型经济发展自身积累起来的竞争潜力严重不足。

在构成开放潜力的 5 个指标中，发展趋势比较良好的只有学成回国留学人员比重这一指标，随着我国与国际接轨的引才政策法规不断完善，高效便捷的服务体系进一步健全，国内引才用才的政策、社会和文化环境不断优化，海外留学人员回国创新创业的力度更大，该指标由 1995 年的 28.21%上升到 2014 年的 79.34%，增长至近 3 倍，年均增长 5.59%。在 R&D 经费支出比重上，我国 R&D 经费支出强

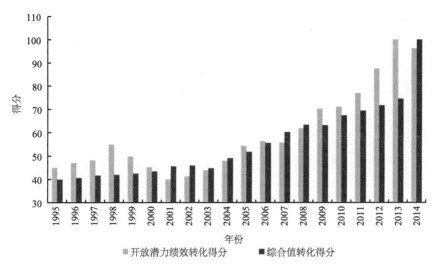

图 3-5 开放潜力绩效转化得分与综合值转化得分的发展比较（1995～2014 年）

度虽然稳步增长，2014 年，我国 R&D 经费总量为 13 015.6 亿元，排名超过日本居世界第 2 位，但是只相当于美国 R&D 经费的 46.4%；而且 R&D 经费支出比重仅由 1995 年的 0.58% 增长到 2014 年的 2.05%，与部分发达国家 3%～4% 的水平相比还有一定的差距。衡量开放潜力的教育经费支出比重和科学技术支出比重两个指标在 20 年间呈现逐渐下降趋势，虽然我国于 2012 年达到了世界衡量教育水平的基础线，即国家财政性教育经费支出占国内生产总值 4% 的指标，但离我国当前由知识和教育支撑的高附加值开放型经济发展的要求相差甚远。能源加工转换效率在 20 年的发展中基本上稳定在 70% 左右，没有发生明显的提升，这对开放型经济的协调发展会产生不利影响。

6）开放承受力效应

开放承受力由两个指标构成，主要衡量开放型经济发展的合理性。从图 3-6 可以看出：开放承受力的波动变化幅度很大，但在受到国际重大事件影响时，我国开放承受力表现完美，说明我国政府在开放型经济发展中应对国际重大事件时，已对自身承受能力做了很好的预防；但在恢复正常经济运行后疏于监管，从而导致开放承受力出现大幅变化。受国际经济危机的影响，我国加强对负债率和偿债率的监管，开放承受力在 2008～2013 年，变化幅度相对较小，绩效转化得分评估仅维持在"中"和"差"间变化。

四、我国开放型经济的绩效评估结论

通过对现有学者关于开放型经济发展评估文献的整理分析，在综合现有学者

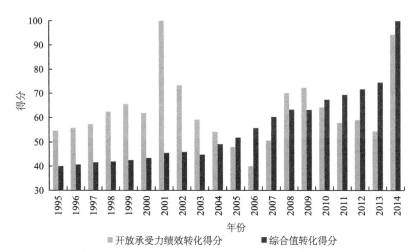

图3-6　开放承受力绩效转化得分与综合值转化得分的发展比较（1995～2014年）

对开放型经济内涵界定基础上，遵循全面性与重点性相结合、动态性与持续性相结合、科学性和可操作性相结合的原则，构建出我国开放型经济发展的绩效评估指标体系。同时运用改进的熵值法对我国开放型经济发展绩效的综合评估的 39 个具体指标进行客观赋权，从而测度出我国开放型经济发展的绩效。

（一）指标体系的赋权结果分析

运用改进的熵值法对所构建的 39 个具体指标赋权结果显示，1995～2014 年 20 年的发展，构成我国开放型经济发展绩效评估的 6 个一级指标呈现不均衡的发展。根据熵的"信息量越大，不确定性就越小，熵也越小，从而权重越大；信息量越小，不确定性就越大，熵也就越大，从而权重越小"这一性质，说明在这 20 年的发展变化中，6 个一级指标所涵盖的二级指标的变化幅度差异较大；从 39 个二级指标的构成权重看，6 个一级指标中除"开放潜力"外，其他 5 个都有相应的二级指标高于平均权重，但指标数量有所差别。

从二级指标来看，构成开放规模的 11 个二级指标变化幅度最大，且有 6 个指标高于平均权重，分别是对外直接投资额（B_4）、对外经济活动合同金额（B_5）、对外贸易额（B_2）、对内贸易额（B_1）、对外直接投资依存度（B_{10}）、国际旅游外汇收入（B_6），占一半的数量，从而使开放规模所占权重高达 49.52%左右。开放效益（约占 13.20%）、开放基础（约占 12.90%）、开放承受力（约占 10.27%）、开放结构（约占 9.82%）4 个一级指标所涵盖的二级指标的变化较为相似，所占权重也相近。这 4 个一级指标涵盖的 23 个二级指标中高于平均权重的指标有外资技术贡献度（D_3）、对外直接投资比重（C_6）、偿债率（F_2）、港口货物吞吐量（A_6）、负债率（F_1）、人力资本水平（A_7）。

通过熵值法对构建的指标体系进行赋权的结果表明，我国开放型经济发展具有明显的重点性和层次性。在所考察的 20 年间，开放型经济的发展主要以开放规模为重点；随着开放型经济的发展，开放效益、开放基础、开放承受力、开放结构有所改善，且层次明确，在"大经贸"战略基础上实施"以质取胜"的战略，使开放效益的指标数值发生变化，加入 WTO 后的进一步对外开放加大了开放基础的建设力度，并不断优化开放结构，但每个一级指标所占比重仅有 1/10 左右，尚未对开放型经济发展形成明显的推力、拉力；作为开放型经济持续发展的动力源泉，开放潜力在这 20 年的发展变化中却是最弱的，其所占比重仅为 4.28%，还不到 1/20，且在其涵盖的 5 个二级指标中，发展相对较好的只有学成回国留学人员比重和 R&D 经费支出比重，但两者权重之和也才 4%左右，严重束缚了我国"发展更高层次的开放型经济"战略的实施。

（二）我国开放型经济发展绩效得分结果分析

1995～2014 年，我国开放型经济发展绩效的得分，除开放承受力外，其余 5 个一级指标和综合值都出现不同程度的增长，开放规模的增速最明显，平均增速达到 13.11%。我国开放型经济发展绩效得分综合值由 1995 年的 0.2394 增长到 2014 年的 2.3746，年均增长 12.84%，开放基础、开放规模、开放结构、开放效益和开放潜力 5 个指标对综合值增长的贡献有所不同。其中，开放规模对综合值的增长有拉动作用，该指标的年均增长速度高于综合值的增长速度；开放效益与综合值的变化基本同步，增速略滞后 0.31 个百分点，并未对我国开放型经济的可持续发展构成压力；开放基础、开放结构、开放潜力和开放承受力这四个指标发展变化的年均增速均落后于综合值，差距最大的是开放潜力，其年均增速只有 5.49%，落后 7.35 个百分点，其次是开放承受力，其年均增速为 6.85%，落后 5.98 个百分点，开放结构年均增速为 8.66%，落后 4.17 个百分点，开放基础年均增速为 9.59%，落后 3.25 个百分点。从我国开放型经济发展综合绩效得分和一级指标的得分发展速度可以发现，在 20 年的变化中，我国开放型经济的发展主要依托开放规模的扩大，该指标对我国开放型经济发展的影响程度由 1995 年的 90.75%上升到 2014 年的 95.03%，开放效益的增长速度稍落后于开放型经济的整体发展，且对开放型经济发展的影响程度在下降，由 1995 年的 1.58%下降到 2014 年的 1.5%；开放基础、开放潜力和开放结构成为我国开放型经济持续发展的巨大障碍，同时影响程度也在下降，分别由 1995 年的 2.59%、0.51%和 1.68%下降到 2014 年的 1.49%、0.14%和 0.82%，开放潜力影响程度变化最明显，下降幅度高达 50%以上。

在得分变化跨度上，20 年间，我国开放型经济发展综合绩效得分实现了 2 次跨越，即从"0～1"，进而向"＞2"的跨越，2014 年得分首次突破 2，达到 2.3746，开启了我国开放型经济发展的新时期。在 6 个一级指标中，有 3 个指标的得分发展实现了 2 次跨越，分别是开放基础（"0.0～0.1"→"0.1～0.2"→"0.2～0.3"的跨越）、开放规模（"0～1"→"1～2"→"2～4"的跨越）和开放效益（"0.0～0.1"→"0.1～0.2"→"0.2～0.3"的跨越），对开放型经济发展起到了拉动作用；开放结构 1 个指标跨度仅实现了从"0.0～0.1"向"0.1～0.2"的 1 次跨越，且得分已超过区间的一半，保证了开放型经济合理发展；开放潜力的得分变化几乎没有实现跨越，20 年中一直在"0.0～0.1"的区间徘徊，严重阻碍了开放型经济的可持续发展。

把开放型经济发展的绩效得分转换成百分制后，在评估绩效设定为"优""良""中""差"的得分结果中，综合得分的评估等级有 12 年都处于"差"等，甚至 10 年都处于"差"等偏下水平，2007 年起有所改善，评估等级上升至"中"等水平，且出现了跨越式发展，2013 年的转化得分为 74.51，7 年时间跨越了 1 个水平，从"中"等偏下提升到"中"等偏上，但离"良"等还有一定的差距。6 个一级指标的评估等级除开放规模外，其余 5 个指标评估等级在 20 年中都实现了"差→中→良→优"的跨越发展。但在 2003 年以前，开放基础、开放规模、开放结构、开放效益和开放潜力的评估等级均处于"差"等，加入 WTO 产生的效应为 6 个一级指标提供了良好的发展契机，2004 年起，用了 10 年时间实现了 3 个水平的跨越，2014 年均达到了"优"等水平。虽然 6 个一级指标（开放规模除外）利用 20 年时间均实现了绩效"差→中→良→优"的快速提升，且发展呈持续稳定增长趋势，但不同层面之间缺乏顺畅的衔接和协调，无法实现"1+1＞2"的乘数效应，因而在提升开放型经济发展绩效上的效果并不明显。

（三）我国开放型经济发展绩效二级指标得分结果分析

在构成评估体系的 39 个二级指标中，正向指标 37 个，适度指标 2 个。通过对 37 个正向指标标准化后得分的增长速度分析发现，涉及开放基础、开放规模、开放结构和开放潜力 4 个一级指标中的 6 个二级指标的年均增速呈现负增长，分别是第二产业比重（A_2）、外资依存度（B_9）、加工贸易出口比重（C_2）、国际旅游收入比重（C_7）、教育经费支出比重（E_1）和科学技术支出比重（E_3）。

从这 6 个二级指标的构成内容看，第二产业比重、加工贸易出口比重和国际旅游收入比重 3 个指标都属于开放型经济发展的结构问题，其增长速度呈现负值变化，意味着我国开放型经济结构正面临巨大压力，甚至逐渐在恶化。

第二产业比重下降不仅削弱了我国开放基础，而且阻碍了我国由"制造业大国"向"制造业强国"的迈进步伐。加工贸易出口比重增速的负值变化意味着我国"低成本的廉价劳动力"比较优势在逐渐消失，2012 年我国 16～59 岁劳动年龄人口在多年增长后的首次下降，意味着人口红利趋于消失，截至 2014 年年末，劳动年龄人口累计减少约 960 万。与此同时，作为加工贸易核心就业主力的农民工供给增速也呈下降趋势，导致平均工资大幅增长，据人力资源和社会保障部统计，2014 年年末外出农民工月平均收入 2864 元，比上年提高 255 元，平均增幅达到 9.77%，高出全员劳动生产率增速 2.77 个百分点。劳动力供给减少、工资增速超过全员劳动生产率和经济增速在挤压加工企业的利润空间同时，进一步削弱了我国出口（加工）贸易的竞争力，"比较优势"的消失导致对外商投资的吸引力也趋于下降，从而导致我国的外资依存度呈现负增长。

加入 WTO 后随着我国对外开放格局的深化，服务业的开放发展也得到快速增长，尤其是国际旅游，世界旅游组织（OMT）发布的初步数据显示，2015 年我国国际旅游收入 1140 亿美元，取代西班牙排名世界第二。但国际旅游收入占旅游总收入的比重呈现负增长意味着我国旅游服务业转型势在必行，一味地靠增加开放旅游景点的数量这种粗放型的服务模式已不能满足高层次开放型经济发展的需要。

当今世界经济竞争的核心要素已由"物质资本和有形资产"转向了"科技和人力资本"，国家在科学技术和教育经费上的大力支出则成为提升"科技和人力资本"这两个核心要素的基础和前提。在考察的 20 年中，涵盖科技和教育指标的开放潜力始终是我国开放型经济发展过程中的短板和弱势。教育经费支出和科学技术支出占财政总支出比重呈现负的增长趋势，更进一步削弱了开放型经济的持续发展力。我国在向"科技和人力资本"支撑的开放型经济发展转型过程中，要想实现开放型经济的可持续发展并保持长期上升态势，对科学技术和教育的重视势在必行。在一定的储蓄积累基础上大力推进科学技术的进步有助于生产效率的显著提高，同等的生产要素投入量能提供更多的产品，同时也降低了对生态环境的破坏，彰显出对绿色开放型经济持续增长的重要推动作用；教育不仅促使人类德智体美等全面发展，从而更好地适应和改造社会与自然环境，还是人力资本积累和发展的重要途径，随着我国开放型经济发展水平的不断提升和"低成本的廉价"劳动力的逐渐消失，具备较强专业能力和业务水平的高素质人力资本将成为我国开放型经济长期持续增长的另一重要源泉。

第二节 我国开放型经济发展的反思

1978~2014 年，改革开放走过了 37 个年头，我国开放型经济通过各种对外开放政策，以"引进来"与"走出去"结合起来的方式获得了巨大发展，取得了一定的辉煌成就并积累了开放发展的基本经验，从而造就了我国经济发展的奇迹。

随着国民经济发展水平和国际地位的不断提升，对外交流日益频繁和深化，我国经济与世界经济已逐渐深度融合，开放型经济的作用和地位也越发凸显。如何在我国仍处于可以大有作为的重要战略机遇期，坚持奉行互利共赢的开放战略来发展更高层次的开放型经济，除对全球经济未来发展趋势作科学研判外，反思和总结我国开放型经济发展走过的历程也必不可少。通过前面对我国开放型经济发展历程进行梳理，在归纳总结其发展特点的基础上，着重从以下几个角度对我国开放型经济进行反思。

一、开放型经济发展体制改革滞后

对外开放是我国由封闭半封闭型经济向开放型经济转变的重大改革，逐步奠定了我国在全球有重要影响力和话语权的经济大国地位。1978～2008年渐进式改革发展进程中，伴随着经济体制由原先铁板一块的计划经济向社会主义市场经济的基本转型，我国对外开放实现了"外向型经济→开放型经济→开放型经济体系"的不断完善与提升，呈现出"以开放促改革"这一具有中国特色的市场化改革的重要特点（田国强，2013）。在20世纪80年代的改革初期，我国对外开放是以出口导向为主、以扩大创汇为目的的"外向型经济"，具有明显的"政策引导"性；1992年党的十四大对社会主义市场经济体制的确立开启了我国由外向型经济向开放型经济发展的转变，并最终形成了"制度性"的开放经济；2001年加入WTO以后，为使我国社会主义市场经济体制与WTO规则能更好地融合和互动，我国把"开放型经济"提升到"开放型经济体系"来建设，并将其确定为21世纪头20年中国经济发展的目标和社会主义市场经济体制进一步完善的目标（曾志兰，2003；杨凤鸣和薛荣久，2013）。"对外经贸体制先行改革"是我国开放型经济发展过程中经济领域对外开放改革的核心内容，也是我国逐渐接受全球规则而融入全球体系的着力点。其中以外贸经营和管理权限的下放、准自由贸易区的制度安排和积极发展"三来一补"政策、进料加工政策的出台为主要内容的外贸体制先行改革最为关键，不仅促进了我国外向型经济的大发展，而且推动了整体市场化改革和思想观念转变，开启了我国经贸体制与多边体制的对接进程（王子先和姜荣春，2008）。此外，利用外资法律制度也在逐渐健全，但有关投资领域的体制改革却滞后于对外贸易。我国长期实施的外商直接投资市场准入制度与WTO中《与贸易有关的投资措施协议》《服务贸易总协定》《与贸易有关的知识产权协定》所规定的多边国际投资协议还存在较大的差距；在外资的管理模式上，我国在相当长的时间内采取的"逐案审批和产业指导目录"外资管理模式不仅推高了行政成本和营商成本，还与不断上升的劳动力成本合力削弱了产品的竞争力，严重制约了外商投资的积极性，与国际上通行的"准入前国民待遇"和"负面清单"管理模式也相差甚远。直至 2013 年，我国才开始在上海自由贸易试验区试行准入前国民待遇和负面清单等新的外资管理措施。目前我国已进一步提出"十三五"时期，要对外资全面实行准入前国民待遇和负面清单管理制度。

国际社会上，虽然由多边和区域性的自由贸易协议安排双轮驱动的经济全球化的总体趋势没有发生根本变化，但由西方发达国家倡导并发起的《跨太平洋伙伴关系协定》（TPP）[①]、《跨大西洋贸易与投资伙伴关系协定》（TTIP）及《国际服务贸易协定》（TISA）的谈判正在构建一个关于贸易和投资的全新规则体系，并将规范领域从"边境措施"延伸到"边境后措施"，而我国一直接受并逐渐融入的、以"市场准入导向"为主要目的的 WTO 多边贸易体制面临严重挑战，其作用和影响不断被削弱。虽然我国开放型经济发展水平及其在对外开放领域中的全球地位在国际金融危机中逆势上扬，2009 年我国出口占全球出口比重由上年 8.9% 提高到 9.6%，已经超过德国成为世界第一出口大国[②]；2010 年，我国超过美国成为全球制造业第一大国，制造业产出占世界的比重为 19.8%[③]；2013 年我国进出口贸易总额超过美国成为全球第一货物贸易大国[①]；2014 年我国使用外商直接投资 1196 亿美元，是自 2003 年以来首次超越美国跃居世界第一[④]。但是在解决知识产权、环境保护、劳工权益、国有企业竞争中立等方面与国际规则不完全相符的问题时，仍然以"反思自己""解决自己的问题"为主，而非"纠正国际社会的不公正和不公平现象"，致使我国对外贸易摩擦不断、频繁遭受外部的贸易投资等审查限制，我国现有的开放型经济发展体制受到重大制约，尤其是来自于美国全球经济治理的战略和措施（张燕生，2010a；裴长洪，2013b；陈建奇，2015）。

因此，在国际金融危机过后，我国开放型经济在内外环境变化中面临新的机遇和挑战。由全球经济结构重大而深刻的调整而引发的国际经济规则重构和全球贸易治理结构的变迁，为我国主动参与或主导国际经贸规则的制定，推动我国由开放型经济大国向开放型经济强国转变提供了良好的外部机遇。而随着我国经济发展水平的不断提升，国内生产要素价格持续上升，能源、资源和生态环境约束日趋强化，国家经济安全体系不健全等一系列制约我国开放型经济持续发展的内部因素越发凸显，以往的"重商主义"对外开放体制难以为继，我国需要结合全

---

① 2017 年 1 月美国总统特朗普已宣布从跨太平洋贸易伙伴关系(TPP)中退出。但仍将与美国盟友和其他国家发掘双边贸易机会。

② 该数据来自 WTO 公布的统计数据。

③ 该数据来自工业和信息化部解读《中国制造 2025》之二：我国制造业发展进入新的阶段。

④ 该数据来自联合国贸易和发展会议公布的《全球投资趋势报告》。

球发展大趋势构建开放型经济新体制，积极主动参与到全球经济失衡的治理中，不断增强国际话语权和影响力，在国际经济秩序中烙上中国元素。

二、开放型经济发展模式亟待转变

在"重商主义"对外开放体制下所形成的以"出口导向"和"引进外资"为双引擎的发展模式极大地推动了我国开放型经济的快速发展，不仅拉动了我国开放型经济快速增长，同时还解决了大量剩余劳动力的就业问题。我国经济总量由1978 年的 3678.7 亿元增长到 2014 年的 643 974 亿元，并于 2010 年经济总量首次超过日本，成为全球第二大经济体并保持至今；在就业方面，据有关机构测算，我国每出口 1 亿美元约可创造 1.5 万个就业岗位，吸收 1 亿美元外资约可创造 3000个就业岗位（张国庆，2011）。我国的出口贸易从 1978 年的 97.5 亿美元上升到2014 年的 23 422.9 亿美元，增长至 240 倍，年均增长速度达到 16.44%，高出同期GDP 平均增速 1 个百分点；外商直接投资从 1984 年的 14.19 亿美元上升到 2014年的 1195.62 亿美元，增长至 84 倍，年均增长速度略高于同期 GDP 平均增速 0.5个百分点。但进入 21 世纪后，我国的出口贸易和外商直接投资的增长幅度均出现下滑。其中，在出口方面，"十五"期间出口贸易额年均增速高达 30.07%，"十一五"时期大幅下滑，降至 12.96%，"十二五"期间甚至低于经济增速，仅为 4.54%，这既是国际金融危机导致的市场需求不振的结果，更是对我国经济传统竞争优势逐步弱化的反映，充分说明单纯依靠廉价资源和廉价劳动力支撑的开放型经济发展模式已与我国在国际社会上话语权和影响力不断增加不相匹配（汪洋，2013）；在外商投资方面，从"十五"时期到"十二五"时期我国完成了倒 V 形发展，"十五"期间吸引外商直接投资年均增速为 6.5%，"十一五"时期大幅上升，达到 13.81%，"十二五"期间则急速下滑，仅为 2.14%，利用外资增长变化说明过去偏重制造业的"大规模引资"模式的确成就了我国"制造大国"的地位和全球第一大制成品出口国地位，但随着对以利用外资为载体的"技术创新能力和管理经验"吸收的重视，"注重规模"的引资模式已不能满足我国开放型经济向更高水平发展的需要。

随着全球价值链的兴起与发展，国际生产体系、商业业态与贸易投资格局发生根本性的变化，以产品贸易为主导，贸易和投资互为替代关系的传统发展模式已完全落后于我国开放型经济进一步发展的要求，而且国际社会对我国开放型经济发展的反应也由过去的"欣赏和认可"转变为"能从中国的开放型经济发展中得到什么"（全毅，2015；裴长洪，2016）。在以全球价值链贸易为主导的新时期，生产链条中的产品设计、原料开采、运输、加工、制造等各个环节及终端零售的分工会遍布全球各个国家，一国或地区出口的商品中包含了大量的中间产品，倘若以一国真正创造的新增价值即附加值贸易来看，我国附加值贸易虽然增长迅速，2011 年出口额达 13 305.80 亿美元，为 1995 年的 13.95 倍，但从 OECD 数据库发布的 1995 年、2000 年、2005 年、2008 年、2009 年、2010 年、2011 年数据来看，我国附加值贸易出口额与传统贸易出口额的比值依次为 66.51%、62.50%、62.34%、67.84%、68.86%、67.74%、67.57%。也就是说，我国本地附加值占我国传统贸易出口额的比重为 60%～70%，并没有明显上升，二者差额的绝对值也由 1995 年的 480.34 亿美元增加至 2011 年的 6386.34 亿美元。我国作为全球第一出口大国，加工贸易仍占有比较重要的地位，海关统计的出口额重复计算了国外附加值，虚增了属于我国"真实"创造的出口额。由于加工贸易和 FDI 带动了原材料、零部件、中间产品的大量进口，加工装配后又销往境外，在这种发展模式下，我国贸易中有相当部分价值都是"为他人作嫁衣"。因此，当前我国需要转变外贸增长方式，优化出口商品结构，提高出口商品的附加值和科技含量，以实现出口贸易的持续发展（图 3-7）。

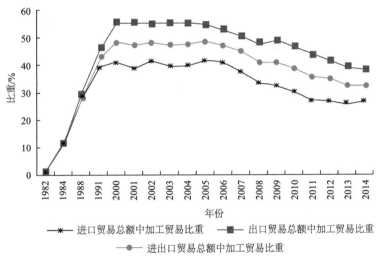

图 3-7　我国加工贸易变化趋势图（1982～2014 年）

资料来源：根据历年《中国统计年鉴》和年度统计公报整理计算而得

图中数据 2000 年以前仅列出第二章对我国开放型经济发展阶段划分的关键节点年份及部分具有代表性的年份

由此可见，随着经济全球化的深入发展和国际分工的不断细化，以"出口导向""引进外资""两头在外"为主的发展模式已严重制约了我国开放型经济的可持续发展。因 2008 年爆发的国际金融危机而引发的全球经济大调整和大变革进一步对我国开放型经济的发展模式提出严峻挑战，欧美发达国家开始重视向实体经济的回归，"再工业化"和"企业回流"等促进制造业的发展政策使我国面临绿地投资急剧下降的断层化趋势；新兴经济体国家更加重视利用外资调整国内产业结构，确保经济发展的均衡与协调；资源输出国则谋求通过产业链条延伸来巩固自身资源优势，增强本国经济综合实力（张国庆，2011）。我国必须顺应经济全球化的大趋势，加快开放型经济发展模式的转变，推动以投资和贸易自由化为核心的共享型发展模式迈上新台阶。

三、开放型经济结构严重失衡

对内和对外的开放是开放型经济发展的两个轮子，改革是推动两个轮子转动的引擎，要保证开放型经济的持续发展，对内和对外两个轮子一快一慢不行，一大一小也不行，需要在改革推动中相互协调，共同前进。扩大对内开放是实施对外开放的前提和基础，统一的国内市场制度和政策、区域经济的协调发展有利于吸引外商和投资者，促进对外开放的发展，提升开放效益。在没有任何约束的前提下，我国在开放型经济发展中贯彻的"出口拉动、外资推动"的发展模式的确创造了世界经济增长的奇迹；但受国外市场、国内资源等约束趋紧，我国开放型经济的发展结构"畸重畸轻"的失衡表现日益明显，已成为制约我国开放型经济持续高水平发展的"暗礁险滩"。

（一）内需和外需失衡——内需严重不足

自 1978 年起，随着我国在对外贸易体制方面的深入改革和积极推行的"出口导向"政策的实施，我国开放型经济发展对外需[①]的依赖越来越强，2006 年达到最高 35.9%，外需贡献度为 46.69%，拉动经济增长 7.9 个百分点（2006 年按支出法核算的我国 GDP 为 221 207 亿元，较 2005 年支出法核算的 GDP 189 190 亿元增长约 16.9 个百分点）（图 3-8 和表 3-6）。国际金融危机爆发后，外需走势低迷，内需增长严重不足导致我国 GDP 增速由 2006 年 16.9%下降至 2014 年的 8.41%。与 2006 年相比，外需对经济增长的拉动作用明显下降，由 2006 年的 7.9%降为 2014 年的 1.13%，下降了 6.77 个百分点，而同期的内需增长乏力，不仅没有形成阻碍外需对经济增速抑制的有效屏障，甚至同外需合力抑制了经济增长，内需对经济的拉动作用由 2006 年的 9%下降为 2014 年的 7.28%，下降了 1.72 个百分点（2014 年支出法核算的 GDP 较 2013 年增长了 8.41 个百分点）。1979~2014 年，我国 GDP 增长对出口增长的平均弹性系数为 1.8，意味着出口每增长 1 个百分点，能带动我国经济增长 1.8 个百分点，外需对我国经济增长的促进具有明显的乘数效应；而同期 GDP 增长对内需增长的平均弹性系数仅为 1.1，乘数效应不明显。

---

① 按照宏观经济学中支出法核算的国内生产总值为 GDP=$(c+g+i-m)+x$，其中，c 为居民最终消费，g 为政府消费，i 为资本投资，m 为进口总额，x 为出口总额。因此在支出法核算的 GDP 公式中，将 $(c+g+i-m)$ 定义成"内需"，出口 x 定义成"外需"。

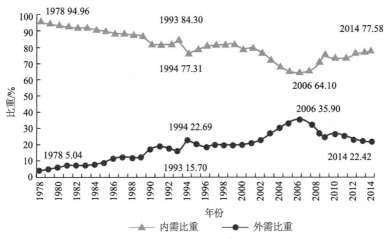

图 3-8　我国内需、外需占 GDP 比重变化趋势图（1978～2014 年）

资料来源：《中国统计年鉴 2016》

表 3-6　外需对我国经济增长的带动　　　　　　（单位：%）

年份	外需贡献度[1]	外需贡献率[2]	GDP 增长对外需增长的弹性[3]	年份	外需贡献度	外需贡献率	GDP 增长对外需增长的弹性
1979	9.93	1.21	0.46	1997	32.62	3.58	0.53
1980	11.97	1.46	0.43	1998	1.15	0.08	16.45
1981	24.10	2.11	0.25	1999	17.54	1.10	1.02
1982	10.24	0.93	0.72	2000	45.88	4.93	0.39
1983	3.75	0.45	2.03	2001	13.02	1.38	1.58
1984	11.22	2.34	0.64	2002	44.59	4.43	0.44
1985	12.45	3.11	0.63	2003	58.29	7.64	0.38
1986	21.11	2.98	0.42	2004	52.46	9.27	0.50
1987	21.31	3.70	0.48	2005	51.21	8.32	0.59
1988	9.77	2.41	1.22	2006	46.69	7.90	0.71
1989	9.33	1.23	1.23	2007	31.75	7.25	1.10
1990	60.33	5.93	0.19	2008	14.03	2.49	2.46
1991	27.52	4.41	0.57	2009	−61.33	−5.74	−0.51
1992	16.30	3.84	1.06	2010	41.09	7.14	0.57
1993	7.10	2.23	2.41	2011	21.53	3.95	1.21
1994	39.75	14.31	0.37	2012	11.13	1.26	2.28
1995	15.96	4.16	1.34	2013	13.89	1.44	1.72
1996	1.18	0.20	17.15	2014	13.45	1.13	1.71

资料来源：《中国统计年鉴 2016》

① 外需贡献度＝出口增加额/GDP 增加额。

② 外需贡献率＝出口贡献度×GDP 增长速度。

③ GDP 增长对外需增长的弹性＝GDP 增长速度/出口增长速度。

2014 年，在世界前十大经济体中，外需依存度低于我国的有日本、美国和巴西，日本为 17.55%，美国为 13.66%，巴西依存度最低，仅为 11.19%；而在外需贡献度、外需贡献率和 GDP 增长对外需增长的弹性上，我国对外需的依赖都高居不下，基本上排名均在前四（这三个指标越小，对外需依赖越弱），说明在世界前十大经济体中，我国已处于对外需依赖程度比较高的国家行列中（表 3-7）。与 2006 年相比较，我国的外需依存度变化幅度最大，由 2006 年的 35.9%下降至 2014 年的 22.42%，下降了 13.48 个百分点，从而导致了外需贡献度和外需贡献率也随之急速下降，但 GDP 增长对外需增长的弹性依赖更为显著，加大了我国遭受输入型经济波动和失业的风险（杨长湧，2010）。

表 3-7　世界前十大经济体的外需与 GDP 的关系　　　　　（单位：%）

国家	外需依存度		外需贡献度		外需贡献率		GDP 增长对外需增长的弹性	
	2006 年	2014 年	2006 年	2014 年	2006 年	2014 年	2006 年	2014 年
美国	10.65	13.66	17.30	7.04	1.05	0.26	0.42	1.33
中国	35.90	22.42	46.69	13.45	7.90	1.13	0.71	1.71
日本	15.87	17.55	1.06	10.43	0.01	−0.64	0.11	1.40
德国	41.19	45.65	229.17	27.13	6.3	1.63	0.19	1.47
英国	26.78	28.07	74.65	−8.15	4.87	−1.36	0.43	−2.63
法国	27.18	28.95	30.72	2.33	1.58	0.08	0.89	9.11
巴西	14.37	11.19	4.89	−16.83	0.99	−0.75	1.25	−0.64
意大利	26.23	29.33	63.26	14.25	2.57	0.5	0.42	1.76
印度	21.07	22.91	0.39	1.37	0.06	0.14	0.75	12.26
俄罗斯	33.73	27.54	1.23	11.26	0.28	−1.27	0.92	2.22

资料来源：根据世界银行 WDI 数据库资料计算而得

（二）消费和投资失衡——投资过度，消费持续低迷

在支出法核算的 GDP 中，投资需求在持续上升，消费需求急剧下降，居民最终消费的需求下降尤为明显，同时对经济增长的拉动作用相对较弱，成为我国开放型经济增长失衡的重要原因（图 3-9）。目前，世界各国投资和消费对经济增长的贡献度分别是 25%和 65%左右，而我国已大大偏离常态，2014 年资本的贡献度高达 38%，消费的贡献度只有 55.7%，居民的消费贡献度更低，仅有 45.36%。

2008 年国际金融危机爆发以来，我国一直强调的提振内需，实际上扩大的主要是投资需求，居民最终消费需求在不断下降。依据经济学原理，投资是提高劳动生产率的根本手段，投资增加会促使劳动生产率的改善，从而提高劳动者的总体工资水平，进而提高消费水平。但当产能相对过剩时，如果不注重投资的效率，

增加的投资不仅不会改善劳动生产率，反而会促使经济在短期内呈现虚假的"高速发展"和物价指数双高现象，对真实的消费购买力产生明显的"挤出效应"。在贸易保护主义强势抬头的趋势下，我国开放型经济发展所形成的对外需过度依赖的发展模式受到制约，主要依托全球市场来消化长期高投资率而导致的产能过剩难以为继，给我国开放型经济带来严峻挑战。与此同时，在提振内需中又再度对投资需求加以倚重，只是给我国开放型经济注入了一针强心剂，必然会出现经济短暂性"虚高"后的低迷走势。我国开放型经济在 2009 年波动下调后，2010年、2011 年、2012 年和 2013 年出现反弹增长，名义 GDP 的环比增长速度分别达到 18.32%、18.47%、10.44%和10.16%，以 2009 年为基期，2014 年我国居民消费价格上涨了 16.9%，工业生产者出厂价格上涨了 13.12%，商品零售价格上涨了12.98%，固定资产投资价格上涨了12.55%[①]。

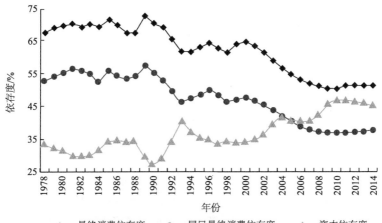

图 3-9　我国 GDP 对消费和投资依存度的变化趋势（1978～2014 年）

资料来源:《中国统计年鉴 2016》

　　我国的消费需求,尤其是居民的消费需求在 GDP 中所占比重远低于一般国家60%～70%的居民消费率水平（张连城和周明生，2009）。1979～2014 年，按支出法衡量的最终消费率（最终消费支出/GDP）的增长规模和平均增长速度均落后于 GDP；与进出口平均增速相比，最终消费率与其相差近 5 个百分点，增长规模仅相当于进出口的 1/4；但与进出口的不稳定的增长波动幅度相比，我国国内最终消费支出增长速度与 GDP 增幅基本一致,政府的最终消费起到了不可估量的作用（图 3-10 ）。

①　根据《中国统计年鉴 2016》计算而得。

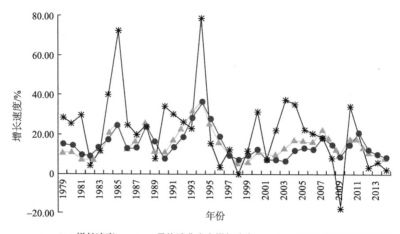

图 3-10　我国支出法衡量 GDP 和最终消费支出增长速度变化趋势图（1979～2014 年）

资料来源：《中国统计年鉴 2016》

四、改革开放的红利劳动者享用有限，消费倾向的下降加剧了经济结构失衡

充裕的劳动力供给推动了我国开放型经济的快速发展，但禀赋优势并未使劳动者真正享受到开放型经济的发展成果，劳动者的工资也未与企业利润、物价水平同步上升，缓慢的收入增长制约了消费提升。同时，政府和企业在改革开放发展过程中的权力扩张与公民机会和权利的持续抑制导致财富分配结构的严重扭曲，从而在收入低速增长的基础上进一步压低了消费倾向（邓慧慧和桑百川，2010）。1979～2014 年，我国的平均消费倾向呈现持续不断下降趋势，边际消费倾向则在波动中下滑；在此过程中，居民的平均消费倾向由 1979 年的 49.39%下降至 2014 年的 37.48%，边际消费倾向由 1979 年的 57.43%下降至 2014 年的 45.36%，变动幅度均高出 10 个百分点以上（图 3-11）。与全球高收入国家比较稳定的消费倾向相比，造成我国居民消费倾向大幅度变动的根本原因除了收入分配不均外，不完善的社保制度和消费金融体制也对消费倾向产生重要的影响。相对缓慢的医疗、养老、住房和失业等社会保障制度的建设步伐与快速提升的居民生活水平保障需求不相协调，增加了居民消费的不确定性，不成熟且滞后的消费金融体制和收入的不稳定性限制了居民合理安排自身的消费决策。

1978～2014 年，我国开放型经济发展的消费依存度以居民消费支出为主，政府消费支出基本稳定在 13%左右；在消费依存度的发展变化中，农村居民消费支出比重急剧下降，由 1978 年的 30%下降至 2014 年的 8.4%，在 GDP 的消费依存度中由最高降至最低，下降过程中先后于 1992 年和 2000 年分别低于城镇居民消

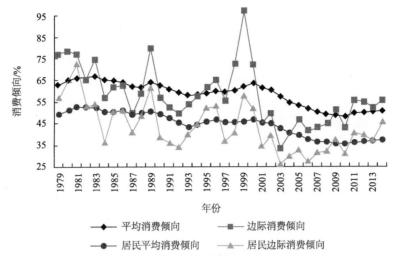

图 3-11 我国平均消费倾向与边际消费倾向变化趋势图（1979～2014 年）

资料来源:《中国统计年鉴 2016》

费支出比重和政府消费支出比重（图 3-12）。GDP 对最终消费依存度的构成变化说明居民消费尤其是农村居民消费支出是我国开放型经济发展中内需不足的根本原因，30 多年开放型经济发展的红利几乎全部让渡给了城镇，推动了城镇城市化的建设步伐、提升了城镇的经济发展水平和城镇居民的生活水平，而人口占比近一半的农村居民被开放型经济发展边缘化了，农村居民的消费能力严重萎缩。在消费支出构成上，我国居民消费始终以满足最基本的生理需求为核心，我国居民

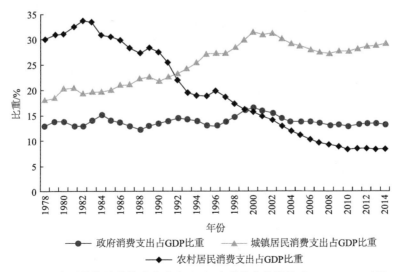

图 3-12 我国最终消费构成支出占 GDP 比重的变化趋势（1978～2014 年）

资料来源:《中国统计年鉴 2016》

恩格尔系数虽然呈现下降趋势，但食品支出在居民消费支出中仍然长期占有较大比重，2014 年我国居民恩格尔系数为 31%，其中，城镇居民为 30%，农村居民为 33.6%，按照划分标准，我国已进入"相对富裕"国家。然而，我国居民恩格尔系数下降的根本原因并非实际收入的提高，反而是住房、教育和医疗等价格增速远超收入增速而导致实际收入减少，居民通过不断提高储蓄来应对风险，从而使食品支出的比例"被"相对挤出。

五、外商投资质量欠佳，结构风险加剧

改革开放以来，外商直接投资规模的不断扩大对我国经济快速发展起到了明显的促进作用。我国实际利用外商直接投资规模从 1983 年的 9.2 亿美元增长到 2014 年的 1195.62 亿美元，增长至 130 倍左右，年均增长速度达到 17%，高出同期名义 GDP 平均增速 5 个百分点，为我国开放型经济发展做出了重要贡献，我国的外资依存度（除 1994 年和 1995 年）始终保持在低于国际上 5%～10%的安全范围，对外商直接投资的总量风险可控（图 3-13）。

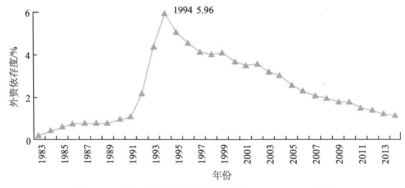

图 3-13　我国依存度变化趋势图（1983～2014 年）

资料来源：《中国统计年鉴 2016》

但随着我国经济转型发展和产业结构调整升级，利用外商直接投资的结构性风险却变得越来越突出。随着我国经济规模的不断扩大，资本的稀缺已不复存在，过去一味注重外商直接投资的"数量规模"不仅严重影响了我国经济转型发展和产业结构调整升级，而且挤占了国内储蓄向投资的转化，严重制约了民营经济的发展壮大。2014年年末我国外商直接投资的行业分布结构表明（表3-8），在外商直接投资的行业分布中，制造业和房地产业占比高达62.37%，而在第三产业的投资占比仅有1/4，这与我国开放型经济在国家经济结构改革不断深化发展的实际需求不相吻合，如何合理引导外商直接投资

的转向，有效提高外商直接投资的效益和质量已成为我国开放型经济持续发展的一个瓶颈。

表 3-8　2014 年年末我国外商直接投资的行业分布结构

行业	外商直接投资流量	
	实际使用金额/亿美元	比重/%
总计	1195.6	—
农、林、牧、渔业	15.2	1.27
制造业	399.4	33.41
电力、热力、燃气及水生产和供应业	22.0	1.84
交通运输、仓储和邮政业	44.6	3.73
信息传输、计算机服务和软件业	27.6	2.31
批发和零售业	94.6	7.91
房地产业	346.3	28.96
租赁和商务服务业	124.9	10.45
居民服务和其他服务业	7.2	0.60

资料来源：国家统计局《2014 年国民经济和社会发展统计公报》

六、开放型经济发展"双向开放"发展缓慢

我国开放型经济发展"走出去"战略在 2000 年第九届全国人民代表大会第三次会议上首次上升到国家战略层面，并于 2001 年写入了我国《国民经济和社会发展第十个五年计划纲要》（简称《纲要》）。《纲要》中特别强调：鼓励能够发挥我国比较优势的对外投资，扩大国际经济技术合作的领域、途径和方式；继续发展对外承包工程和劳务合作，鼓励有竞争优势的企业开展境外加工贸易，带动产品、服务和技术出口；支持到境外合作开发国内短缺资源，促进国内产业结构调整和资源置换；鼓励企业利用国外智力资源，在境外设立研究开发机构和设计中心；支持有实力的企业跨国经营，实现国际化发展；健全对境外投资的服务体系，在金融、保险、外汇、财税、人才、法律、信息服务、出入境管理等方面，为实施"走出去"战略创造条件；完善境外投资企业的法人治理结构和内部约束机制，规范对外投资的监管。从邓小平的对外开放思想对"走出去"战略的孕育，到 21 世纪初"走出去"国家战略的明确提出，经历了人们对战略思路的不断完善和战略内涵不断丰富的过程，从初期的"两个市场、两种资源"延伸到"鼓励我国企业对外投资和跨国经营"，后来将"利用外部资源搞合作开发"也纳入"走

出去"战略内涵中,将"走出去"战略上升为国家战略后,我国开放型经济走出去的目的性和发展重点更加明确。

实施"走出去"战略是我国开放型经济深层次发展的客观要求,也是我国积极融入经济全球化,与国际经济接轨的需要,更是增加我国在国际经济治理体系中的话语权和影响力的体现。2001~2014 年,我国开放型经济"走出去"战略已实施了 14 年,对外直接投资和对外经济合作均发生了显著提升,但"走出去"的发展水平仍然比较低下,发展后劲明显不足。从表 3-9 中"走出去"的数据发展变化来看,2002~2014 年,我国对外直接投资规模迅速扩大,由 2002 年的 27 亿美元增至 2014 年的 1231.2 亿美元,年均增长 37.48%。2008 年国际金融危机以来全球投资大幅下滑,但我国对外直接投资仍逆势上扬并稳步增长,2014 年流量和存量分别居全球第 3 位和第 8 位,与 2002 年相比名次分别提高了 23 位和 17 位。对外承包工程合同额和营业额分别由 2002 年的 150.55 亿美元和 111.94 亿美元增至 2014 年的 1917.56 亿美元和 1424.11 亿美元,年均增速分别为 82.31%和 79.76%;对外劳务合作 2004~2011 年派出劳务人员合计 241.36 万人,2014 年年末在外劳务人员 59.69 万人,比 2002 年年底增加 18.65 万人。

表 3-9　我国对外直接投资与对外经济合作

年份	对外直接投资 /亿美元		对外经济合作		
	流量	存量	对外承包工程合同额/ 亿美元	对外承包工程营业额/ 亿美元	对外劳务合作派出人数 /人
2002	27	229.2	150.55	111.94	—
2003	28.5	334	176.67	138.37	—
2004	55	449	238.44	174.68	173 000
2005	122.6	572	296.14	217.63	180 100
2006	211.6	906.3	660.05	299.93	183 400
2007	265.1	1 179.1	776.21	406.43	186 800
2008	559.1	1 839.7	1 045.62	566.12	209 100
2009	565.3	2 457.5	1 262.1	777.06	214 800
2010	688.1	3 172.1	1 343.67	921.7	214 900
2011	746.5	4 247.8	1 423.32	1 034.24	224 900
2012	878	5 319.4	1 565.29	1 165.97	255 674
2013	1 978.4	6 604.8	1 716.29	1 371.427	278 380
2014	1 231.2	8 825.4	1 917.56	1 424.11	292 570

资料来源:对外直接投资数据来自商务部 2002~2014 年各年《中国对外直接投资统计公报》;对外经济合作数据来自国家统计局 2002~2014 年各年《国民经济和社会发展统计公报》

　　从我国对外直接投资存量的行业分布结构看（表3-10），对外直接投资快速增长的行业分布与我国产业优势明显不相符，不仅没有改善被投资国的经济发展，同时还遭受到国际社会对投资动机的质疑。自2003年我国实施《对外直接投资统计制度》以来，第三产业就成为我国对外直接投资的重点，其占当年我国对外直接投资总额的比重均在60%以上。

表3-10　我国对外直接投资存量的行业分布结构

行业	2003年对外直接投资存量		2014年对外直接投资存量	
	投资金额/亿美元	比重/%	投资金额/亿美元	比重/%
总计	334	—	8825.4	—
农、林、牧、渔业	—	1	96.9	1.10
采矿业	59	18	1237.3	14.02
制造业	20.7	6	523.5	5.93
电力、热力、燃气及水生产和供应业	—	2	150.4	1.70
建筑业	—	2	225.8	2.56
批发和零售业	65.3	20	1029.6	11.67
交通运输、仓储和邮政业	—	6	346.8	3.93
住宿和餐饮业	—	—	13.1	0.1
信息传输、计算机服务和软件业	—	33	123.3	1.04
金融业	—	—	1376.2	15.6
房地产业	—	—	246.5	2.79
租赁和商务服务业	—	6	3224.4	36.54
科学研究和技术服务业	—	—	108.7	1.2
水利、环境和公共设施管理业	—	3	13.3	0.2
居民服务和其他服务业	—	—	90.4	1.02
教育	—	—	—	—
卫生与社会工作	—	—	—	—
文化、体育和娱乐业	—	—	16	0.2

资料来源：对外直接投资存量金额数据分别来自商务部2003年、2014年《中国对外直接投资统计公报》

　　2014年年末，我国对外直接投资存量8826.4亿美元，占全球外国直接投资流出存量的份额由2002年的0.4%提升至3.4%，排名也由第25位上升至第8位，但存量规模仍远不及发达国家，2014年年末存量仅相当于同期美国的14%，英国、德国的 55.7%，法国的 69%，日本的 74%。从构成行业看，以租赁和商务服务业、批发和零售业等为主的第三产业对外直接投资存量占我国对外直接投资存量高达 70%以上，而制造业对外直接投资存量占比仅为 5.9%，完全背离了"十五"规划中强调的"鼓励能够发挥我国比较优势的对外投资"，脱离了我国开放型发展积累下来的制造业产业的比较优势和国际经济理论基础。以对外投资合作为内涵和基础的开放型经济"走出去"战略设计、结构和方式有待进一步完善。

第四章 "一带一路"倡议：
我国对外开放新格局

当下经济步入新常态，"一带一路"是中国领导人依据新形势提出的倡议，是中国与世界关系变化的产物。该倡议是对古代中国与周边国家开展交流合作的陆海"丝绸之路"的新解构，旨在改善周边国家基础设施条件与体制机制环境，消除经贸投资壁垒，扩大中国与东南亚、南亚、中亚等国家在贸易、投资、金融等领域的多边合作，是中国在新形势下推动对外经贸繁荣、应对其他排华性区域多边机制、实现经济可持续发展的新选择。在当前我国对外经贸关系面临新挑战和新一轮国际经贸规则重构的背景下，"一带一路"倡议对促进我国加大全面改革开放和打造人类命运共同体意义深远而重大，其本质是中国寻求建立以合作共赢为核心的新型国际关系的重要载体，其战略思维是努力做一个负责任、敢担当的大国，坚持走中国特色的大国外交之路，其目的是中国要学习做建设性领导者，提升对外经贸合作水平，推进全球经贸格局重构。

第一节 "一带一路"提出背景及经贸合作现状

一、"一带一路"倡议的提出和发展

（一）提出背景

"不谋万世者，不足谋一时；不谋全局者，不足谋一域。"纵观"一带一路"，既需审视世界，也需看清中国。中国提出"一带一路"倡议，不仅顺应了国际大环境的潮流，同时也深受国内环境的影响。

从国际背景来看，进入 21 世纪，国际战略格局发生了历史性变化和转折。"9·11"事件、新兴大国的崛起加速了国际格局的调整，2008 年华尔街泡沫演变

而成的金融海啸更是催化了新一轮国际格局的重新调整,全球经济增速明显减缓,贸易保护主义有所抬头,导致跨境贸易在全球经济增长中的重要拉动作用逐渐减弱,全球化面临转型压力。而中国自改革开放以来,凭借经济的迅猛发展逐渐在世界舞台上有了更多的话语权,2010 年经济总量更是超越日本,成为世界第二大经济实体,成为亚洲新的经济发展领导者。鉴于此,美国为了尽力维持其在亚洲地区的影响力,压制和孤立中国这一潜在竞争对手,制定了周密的"亚太再平衡"战略,高调宣布要"重返亚太",不仅推动了《跨太平洋伙伴关系协定》(TPP)和《跨大西洋贸易与投资伙伴协定》(TTIP)的谈判,设立高门槛,阻碍中国加入,更是介入南海问题,并在背后推动一些国家在南海问题上不断向中国政府施压,联合其他国家一起制衡中国。与此同时,随着经济全球化深入发展,面对层出不穷的各类问题和全球治理需求,国际社会应对乏力,作为世界第二大经济体和最大的发展中国家,中国理应为建立公正、有序、包容的新型全球治理体系做出贡献。面对复杂的国际新形势,为促进经济发展,应对美日挑战,完善全球治理结构,中国必定会审时度势,寻求破解大国崛起中周边困局的应对之策,寻求新的发展空间,"一带一路"倡议便应运而生。

从国内背景来看,改革开放以来,中国依靠劳动力优势及广阔的内陆市场,吸引了大量外资,促进了国内制造业的蓬勃发展,然而受金融危机的影响,中国经济增速放缓,人口红利已临近拐点,以制造业为代表的劳动密集型产业面临着转移与转型的双重挑战,加快转变经济发展方式,解决自身的经济结构不平衡问题迫在眉睫。中国的改革开放是从东部沿海地区开始的,优惠的政策、便利的交通、较为合理的保障体系,使得该地区迅速发展,而面积广阔、人口较多的中西部地区开放水平相对较低,东西部地区发展差距进一步扩大。造成这一问题的背后原因也包括之前的区域政策(如西部大开发、中部崛起、东北振兴等)主要侧重于纵向发展,较少强调横向联动(王丰龙等,2016)。为了顺应中国经济结构转型,加快产业转移,全面深化改革,缩小地区差距,"一带一路"倡议被提上日程。

(二)"一带一路"范围

"带"和"路"有多条,没有起点、没有终点,我国"一带一路"沿线主要国家分布概况见表 4-1。

表 4-1　"一带一路"沿线主要国家分布概况

区域	主要国家
中东欧	波兰、捷克、斯洛伐克、匈牙利、斯洛文尼亚、克罗地亚、罗马尼亚、保加利亚、塞尔维亚、黑山、马其顿、波黑、阿尔巴尼亚、爱沙尼亚、立陶宛、拉脱维亚、乌克兰、白俄罗斯、摩尔多瓦

续表

区域	主要国家
西亚中东	土耳其、伊朗、叙利亚、伊拉克、阿联酋、沙特阿拉伯、卡塔尔、巴林、科威特、黎巴嫩、阿曼、也门、约旦、以色列、巴勒斯坦、亚美尼亚、格鲁吉亚、阿塞拜疆、埃及
中亚	哈萨克斯坦、吉尔吉斯斯坦、塔吉克斯坦、乌兹别克斯坦、土库曼斯坦
东南亚	越南、老挝、柬埔寨、缅甸、泰国、新加坡、马来西亚、印度尼西亚、文莱、东帝汶、菲律宾
南亚	印度、巴基斯坦、孟加拉国、阿富汗、尼泊尔、不丹、斯里兰卡、马尔代夫
其他	蒙古国、俄罗斯

所谓"一带"，指的是"丝绸之路经济带"，着重在陆地，经由中亚、俄罗斯、蒙古国、西亚到达欧洲，将我国与该地区的国家紧密联系在一起，形成了横贯东西、连接亚欧的新的经济走廊和区域合作带。"一路"，指的是"21世纪海上丝绸之路"，濒临两洋、连接陆海，主要着眼从海上由东向西开放，经由南海、印度洋进入地中海延伸至欧洲，串起东盟、南亚、西亚、东非、北非及欧洲等各大区域经济板块，形成面向南海、太平洋和印度洋的亚欧非合作战略经济带（吴涧生，2015）。

（三）六大经济走廊经济发展基本概况

"互联互通是时代潮流，是世界各国的共同需要"①。中国正积极与"一带一路"沿线国家规划新亚欧大陆桥、中伊土、中新、孟中印缅、中巴与中蒙俄六大经济走廊建设（表4-2），加快国家间的经贸合作，共谋发展、致富之路。

表4-2　六大经济走廊简介

经济走廊	基本简介
新亚欧大陆桥经济走廊	从我国江苏省连云港市到荷兰鹿特丹港的国际化铁路交通干线，主要连接的是我国与中东欧等发达国家
中伊土经济走廊	从新疆出发，抵达波斯湾、地中海沿岸和阿拉伯半岛，主要涉及中亚、西亚等国，是世界石油宝库，是全球最重要的能源输出地
中新经济走廊	21世纪海上丝绸之路的重要组成部分，东起珠三角经济区，以铁路、公路为载体和纽带，主要连接我国与东南亚各国
孟中印缅经济走廊	从云南出发，主要涉及中国、缅甸、孟加拉国与印度四国，是连接东亚、东南亚与南亚三大市场的黄金走廊

---

① 张高丽在亚欧互联互通产业对话会议上的讲话，http://news.xinhuanet.com/2015-05/27/c_1115429796.htm，2015-05-27。

续表

经济走廊	基本简介
中巴经济走廊	包括中国与巴基斯坦两国，起点在新疆喀什，终点在巴基斯坦瓜达尔港，全长3000km，贯通南北丝路关键枢纽，北接"丝绸之路经济带"、南连"21世纪海上丝绸之路"，是一条包括公路、铁路、油气和光缆通道在内的贸易走廊
中蒙俄经济走廊	分为两条路线，一是从华北京津冀到呼和浩特，再到蒙古国和俄罗斯；二是东北地区从大连、沈阳、长春、哈尔滨到满洲里和俄罗斯的赤塔，由这两条路线互动互补形成一个新的开放开发经济带

从 GDP 总量来看，中国的 GDP 增速一直较快，2014 年已经突破十万亿美元，经济发展势头迅猛。而由于受到 2008 年全球性金融危机的影响，新亚欧大陆桥经济走廊国家的 GDP 总量降幅较大，从 2008 年的 20 682.90 亿美元下降到 2010 年的 18 130.09 亿美元，一直到 2015 年 GDP 增长速度都较为缓慢，而相比之下西亚、中东一些国家，依靠丰富的石油、矿产等资源，出口量不断增加，出口总额不断增长，带动 GDP 总量不断上升，且增速较快。从 2013～2015 年来看，孟中印缅经济走廊与中巴经济走廊 GDP 总量呈逐年上升的趋势，中新经济走廊 GDP 走势较为平稳，而其余三个经济走廊 GDP 总量则呈现逐年下降的趋势，尤其是中伊土经济走廊。六大经济走廊 GDP 总量概况见表 4-3。

表 4-3　六大经济走廊 GDP 总量概况　　　　　（单位：亿美元）

年份	中国	新亚欧大陆桥经济走廊	中伊土经济走廊	中新经济走廊	孟中印缅经济走廊	中巴经济走廊	中蒙俄经济走廊
2004	19 417.46	9 619.23	14 621.74	8 255.09	8 165.35	979.78	5 930.09
2008	45 584.31	20 682.90	29 721.69	15 288.60	13 723.64	1 700.78	16 664.70
2010	60 396.59	18 130.09	31 120.73	19 347.07	19 003.75	1 774.07	15 321.07
2013	94 906.03	21 180.78	40 102.17	24 432.65	21 700.10	2 311.50	22 432.10
2014	103 511.12	20 962.44	39 223.88	24 572.06	23 844.75	2 433.83	20 431.99
2015	108 664.44	17 649.73	31 344.84	23 790.19	24 417.89	2 699.71	13 377.73

资料来源：根据国研网"一带一路"战略支撑平台所供数据整理计算而得

注：表中数据仅列六大经济走廊发生转折变化的代表性年份

（四）"一带一路"倡议的主要内涵与意义

"一带一路"倡议的内涵深刻丰富，涉及层面广泛，蕴含了以经济合作为基础，以人文交流为支撑，开放包容、互惠互利的合作理念，其主要内容在于"五通"，即政策沟通、道路联通、贸易畅通、货币流通与民心相通。具体来说，政策沟通即深化政治互信，在求同存异的基础上充分沟通，共同制定推进区域合作的发展策略和措施，寻求各国经济发展战略的吻合点；道路联通即加强基础设施的互联互通，加强公路、铁路、水运等交通路线建设，形成覆盖亚非欧等各个区域的交通运输网，保障输气、输油、输电等运输管道的安全，便利中国与贸易国间的经济合作往来；贸易畅通是"一带一路"建设的重点内容，着力研究解决双边贸易投资便捷的有效路径，消除贸易壁垒，营造良好的区域投资环境；货币流通是为实现双边交易的便利化，通过金融领域合作，推进亚洲货币、投融资及信用体系的建设，加大抵御金融危机的能力，提高国际竞争力；民心相通是加强对外交流合作的重要桥梁，要加大不同国家的文化交流，完善国家旅游体系，增加各国人民的友好往来，扩大学术界的交流范围，互信互通，巩固各国友好关系。

"一带一路"倡议的意义在于：第一，形成新的对外开放格局，创新中国外交政策。"一带一路"倡议的实施，是在东部地区对外开放取得显著成效的基础上，加快西部及沿边地区对外开放的重大策略，注重统筹陆海，加大对海洋安全的保障，同时也是在欧美等国家限制中国崛起的背景下寻求新路径，彰显了中国新的外交策略。第二，显著提升对外经贸关系，拓展国际投资新空间。"一带一路"倡议的实施有助于将中国友好经贸合作的理念辐射到周边国家，从而有效地加强同沿线国家的互联互通，协助新兴市场国家加快经济发展，克服发展瓶颈，激发发展潜力，拓宽投资渠道，为双方经济发展及就业保障创造新的增长点。第三，维护地区稳定，促进安全共建。"一带一路"沿线地区，尤其是在"丝绸之路经济带"沿线，正面临比较严峻的安全挑战（孙敬鑫，2015）。外国势力的介入、领土主权争端、能源安全困境、地区恐怖主义等都影响着地区的稳定与安全，"一带一路"倡议的实施可以有效稳定地区发展，维护地区安全。第四，化解过剩产能问题，加快经济转型升级。为应对金融危机的影响，我国制定了一系列的经济刺激政策，鼓励战略性新兴产业发展，而传统制造业面临着产能过剩问题，劳动密集型产业的发展也遭遇瓶颈。相比之下，"一带一路"沿线国家多为处于上升期的发展中国家，对制造业需求较大，从而可为中国化解产能过剩问题提供新的消化路径和消费市场，有效地衔接了国内供给与海外需求，促进国内经济的转型升级。第五，缩小地区差距，实现区域经济均衡发展。"一带一路"倡议将东中西部地区有效联动起来，协同发展，尤其是西部地区，变被动发展为主动发展，克服地理区位的劣势，培育形成区域经济增长和开放的新高地，缩小与东部地区区域和收入差距，逐步实现共同富裕。

二、与相关国家经贸合作现状

自"一带一路"倡议实施以来，中国积极进行经济外交，与相关各国加强沟通、集思广益，各尽所能、各施所长，共同推动实施重大合作项目，加大与沿线国家的经贸往来，实现了双边贸易总额的大幅上升，在"引进来"和"走出去"中都取得了重大突破。

1. 进出口总额

进出口总额是衡量一个国家对外贸易总规模的重要指标。在2005～2014年，中国进出口额总体呈上升趋势，2014年中国对世界进出口总额达到43 015.27亿美元，推动了世界经济的复苏和发展。从中国对六大经济走廊进出口情况来看，除受金融危机的影响，2009年对外贸易比较低迷之外，其余年份均明显增加；从分布地区来看，中国对外贸易主要集中在以西亚、中东为主的中伊土经济走廊，以印度、孟加拉国为主的孟中印缅经济走廊及俄罗斯等地区，这些地区多为自然资源丰富区。中国对六大经济走廊进出口情况见表4-4。

表4-4　　2005～2014年中国对六大经济走廊进出口情况　　（单位：亿美元）

年份	世界	新亚欧大陆桥经济走廊	中伊土经济走廊	中新经济走廊	孟中印缅经济走廊	中巴经济走廊	中蒙俄经济走廊
2005	14 219.10	239.86	622.18	0.13	235.81	42.61	299.61
2006	17 604.40	378.21	854.82	0.16	309.34	52.47	349.68
2007	21 765.70	517.89	1 142.69	0.20	460.28	68.93	501.89
2008	25 632.55	669.59	1 710.29	0.23	612.71	70.58	593.42
2009	22 075.35	541.21	1 330.20	0.21	529.64	67.88	411.81
2010	29 739.98	748.39	1 812.73	0.29	761.66	86.69	595.35
2011	36 418.60	917.52	2 563.16	0.36	931.20	105.58	857.06
2012	38 671.19	920.25	2 802.01	0.39	871.48	124.14	948.12
2013	41 589.93	986.08	3 070.70	0.43	918.94	142.16	952.18
2014	43 015.27	954.37	3 364.66	0.46	1 145.76	159.98	1 025.89

资料来源：根据中国国家统计局网站整理计算而得

截至2015年10月，我国对"一带一路"沿线国家进出口总计分别为3160亿美元、5044亿美元，其中进口同比下降22%，下降幅度较大，出口同比下降较小，约为2.5%，对沿线国家进出口总额分别占同期我国进出口总额的23%、27.2%。可见，我国对"一带一路"沿线国家的对外贸易仍有较大的提升空间。

2. 对外直接投资

中国自加入WTO以来，对外开放进入一个全新的阶段，中国的对外投资也呈现稳步增长的态势，2004～2013年，中国对"一带一路"沿线不同区域直接投资情况见表4-5。

表 4-5　2004～2013 年中国对"一带一路"沿线不同区域直接投资情况（单位：亿美元）

年份	直接投资	世界	沿线地区总额	东南亚、南亚	中亚、西亚、中东	北亚	中东欧
2004	流量	54.98	3.82	2.00	0.55	1.17	0.10
	存量	447.77	19.30	10.16	6.60	1.99	0.54
2005	流量	122.61	6.68	1.75	2.30	2.56	0.07
	存量	572.06	33.90	15.12	11.81	5.96	1.01
2006	流量	176.34	11.93	2.85	3.38	5.35	0.35
	存量	750.26	51.96	19.89	16.71	12.44	2.92
2007	流量	265.06	32.46	19.04	6.24	6.74	0.44
	存量	1179.11	96.08	52.02	20.22	20.14	3.70
2008	流量	418.59	45.28	29.79	8.64	6.34	0.51
	存量	1839.70	200.68	81.66	34.41	27.34	4.44
2009	流量	477.95	45.28	27.77	10.76	6.25	0.51
	存量	2457.55	200.68	155.30	45.51	34.62	5.25
2010	流量	601.82	77.43	48.22	16.79	7.62	4.80
	存量	3172.11	290.26	169.90	67.69	42.23	10.43
2011	流量	685.84	99.29	68.14	17.90	11.67	1.57
	存量	4247.81	412.34	250.19	93.56	56.50	12.09
2012	流量	777.33	133.22	65.41	48.25	16.89	2.67
	存量	5319.41	567.56	324.60	147.96	78.43	16.58
2013	流量	927.39	126.34	77.31	32.47	14.11	2.45
	存量	6604.78	720.15	414.83	176.13	109.36	19.84

资料来源：根据 2005～2014 年《中国对外直接投资统计公报》整理计算而得

　　自 2013 年提出"一带一路"倡议以来，中国对外投资快速增长，2014 年中国对"一带一路"沿线国家的投资流量为 136.6 亿美元，年末存量达到 924.6 亿美元。同时，加大对中亚地区投资力度，截至 2014 年年底，该地区的直接投资存量首次突破 100 亿美元。同时，我国企业在"一带一路"倡议下积极"走出去"，到 2015 年年底，共对"一带一路"沿线相关的 40 多个国家进行了直接投资，投资总计 148.2 亿美元，同比增长了 18.2%，主要流向新加坡、哈萨克斯坦、泰国和俄罗斯等国。

　　3. 吸引外资

　　外资是推动我国经济发展的催化剂，合理吸引外资是我国发展开放型经济的重点。2005 年以来，中国实际利用外商直接投资大体呈稳步增长的趋势，在六大经济走廊中，中国实际利用外商直接投资主要集中在以东南亚国家为主的中新经济走廊，其他地区则较少（表 4-6）。

表 4-6　2005～2014 年中国实际利用六大经济走廊外商直接投资表　（单位：亿美元）

年份	世界	新亚欧大陆桥经济走廊	中伊土经济走廊	中新经济走廊	孟中印缅经济走廊	中巴经济走廊	中蒙俄经济走廊
2005	603.25	1.22	1.71	31.02	0.35	0.08	0.83
2006	630.21	0.93	1.93	33.44	0.69	0.06	0.70
2007	747.68	1.03	2.87	43.88	0.39	0.02	0.53
2008	923.95	1.10	4.58	54.58	0.92	0.15	0.61
2009	900.33	0.70	3.04	46.75	0.61	0.04	0.34
2010	1057.35	0.78	7.10	63.20	0.55	0.06	0.63
2011	1160.11	0.83	1.94	69.95	0.58	0.10	0.31
2012	1117.16	0.61	2.58	70.69	0.50	0.02	0.30
2013	1175.86	0.48	1.93	83.41	0.33	0.02	0.24
2014	1195.62	0.80	1.04	62.94	0.57	0.23	0.41

资料来源：根据中国国家统计局网站相关数据整理计算而得

截至 2015 年 10 月，"一带一路"沿线国家对我国投资新设企业 1752 家，实际投入外资金额 64.9 亿美元，同比分别增长 18%、14%。从所投资的行业看，金融服务业、租赁和商业服务业、批发和零售业实际吸引外资增长幅度较大，其中金融服务业同比增幅高达 1623.3%；而从投资国别来源看，实际投入外资增幅排在前三位的国家分别为沙特阿拉伯、马来西亚与新加坡。

4. 境外经贸合作区

推动境外经贸合作区进一步发展，深化各领域合作，有利于我国开放型经济的转型升级。为此，除加强对六大经济走廊的建设之外，中国正积极推动境外经贸合作区建设，在境外初步形成了一批主导产业明确、集聚效应明显的产业园区。区内基础设施完备、公共服务健全、辐射能力较强，成为推进"一带一路"倡议和国际产能合作与制造装备的有效平台。据统计，截至 2015 年 11 月底，中国企业正在建设境外经贸合作区 75 个，累计投资 179.5 亿美元，总产值达到 419.3 亿美元，其中有 53 个分布在"一带一路"沿线国家，占比达到 70.67%，在已通过考核的 13 个合作区中，10 个位于"一带一路"沿线国家，主要涉及轻工、服装、家电、机械、建材等行业（表 4-7）。境外经贸合作区的建设取得的高效进展，使其成为推动我国企业集群式走出去、促进与相关国家开展经贸合作的重要载体。

表 4-7 部分通过考核的境外经贸合作区

合作区名称	所在地区	产业特点	境内实施企业名称
柬埔寨西哈努克港经济特区	柬埔寨西哈努克省	纺织服装、机械电子、高新技术等	江苏太湖柬埔寨国际经济合作区投资有限公司
泰国泰中罗勇工业园	泰国罗勇府	汽配、机械、建材、家电、电子等	华立产业集团股份有限公司
越南龙江工业园	越南前江省	轻工、纺织、建材、化工、食品等	前江投资管理有限责任公司
巴基斯坦海尔-鲁巴经济区	巴基斯坦拉合尔市	家电、纺织、建材、化工等	海尔集团电器产业有限公司
埃及苏伊士经贸合作区	埃及苏伊士湾	纺织服装、通用机械、汽车、高低压电器、配套服务等	中非泰达投资股份有限公司
匈牙利中欧商贸物流园	匈牙利布达佩斯市	商贸、物流等	山东帝豪国际投资有限公司
俄罗斯乌苏里斯克经贸合作区	俄罗斯乌苏里斯克市	轻工、机电、木业等	康吉国际投资有限公司
俄罗斯中俄托木斯克木材工贸合作区	俄罗斯托木斯克州、克麦罗沃州	木材加工、销售，建筑材料销售服务等	中航林业有限公司
俄罗斯龙跃林业经贸合作区	俄罗斯犹太自治州、滨海边疆区	森林采伐、木材初加工和精深加工等	黑龙江省牡丹江龙跃经贸有限公司
中俄（滨海边疆区）现代农业产业合作区	俄罗斯滨海边疆区	农产品生产加工、仓储服务、农业生产配套等	黑龙江东宁华信经济贸易有限责任公司

资料来源：商务部发布的《中国对外投资合作发展报告 2015》

5. 对外承包工程

自 2005 年以来，中国对外承包工程总额一直呈上升趋势，2014 年达到 1424.11 亿美元，在对六大经济走廊承包工程方面，主要集中在中伊土与中新经济走廊，见表 4-8。

表 4-8 2005～2014 年中国对六大经济走廊承包工程总额情况 （单位：亿美元）

年份	世界	新亚欧大陆桥经济走廊	中伊土经济走廊	中新经济走廊	孟中印缅经济走廊	中巴经济走廊	中蒙俄经济走廊
2005	217.63	6.44	23.78	25.83	14.08	6.61	4.54
2006	299.93	10.44	42.45	36.07	20.50	9.01	6.78
2007	406.43	16.05	61.70	51.92	29.89	13.56	11.49
2008	566.12	14.68	97.37	77.17	56.52	19.16	12.55

续表

年份	世界	新亚欧大陆桥经济走廊	中伊土经济走廊	中新经济走廊	孟中印缅经济走廊	中巴经济走廊	中蒙俄经济走廊
2009	777.06	21.33	158.11	101.06	77.16	17.33	13.94
2010	921.70	30.70	151.34	137.51	77.87	21.08	16.83
2011	1034.24	25.76	169.85	152.63	124.64	23.73	20.52
2012	1165.97	33.56	167.38	172.27	121.07	27.78	24.87
2013	1371.43	58.87	234.20	198.20	100.31	37.01	24.43
2014	1424.11	50.26	232.16	215.91	76.66	42.46	22.96

资料来源：根据中国国家统计局网站整理计算而得

据商务部统计，2015 年，我国企业对外承包工程发展势头迅猛，对"一带一路"沿线相关的 60 多个国家新签对外承包工程项目合同 3987 份，合同总额达 926.4亿美元，同比增长 7.4%；对外承包工程完成额为 692.6 亿美元，占同期总额的 45%，同比增长了 7.6%，主要涉及电力工程建设、房屋建筑、通信工程建设、石油化工、交通运输建设等领域。

总体来看，"一带一路"倡议的实施，利于中国与沿线国家加强经贸合作，促进共同发展，实现互惠共赢，但无论是进出口、对外直接投资、吸引外资，还是对外承包工程，中国的合作伙伴仍主要集中在亚洲，尤其是东南亚与南亚地区，而与经济较为发达的中东欧等国家或地区经济联系不紧密，如何平衡中国与六大经济走廊间的经贸合作，平衡地区经济发展，将是未来"一带一路"建设所面临的重要议题。

第二节　提升"一带一路"沿线国家经贸合作的机遇与挑战

"一带一路"倡议构想是中国政府旨在追求沿线国家共利益、共责任、共命运提出的。在后金融危机时代，经济全球化步入新阶段的大背景下，对于沿线大部分国家来说，"一带一路"倡议是一个宝贵的经济发展机遇，存在着重要的潜在利益；但"一带一路"倡议战线长、范围广而易造成众口难调、进程缓慢，因牵涉国家众多、价值取向不同，易引发潜在危机。机遇和挑战并存，如何克服困难，直面风险与挑战，将"一带一路"倡议构想实施到底，任重而道远。

一、机遇

1. 经济全球化进入新时期，经济治理架构步入重塑阶段

2008 年席卷全球的经济危机导致世界经济的失衡，国际收支平衡发生重大改变，投资消费急剧下降等。但随着新科技的发展，尤其是以物联网、大数据为代表的新一代信息技术革命的迅速崛起，经济全球化的发展态势不会被逆转。世界各国为尽快摆脱经济危机的影响，纷纷加大科技投入，破解信息不对称的难题，提高资本在全球范围内的有效配置，经济全球化进入了新时期。世界经济的失衡也使得包括中国在内的广大发展中国家重新审视国际经济治理架构，为了防止因全球经济治理的缺失再次引起经济的大萧条，国际社会达成了应对危机的协调与合作，新型经济治理架构正在形成。在此背景下，为迎接经济全球化的新时期，摆脱后金融危机时代的影响，发挥自己在经济治理架构中的重要作用，提高国际地位，我国"一带一路"倡议的提出可谓适逢其时。

2. 经济结构互补优势明显，推进构建开放型经济新体制

"一带一路"沿线国家多为发展中国家，经济发展水平较为低下，不论是在资本、技术，还是在基础设施建设方面都遇到了发展的瓶颈期，但这些地区自然资源丰富，发展潜力巨大，也正在寻求新的经济增长点。而现阶段的中国，正在构建新的开放型经济体制，相比之下，经济发展较快，资本相对充裕，在高铁、通信设备等高端制造和技术方面领先于其他各国，但油气等自然资源的匮乏在很大程度上阻碍了中国经济的可持续发展。可见经济结构的互补和供求双方的互利，使得"一带一路"倡议的实施具有较强的合理性和现实性。

3. 推进全面务实合作，大中国市场发展前景广阔

当前，以美欧为代表的西方发达国家利用 TPP 意图重构国际贸易投资格局，"一带一路"沿线国家面临着被边缘化的风险，由于这些国家或地区经济发展的对外依赖程度较高，多数国家不得不寻求新的市场，降低受发达国家经济控制带来的风险。中国作为世界上最大的发展中国家和制造业大国，具有广阔的市场，充足的劳动力资源，中国的产业转移将带动沿线国家产业结构的改善和工业水平的提高，中国不断成长的市场将成为沿线国家发展经济的新突破口，"一带一路"倡议的实施势必会加强中国与这些国家的经贸合作，从而推动基础设施建设、能源资源、金融货币及旅游资源等全方面务实合作。

4. 良好的外交关系，符合各国人民意愿

改革开放以来，中国一直致力于改善与周边国家的关系，秉持"亲诚惠容"

的外交理念，始终以包容的姿态参与周边合作，睦邻友好，坚持和平共处五项原则，不干涉别国内政，鼓励各国自主选择，以互惠互利、优势互补、共同发展为导向，与东盟、中亚、西亚等国家和地区的合作机制、合作平台发展势头良好，为沿线各国共创繁荣提供了新的机遇，推动了世界多极化和经济全球化的发展，顺应了时代的潮流，对不同国家地区、不同肤色种族、不同宗教信仰都给予最大程度的尊重，符合各国人民向往和平、友好发展的共同心愿，展现了中国亲善友好的大国形象。

5. 中国政府审时度势，顺应时代潮流

在宏观经济发展目标锁定为提升发展质量的背景下，中国经济进入结构性减速的新常态，这既显示了国家调整经济结构的决心，也符合收入水平提高促使需求标准由单维向多维转变的演化规律（王娟娟，2015）。为推动国内经济持续快速健康发展，加大国内商贸流通领域互联互通，完善国内基础设施，加强资源技术领域的合作，缩小区域差距，中国政府审时度势，推出"一带一路"倡议，并同时推动京津冀协同区、长江经济带的建设，明确三大经济区的发展定位，共同推动中国经济进一步发展，实现全面建成小康社会及中国梦的伟大理想。

6. 合作的国际市场更趋多样化，有利于国内产业转型升级

我国是人口大国，人力资源丰富，具有强大的生产制造能力，产能过剩是当前国家亟待解决的重点问题。转移过剩产能，加快产业转型升级，提高企业创新能力，仅靠国内市场难以达到既定目标，而"一带一路"沿线国家，既包括亟待发展生产力、自然资源丰富的中亚各国，也包括经济发展迅速、市场广阔的东南亚、南亚地区，更包括科技水平高、经济发达的中东欧地区，这就为我国企业"走出去"发展，开拓多样化的国际市场带来了新的发展机遇。

二、风险与挑战

1. 地缘关系复杂，政治局势动荡

中国"一带一路"建设涉及国家多、覆盖面积广，所面临的国际环境错综复杂。"一带一路"沿线国家多属于发展中国家或正处于转型中的国家，政权更替频繁、政局动荡持续。近年来，中亚的吉尔吉斯斯坦、塔吉克斯坦、乌兹别克斯坦，南亚的阿富汗，西亚的叙利亚、伊拉克、伊朗、黎巴嫩、巴勒斯坦都存在着激烈的社会冲突（蒋姮，2015）。中亚国家将进行新一轮的国家大选，国家政治建设存在着极大的不确定性，中伊土经济走廊的建设将面临被搁浅的风险。此外，中亚地区"三股势力"（暴力恐怖势力、宗教极端势力、民族分裂势力）的日益

猖獗,也严重威胁着"一带一路"倡议的实施。可以说,沿线国家的地缘政治风险已成为我国"一带一路"建设顺利推进的最大风险。

2. 大国之间相互博弈,制约"一带一路"倡议构想的实施

长期以来"一带一路"沿线国家都是大国博弈和较量的重点地带,该倡议的实施,势必会介入美国、俄罗斯、印度等传统大国的势力范围,必将引起相关国家的警惕与戒备。中国等新兴经济体的崛起使得美国的霸权地位受到了极大的挑战,在美国看来,"一带一路"倡议并非仅是一项经济合作协议,而是中国政府为了应对美国的"亚太再平衡"战略而推出的一项长远规划,为此,美国实施了排除中国在外的《跨太平洋伙伴关系协定》,干扰和阻碍亚洲基础设施投资银行的筹建,插手干预南海问题,增加了中国对外发展的困难。乌克兰危机以来,俄罗斯遭遇了极大的舆论压力,对华战略逐渐偏倚,但其仍对"一带一路"倡议存在戒心,担心会削弱其对西伯利亚地区的控制及在中亚地区的传统影响力。此外,对于推进"21世纪海上丝绸之路"而言,中国也面临着来自印度的潜在挑战,其独霸印度洋的决心会阻碍中国与南亚国家的合作,中印边界领土争端问题也是摆在两国间的现实障碍,大国之间的掣肘,制约着"一带一路"倡议的实施。

3. 不同价值取向引发潜在危机,"一带一路"倡议受到质疑

"一带一路"沿线周边国家在政治体制、资源禀赋、民族习惯等方面存在明显的差异,各国对"一带一路"倡议的回应也不一致。虽然倡议得到了如巴基斯坦、孟加拉国、蒙古国等国的支持,各条经济走廊也在有序建立,但受大国之间的战略博弈、不同价值取向的影响,使得周边一些国家质疑中国的"一带一路"是新时期的"马歇尔计划",是中国扩大势力范围实施的规划,甚至将中国积极推进的基础设施互联互通赋予浓厚的政治与军事色彩。近些年来,菲律宾、越南等国不断挑起的领域主权与海洋权益争端,西方国家不遗余力地炒作"中国威胁论",都加剧了"一带一路"倡议推进的难度,深化了中国与沿线国家的利益冲突。

4. 沿线国家经济发展差异大,软硬件建设难度大

建设"一带一路"非简单工程,是要通过投资、开发形成便捷的地区交通和贸易经济联系网络,以及创新现有贸易、投资、金融、文化交流合作等制度体系,包括硬件与软件两大系统。然而沿线国家经济发展水平不一,且多数属于新兴经济体和欠发达的小经济体,基础设施落后、利益诉求各异、落实环境较差。完善丝绸之路的各类基础设施建设,需要大量的资金、技术、人力等,基础设施投入的回报率难以保证。同时在货币、金融投资、劳务制度等软件方面也存在较大差异,这些都是摆在"一带一路"建设当中的巨大难题。

5. 贸易投资环境差，区域合作机制有待完善

受 2008 年全球金融危机的影响，各国为保护本国经济的发展，贸易保护主义有所抬头，如中亚一些国家的进出口手续更加烦琐，耗费时间更长，部分国家则针对中国产品频繁发起反倾销调查。同时，包括中国在内的大多数亚洲国家贸易模式比较单一、固化，出口对象仍集中在农产品、矿产及廉价制成品，加大了贸易摩擦。虽然过去几年中国与多个国家建立了双边或多边合作机制，但机制内部合作程度不高，机制之间合作效率低下，合作机制不甚完善。加之"一带一路"沿线的一些国家主权信用较低，不良贷款占比较高，汇率波动较大，从而进一步影响对外贸易和投资。

6. 企业"走出去"缺乏经验，参与国际化能力有限

改革开放以来，伴随着"引进来"的政策优势，我国企业在引进外资方面积累了丰富的经验，然而随着经济全球化的发展，国内多数企业在"走出去"进程中出现了严重的滞后性，尚未形成有效对外投资和相互需求网络，对于如何拓展海外市场、转移过剩产能等方面缺乏必要的经验，导致自身竞争力削弱，受到本土国家企业的打压。除此之外，虽然中国企业的国际化水平不断提高，但与全球顶尖跨国公司相比，仍存在较大差距。缺乏价值共识，在一些领域缺乏"走出去"的核心技术，与政府之间的对接力度不够等，我国企业参与国际化事务的能力亟待提高。

7. 国内沿线各地无序竞争，缺乏相关外向型人才

"一带一路"建设虽在国际上遭到部分国家的质疑，但在国内却受到了重点关注，掀起一阵接一阵的热潮。各省区都希望抓住政策优势，抢占先机，纷纷提出"核心区""枢纽""桥头堡"等概念，不仅背离了"一带一路"倡议统筹国内大局的初衷，更是加快了区域分割，加大了各地区的竞争力度，加深了各省区的矛盾，各自为政、无序竞争难免会出现功能定位趋同、产业结构布局重叠、重复投资等浪费资源的问题。同时，以往的人才培养多面向于欧美等发达国家，显然无法满足"一带一路"覆盖的 60 多个国家，因此必须加快培养相关地区的语言、市场、法律等外向型人才。

第三节　推进"一带一路"沿线国家经贸的合作方向
和重点领域

"一带一路"倡议是长远建设任务，对于机遇与优势，要充分把握并发挥保持；

对于风险与劣势，要谨慎对待并有效规避。要更好统筹国内国外两个市场，确定重点发展领域与区域，以正确的义利观为指导，在加强对外交流的同时，优化战略布局，实现互利共赢。

一、国内"一带一路"涉及省区发展功能定位

在《推动共建丝绸之路经济带和 21 世纪海上丝绸之路的愿景和行动》中，"一带一路"重点圈定了 18 个省区，包括新疆、青海、宁夏、甘肃、陕西、内蒙古在内的西北 6 省区，黑龙江、吉林、辽宁在内的东北 3 省，云南、广西、西藏在内的西南 3 省区，上海、浙江、福建、广东、海南在内的 5 省市，内陆地区则是重庆。

在丝绸之路发展过程中，西北地区自古以来便发挥着重要的桥梁和纽带作用，新疆在"一带一路"建设中，有着独特的区位优势，与中亚、西亚、南亚及欧亚大陆腹地等相连，使其成为我国向西开放的重要窗口，也将被打造为陆上丝绸之路的核心区。为对接"丝绸之路经济带核心区"建设，新疆正在积极制订方案，以"三通道"为主线、"三基地"为支撑，以"五大中心"为重点、"十大进出口产业聚集区"为载体，积极推动中巴铁路建设，畅通与国内和周边国家现代商贸物流发展，充分发挥丝绸之路经济带桥头堡作用。而作为西南地区开放门户、孟中印缅经济走廊的起点，云南省与东南亚、南亚等地已初步形成基础设施互联互通，且与这些国家或地区地缘相近、人缘相亲、商缘相通，具有人文交流的优势，为打造大湄公河次区域经济合作新高地奠定了基础。作为"21 世纪海上丝绸之路"的发祥地，地处东南沿海的福建省北靠长江三角洲，西临珠江三角洲，与台湾地区隔海相望，面向东海、南海和太平洋，有着得天独厚的地理优势，在"一带一路"建设中的意义凸显。福建将发挥厦门、泉州等各沿海港口城市的优势，积极打造海上合作战略支点，搭建对外合作平台，拓展人文经贸交流空间。重庆作为西部中心枢纽，处在"一带一路"倡议和长江经济带战略的交会点和连接点上，集政策优势于一身，成为内陆开放高地，凭借其自身特点闯出了新路，渝新欧的创新和创造，凸显了重庆在西部发展中的重要支撑作用。为与"一带一路"倡议有效衔接，各省区制定的主要发展功能定位见表 4-9。

表 4-9　各省区根据"一带一路"倡议确定的功能定位表

区域	省区	发展定位
西北	新疆	丝绸之路经济带上重要的交通枢纽、商贸物流和文化科技中心，丝绸之路经济带核心区
	陕西	丝绸之路经济带重要支点，中国向西开放的重要枢纽
	甘肃	丝绸之路经济带黄金段，向西开放的重要门户和次区域合作战略基地

区域	省区	发展定位
西北	宁夏	丝绸之路经济带战略支点
	青海	丝绸之路经济带的战略通道、重要支点和人文交流中心
	内蒙古	建设向北开放的重要窗口
东北	黑龙江	东部沿海及日、韩等地陆海联运跨境运输枢纽
	吉林	建设向北开放的重要窗口
	辽宁	中蒙俄经济走廊的重要一环，"一带一路"倡议的重要平台
西南	广西	"一带一路"有机衔接的重要门户，西南中南开放发展新的战略支点
	云南	面向南亚、东南亚的辐射中心，打造大湄公河次区域经济合作新高地
	西藏	推进与尼泊尔等国家边境贸易和旅游文化合作
东部	上海	21世纪海上丝绸之路建设的排头兵和主力军
	福建	"一带一路"互联互通的重要枢纽，21世纪海上丝绸之路核心区，经贸合作的前沿平台和人文交流的重要纽带
	广东	21世纪海上丝绸之路的"桥头堡"
	浙江	"一带一路"倡议的经贸合作先行区、"网上丝绸之路"试验区、贸易物流枢纽区
	海南	南海资源开发服务保障基地和海上救援基地，海上丝绸之路的门户支点
内陆	重庆	西部中心枢纽和内陆开放高地

资料来源：王丰龙等，2016

在"一带一路"倡议布局过程中，一方面要强调国家利益高于一切，强调国家整体利益实现的重要性；另一方面，也要全面照顾各省区的利益诉求，通盘分析和判定每个省区在全国大棋局中的角色。各省区应积极与"一带一路"倡议融合，将既有区域性战略融入国家"一带一路"倡议中，形成区域与整体协调统一发展。同时为避免一些省区竞相博弈造成资源浪费、出现争抢项目无序竞争的不良现象，除从国家战略政策层面、执行层面进行统一规划部署外，还要加强省际协同，建立统一的省际对外合作交流平台，以期实现"一带一路"建设在省际的平衡。从而建立"自上而下"与"自下而上"双向流通的新路径，在合作层面上打破各地既有战略重经济轻文化、旅游、人才做法，注重政府引导与市场配置相互协调（郑志来，2016）。

二、"一带一路"的重点合作领域

1. 农业领域

开展对外农业合作是"一带一路"建设的重要内容和支撑（张芸等，2015），特别是国内经济进入新常态以来，扩大农业对外合作不仅有助于促进国内经济增长，保障国家粮食安全，确保稳定周边环境，同时对"一带一路"沿线国家的经济发展有重要作用（宋双双，2014）。农业是国民经济的基础产业，"一带一路"沿线遍布农业国家，农业资源丰富，在多国经济体系中占较高比重，我国与东南亚、中亚、俄罗斯等国家或地区在农产品进出口贸易上有着良好的合作。其中，东南亚地区全年高温多雨，除适合多种粮食作物生长外，还有咖啡、橡胶、棕榈油等经济作物；中亚五国是主要的小麦、棉花、水稻生产国，且该区域草场广阔，畜牧业发达；而俄罗斯有着大量的可耕地、充足的水资源和廉价的劳动力，但其粮食产量不稳定，每年需大量进口等。为此，应科学制定战略规划，突出与重点国家的农业合作，如泰国、哈萨克斯坦、印度、俄罗斯等；着重考虑综合效益较好，并利于保障我国粮食安全的产业，如玉米、棉花等作物，循序渐进稳步推行。鼓励与引导国内企业走出去，利用两个市场、两种资源，采取海外土地租赁、承包、联合开发等方式，在俄罗斯、蒙古国、中亚五国、巴基斯坦、东南亚国家，重点布局，建设一批以高科技为支持、以绿色有机为特色的农业园区，建立境外农产品生产基地，强化"丝路"国家农产品深加工合作，打造农业国际产业链，树立中国农业的良好形象，使中国对外农业合作有源可循。

2. 能源领域

随着气候变化、环境污染加剧、石油价格维持高位等叠加效应的影响，全球能源需求变得更加多元化，能源安全问题也更加突出。在"一带一路"建设中能源资源合作是其重要的战略支撑，不论从我国与周边国家经济结构的禀赋、社会发展需要和互补优势的角度，还是我国与周边国家已经具备的合作基础和条件来看，都是最为现实和可行的（石泽，2015）。中国是能源消费大国，经济快速发展使得能源供应与经济发展模式之间矛盾不断激化。在国际能源体系中，形成了以中东、中亚、俄罗斯等为主要的能源供应板块。其中，中东地区蕴藏着丰富的石油资源，是国际石油市场的核心，中国与中东国家的能源合作关系是确保中国能源安全的关键；俄罗斯国内的原油、天然气产量居世界前列，是能源生产大国；中亚拥有丰富的天然气资源，能源资源开发潜力巨大，哈萨克斯坦、土库曼斯坦等都是中国的主要能源输入国，可有效解决我国能源资源紧张的局面。中国应强化这些地区在中国全球战略中的地位，积极开展能源外交，加快石油、天然气管道全线投产运营，共建创新合作方式，从单一的油气开发逐步拓展到勘探、加工、运输、销售和工程服务等领域；积极助推南亚及东南亚能源开发合作，打通中巴经济走廊，加强双方在交通、能源、海洋等领域的交流与合作，拓宽合作领域，形成地区能源合作网络。

3. 产能合作

在发达国家以 TPP 和 TTIP 为核心推进全球贸易投资秩序重建、新兴经济体加快推进市场开放、中国经济发展逐渐由高速增长向中高速增长通道转换、产能周期性过剩和结构性过剩问题日益突出、国内要素成本快速上涨的背景下，通过中外产能合作在全球范围内进一步优化中国的产业布局、在全球产业链和经济合作网络中占据更加有利的位置，具有重大的战略意义（卓丽洪等，2015）。中国具有完整的、较强的工业体系，当前在"一带一路"沿线开展国际产能合作的产业，既有以轻工、纺织为主的传统优势产业，也有以钢铁、水泥为主的富余产能优势产业，又有以高铁、通信设备、工程机械等为主的装备制造优势产业，对此应以"母子工厂"战略为核心，加强顶层设计，加强对主要新兴市场国家（如泰国、缅甸、巴基斯坦、哈萨克斯坦、蒙古国等国）的市场需求和市场结构分析，为科学、有序推进中外产能合作提供坚实的数据基础；鼓励推动和有序引导企业"走出去"，加快与新兴经济体合作共建工业基础设施和工业园区，大型国有企业发挥好"领头羊"作用，各民营企业积极呼应，带动和辐射中小企业群体快速高效地"走出去"；同时要找准对周边国家直接投资的利益契合点，扩大对中东欧地区的直接投资，增强"一带一路"倡议的影响力和辐射力，消化国内部分剩余产能。

4. 金融合作

信用和货币是支撑"古丝路"与"新丝路"贸易发展与分工合作的重要基础，"一带一路"的建设和发展也将更多地依靠金融这一载体进行，开展国际金融合作是"一带一路"倡议实施的前提条件，也是实现沿线国家基础设施互联互通的重要保障。随着"一带一路"倡议的稳步实施，在"亚洲基础设施投资银行"与"丝路基金"两翼的带动下，亚洲的经济发展得到有效推动，国内基础设施建设相关产业走向国际的投融资渠道更为通畅，有助于中国产业产能同国际接轨。因此，更应加强与沿线国家中央银行或金融主管部门的沟通，协调各方立场，创新经济发展方式和模式，创造更多的对外投融资渠道及工程项目，实现资源合理转移和配置；截至 2018 年 1 月，我国已与新加坡、乌兹别克斯坦、土耳其、蒙古国、泰国等国家签署了双边本币互换协议，与越南、尼泊尔、吉尔吉斯斯坦等国中央银行签订了双边本币结算协定，推动了人民币跨境使用。未来应继续加速我国与欧洲国家双边本币互换进程，提升人民币在全球范围内的货币信用，减轻人民币升值压力；同时要构建区域金融监管合作体系，完善金融监管协调机制，发挥上海合作组织开发银行融资机制作用，通过严格执行监管标准，及时发现并排除潜在风险，确保"一带一路"区域金融安全。

5. 自由贸易区建设

21 世纪以来，由于多边贸易谈判进展缓慢，以自贸区为主要形式的区域贸易协定谈判呈井喷式增长。实践经验表明，要加快"一带一路"发展步伐，实现发展目标，自贸区建设将为我国和国外经济联系提供良好的发展平台，成为我国对外贸易进一步升级的关键一环。因此，对外应实施更加主动的自贸区战略，启动亚太自贸区谈判，打造中国-东盟自贸区升级版，积极推动与中亚国家自贸区建设进度，提高自贸区的利用率，加快与"一带一路"沿线国家自由贸易协定的签订，布局全球自贸区网络，引领国际自贸区发展；对内要积极借鉴、推广上海自贸区的成功经验，推动天津、福建、广东自贸区先行先试进度。从北到南呈线状分布的四大贸易区，需要发挥自身优势，探索各有侧重、各具特色的发展之路，如天津自贸区立足于推动京津冀协同发展，努力成为全国改革开放先行区和制度创新试验区；上海自贸区将继续在推进贸易投资便利化及法治环境规范化等方面担当"领头羊"；福建自贸区通过整合港口、加强内地铁路建设，打造重要的海陆交通枢纽，形成对接内地的"三纵六横"便捷交通网，深化两岸经济合作，力图成为"21 世纪海上丝绸之路"的核心区；而广东自贸区的定位是"粤港澳深度合作示范区、21 世纪海上丝绸之路重要枢纽和全国新一轮改革开放先行地"，四大贸易区以形成更多可复制、可推广的经验为目标，逐渐发挥其辐射带动作用；同时为应对以欧美国家为主签订的 TPP、TTIP，顺应国际自贸区发展新趋势，我国应积极争夺国际贸易规则的制定权，努力缩小与国际新型贸易协定的差距，引领国际自贸区发展，进而驱动我国经济增长。

三、"一带一路"倡议下的双边合作

1. 东南亚国家

"一带一路"倡议涉及的东南亚国家，除东帝汶外，其余均属于东盟，东盟自成立以来，与中国展开积极对话，作为中国的战略协作伙伴，近年来中国也加大同东盟各国的合作。"一带一路"倡议的实施，为中国与东盟各国带来了新的发展机遇，双方重点合作方向主要有两个方面。第一，加快我国东部地区产业转移。目前东部地区市场趋于饱和，传统产能过剩，面临着经济结构调整、地区产业升级的局面，加之土地资源紧张，劳动力成本、原材料等价格持续上涨，寻求新的市场、另觅安家之地成为东部地区企业新的发展出路。而"一带一路"沿线所包括的东南亚国家，除新加坡与文莱外，其余都属于发展中国家，这些国家劳动力成本低、靠近原材料产地、市场发展潜力巨大，但部分国家基础设施建设落后、产业集聚效果较差。东部地区的产业转移，既可以解决国内产能过剩的难题，加快产业结构优化升级，同时也可以带动东南亚国家的基础设施建设及产业发展，从而促进本地区经济发展。第二，加大双方旅游产业合作。中国-东盟自由贸易区的建立，使得双方在经济领域的合作日趋成熟。随着人民生活水平的提高，追求更高的生活质量，旅游产业逐步发展起来，东南亚各国如新加坡、泰国、印度尼西亚等都拥有丰富的旅游资源，由于性价比较高，近些年来，中国游客热衷于东南亚游，从而有效地带动了东南亚各国旅游收入的增加。为促进双方文化交流和经济发展，应加大双方在旅游产业方面的合作，促进双方民心相通，才能合作共赢。

2. 南亚国家

南亚各国与中国山水相连，历来有着深层的经济、文化等方面的交流，目前中国是南亚国家主要贸易伙伴和重要外资来源地[①]。南亚地区经济的重新定位、日益加快的工业化步伐、与日俱增的贸易额和随之而来对基础设施建设的迫切需求，使中国与南亚地区之间的经济互补性越来越强（拉赫曼等，2016），在"一带一路"倡议下，中国应重点加强与南亚地区在海上丝绸之路的建设及农产品贸易方面的合作。第一，推进"21世纪海上丝绸之路"建设。自古以来，海上权利的争夺就较为激烈，进入21世纪，利用海洋来开拓一个新的舞台，一个新的时代，对于临海国家和地区的生存与发展都具有重要的战略意义。南亚众多港口连接东亚、东南亚与中东地区，是"一带一路"的海陆交会之处，在建设21世纪海上丝绸之路中占有至关重要的地缘战略意义。印度洋是中国建设海上丝绸之路无法绕开的重中之重，鉴于印度人民对于印度洋的长期归属权，加之中印边境的领土争端等问题，如何处理好与印度的关系，在很大程度上决定了中国与南亚国家间是否能顺利合作。"一路"建设将以南亚国家合作为契机，实现以点带线，以线带面的发展，加快双方产业对接，基础设施互联互通，拓展双方经贸合作空间，加大资源领域合作与交流等。第二，加大双方农产品贸易合作。南亚国家多地处热带地区，大多数国家拥有丰富的自然资源、高温多雨的气候、平坦辽阔的地形，国家多为传统的农业国家，农业在本国经济中占有较高的比重，而中国大部分地处温带地区，气候差异导致双方在农业资源禀赋上各具特色，农产品贸易具有很强的互补性，为农产品进行双边贸易提供了可能性。近些年来，中国与南亚各国在不同领域保持着友好合作关系，中国对南亚国家农产品贸易一直保持正增长，农产品贸易市场广阔，发展潜力巨大，这对双方扩大农产品出口规模，降低企业出口成本，延伸农产品加工产业链，优化国内农业结构，满足不同消费需求，增加农民收益等具有重要意义。

---

① 第四届中国-南亚博览会开幕 汪洋出席并发表主旨演讲，http://www.gov.cn/xinwen/2016-06/12/content_5081233.htm。

3. 阿拉伯国家

阿拉伯地区素有"世界石油阀门"之称，石油、天然气、矿产等能源资源丰富，是阿拉伯国家经济主要的核心竞争力之所在，也是其主要的出口产品，中国作为世界上最大的发展中国家，能源资源相对匮乏，且消耗量大，已成为全球最大的石油进口国和能源消耗国。一方面，"一带一路"倡议的实施，有利于与石油、天然气丰富的阿拉伯国家进行能源合作，推动合作方式多元化发展，共建以能源为重点的全方位战略伙伴关系，使二者朝着共同的利益前进，实现互惠共赢，为中阿贸易赋予新的生命力。另一方面，阿拉伯国家多属发展中国家或正在转型中的经济体，经济发展水平参差不齐，国内基础设施相对落后，需要我国依靠自身优势技术加强其公路、铁路等交通基础设施的建设，打造与中东地区更加快捷、便利的陆桥贸易体系，同时需提高港口、空运贸易的吞吐能力，加快与中东阿拉伯国家在陆路和海陆等基础设施方面的互联互通建设。

4. 中亚国家

哈萨克斯坦作为中亚地区经济发展最快的国家，在"一带一路"建设中扮演着"桥头堡"的作用，中国应将哈萨克斯坦作为推进中国-中亚的突破口，利于双方实现互惠互赢。第一，加快与哈萨克斯坦"光明之路"对接。"光明之路-通往未来之路"，是哈萨克斯坦为配合与协调"一带一路"倡议提出的推动经济增长，实现收入来源多样化的新经济计划。二者具有较高的契合度，中哈两国进入全面战略合作伙伴的新阶段。加快二者的对接，不仅可以促进双方贸易的飞速发展，升级哈萨克斯坦国内交通基础设施建设，也有利于承接中国制造业转移，发展国内边境贸易。第二，加强双方投资合作。中亚各国矿藏丰富，煤矿、铁矿、稀有金属等居世界前列，是世界上石油和天然气资源蕴藏最为丰富的地区之一。中国可为中亚国家大规模基础设施建设和重振经济提供援助，发挥中国在铁路建造、核电设备、钢铁等装备制造业方面的优势，加紧推进同哈萨克斯坦等地区的天然气管道建设，合作勘探和开发石油、天然气等资源，探讨修建油气管道等。哈萨克斯坦的资源优势和中国的技术设备优势形成互补，双方应该在平等互利的基础上加强和发展清洁能源领域的双边合作，寻求在哈萨克斯坦开发、建设和运营相关项目的合作机会（刘翔峰，2015），巩固和发展传统领域和新领域的投资合作，打造共同发展的新引擎。

5. 中东欧国家

中东欧地区处于"一带一路"的结合部，是通往欧洲的海上航线与贯穿亚欧的陆路通道的门户，具有重要的战略地位。稳定的政局、良好的投资环境、较为完善的法律框架、合理的土地价格、质优价廉的劳动力，使其成为更具经济活力和发展潜力的"新兴市场",而中国-中东欧国家合作机制的运行,积累了丰富的经验,取得了丰硕的成果,产生了良好的示范效应。首先,应加大对该地区基础设施建设投资力度,尤其是中欧班列的规划合作。相比于西欧,中东欧地区对交通基础设施的需求更加强劲,这将成为中国与该地区合作的主要抓手,与"一带一路"以基础设施的互联互通为其优先领域的发展路径高度契合。"渝新欧""汉新欧"等班列的开通可加强双方贸易往来,促进中欧沿线各国经贸发展,进一步加强了国家间商品的双向流动。其次,以装备制造为重点的产业合作大有作为。可充分利用中国装备产能,把中国装备制造与中东欧国家基础设施建设有效对接起来,促进中东欧国家经济发展,实现互利共赢。落实双方经贸和投资关系,对接双方合作需求,完善投融资合作体制,重点加强对高铁、汽车及零部件、通用航空、高端装备制造与新能源等领域的投资合作,推动中国与中东欧国家经贸合作的进一步扩大和提升。最后,应强化相关领域智库建设,搭建好智库交流平台。大国交往,智力导航。智库作为权力与知识的结合体,在中欧交流中扮演着重要角色(冯敏和宋彩萍,2016)。智库在咨政建言、舆论引导、人文交流等方面有重要作用,为此双方应着力于加强关于"一带一路"建设的智库交流合作,有效发挥智库的桥梁和纽带作用,为"一带一路"的顺利推进营造良好和谐的外部环境。

6. 俄罗斯

"一带一路"倡议是中国促进区域政治互信、经济融合、文化包容的合作发展理念和倡议(李婧,2015),俄罗斯横跨亚欧大陆,是"一带一路"所涉国家中最大的市场,也是亚洲基础设施投资银行建设的重要推手与创始成员国,在"一带一路"建设中具有重要的战略地位,"一带一路"倡议的实施同时也将为中国企业在俄投资带来新的机遇,有助于全面提升双方经济开发与互利发展水平。第一,加大与俄罗斯在高科技创新产业领域的合作。当下中俄两国都面临着经济发展转型的难题,中国需将过剩产能转移,俄罗斯则要摆脱过分依赖能源出口的经济发展模式,两国在高科技创新产业领域合作机会颇多。中国在制造业领域积累了丰富的经验,拥有巨大的市场、熟练的技术人员及充裕的资金,迫切需要提升制造业水平,走创新驱动发展之路,开发更多高端设备,而反观俄罗斯,在航空事业、化学制药及高端设备制造等领域有着丰富的经验技术,但缺乏资金,使得这些高新技术产业的潜力远未开发出来。因此,两国在该领域的合作有着极大的互补性,有利于提升双方在高科技创新产业领域取得突破。第二,加快物流基础设施建设。俄罗斯边境线长,但其物流基础设施相对落后,严重阻碍了国内外货物的有效流通。中国可以参与俄罗斯包括港口、铁路等物流设施的建设,发挥中国在高铁建设中的优势,畅通亚欧生产、商贸网络连接。由于物流设施投资具有极强的外部经济效应，"一带一路"倡议中"道路联通"的实施不仅有利于中俄双方商品贸易的发展，也畅通了中欧商品的流通，同时也为俄罗斯石油、煤炭、矿产资源等运输到中国开辟了新的道路。第三，重视双方在农林牧渔业领域的合作。"一带一路"倡议的实施，增加了国内中小企业在俄罗斯投资农林牧渔业的机会。在两国的联合推动下，中国企业可以投资于俄境内的种植业、木材加工业、捕鱼业等，不仅可以增加企业收入，也可以增加当地的就业，给当地政府与居民带来实惠，农林牧渔业在东北亚地区有着广阔的市场，所以在该领域的合作将获益颇丰。

四、推进"一带一路"建设的对策建议

1. 明确指导思想，统筹规划，构建风险评估体系

"一带一路"倡议工程浩大，除需要理论层面的指导外，更要制定详细的顶层设计规划。要明确指导思想，立足互利共赢，坚持共商、共建、共享的原则，在"一带一路"倡议推进过程中尊重他国选择和本国国民利益，根据规划制订合理可行的实施策略和路径，给予市场自由发挥的空间。"一带一路"建设必须从国家战略高度做好总体布局，分阶段确定项目时间表、路线图、方针计划和合作领域，先易后难，由点到线，再由线到面，因势利导，顺势而为，打好基础，一步一步实现"五通"共同体的目标（杨小梅，2015）。未来对"一带一路"建设构成威胁的既有欧美等发达国家，也有其他世界或区域性大国；既有传统威胁，也有非传统威胁；既有地区性冲突，也有沿线国家的内战和骚乱，因此要将风险评估纳入"一带一路"的顶层设计中，全面开展沿线局势风险评估，构建风险评估体系，对风险有切合实际的预警性，避免不必要的损失。例如，可建立统一科学专业机构，对相关国家或地区的情报资源进行整合，及时反馈；建立评估结果使用和管理制度，为"一带一路"倡议顺利实施保驾护航。

2. 注重全面推进，确定重点领域，重视安全公共产品的提供

"一带一路"建设是一个系统工程，它需要中国同时在陆上和海上"两线作战"，全面推进与沿线国家及相关领域的互联互通建设，以构筑起中国作为陆海权复合型国家的战略格局。另外，鉴于部分沿线国家和合作领域具有重要战略意义，中国又要有采取重点突破策略的必要，以期在"一带一路"建设中以最小的成本赢得最大的产出。推动六大经济走廊建设，突出各自特点与优势，以东南亚、中亚、印度、俄罗斯等地区或国家为重点突破方向，立足能源、投资等领域，提高相互依存度、增进互信，培育更加友好的国家间关系，维护发展中国家利益。面对沿

线国家复杂的地缘关系、动荡的政治局势，中国在安全领域内仅依靠安全理念是不够的，需进一步落实到具体实践中去，在充分了解区域内国家需求的基础上，积极提供治理区域安全的公共产品，为"一带一路"倡议的实施提供和谐稳定的外部环境。

3. 秉承开放包容精神，处理好大国关系，增强国际话语权

各大国之间的博弈对于沿线国家的政策选择具有重要影响，因此我国应妥善处理同各国之间的关系，通过对话的形式深化政治互信，寻求同各国政策的利益契合点，共同推动区域的繁荣，助力"一带一路"建设（王义桅和郑栋，2015）。在大国因素中，美俄印因素至关重要，作为霸权主义国家或传统强国，大国在区域各种安全议题上依然保持着强有力的影响。因此，中国应充分利用现有的双边及多边合作机制，采用灵活多样的合作形式，在不同层面推进合作，如推动中美在能源等重大项目建设上的合作，就热点问题保持双方良性沟通，扭转"观念市场"，转变美国政府与公民的看法，化解美国的战略疑虑；而较之美俄而言，中俄双方关系更加紧密，中方可通过发展中蒙俄经济走廊来扩大彼此政治共识及经济合作，正确处理双方利益关系；而作为新兴大国的印度，对"一带一路"倡议的抵触心理较重，中方应寻求与印度"季风计划""香料之路"的对接策略，开展积极的经济外交，以建设孟中印缅经济走廊为契机，加强战略磋商、交流，处理好双边争议，以开拓性思维构建新型中印关系等。此外，我国宜以正确的"义利观"为指导，大胆借鉴发达国家经验，树立大国思维，充分利用游戏的规则，敢于"先提、先试、先让"国际政治经济新秩序，联合其他国家共同争取，多渠道提升国际话语权。

4. 深化经贸合作，优化战略布局，实现贸易便利化

"古丝路"与"新丝路"的经济发展都离不开各国之间的贸易分工与合作，"一带一路"沿线各国市场规模与发展潜力巨大，我国与沿线国家或地区的贸易发展势头迅猛，但受到贸易壁垒与障碍、贸易发展地区不平衡、结构不合理等因素的影响，双边贸易水平进一步提升的难度加大，需要各国寻找与挖掘区域贸易新增长点。对此，我国应在熟悉和适应国际贸易新规则的前提下，加大进出口产品的质量监管、检验及督促，调整进出口贸易结构，促进贸易平衡发展，利用 WTO 多边机制维护自身合法权益，有效解决贸易争端与摩擦；优化战略布局，顺应贸易投资自由化、区域性协定普遍化和国际贸易标准高端化的新趋势，建立以中国为核心的全球性自由贸易区网络群，拓展我国对外贸易投融资空间，改善区域投资环境与对外贸易投资结构，提高我国经济自身塑造能力；同时要积极启动自由贸易谈判，统一制定与协调贸易发展的便利化措施，建立区域贸易促进与保护机

制，为贸易发展提供有效的制度保障。此外也要激发省际联动共同参与与"丝路"国家多层次的合作谈判，实现优势对接与互补。

5. 提升对外开放水平，推动企业外交，增强企业国际竞争力

"一带一路"倡议的提出为我国制造业向海外转移提供了新思路，在追求互利共赢的前提下，可以将国内部分附加值相对较低、非核心的制造业生产模块进行转移，充分利用沿线国家的劳动力优势和市场潜力，为我国制造业寻求海外发展空间。同时，也顺应沿线国家经济发展的需要，进一步推进与"一带一路"沿线及周边国家在金融、教育、文化、医疗等服务业领域的相互开放，在产业转移中促进服务业与制造业融合，全面提升对外开放水平。应以国有企业作为战略外交的主力，带动民营企业"走出去"，鼓励民营资本参与。鼓励国内企业在境外合作建立产业园区和合作区等，鼓励企业到沿线国家扩大对外工程承包业务，积极参与沿线国家基础设施建设，利用好各种国际博览会、论坛等平台，加强沿线国家间的企业合作（裴长洪和于燕，2015）。发挥各国政府的组织协调作用，给予一定的制度保障，利用商会、行会等重要中介组织配合政府间经贸问题的磋商与谈判，调动我国企业应对经贸纠纷谈判的参与性、积极性和建设性，在"走出去"过程中敢于同不公平规则与待遇做斗争，发挥自身优势，学习发达国家相关经验，为维护共同的贸易环境不断努力，增强中国企业在国际上的主动权与竞争力。

6. 整合国内资源，培养和延揽人才，强化国际意识与能力

"一带一路"倡议是我国提出的具有重大历史意义的区域经济一体化倡议，将推动国内区域经济沿交通走廊向经济发展带转型。各省区应当以"一带一路"建设为契机，利用其良好的区位优势和地缘优势来推动沿线区域经济的快速发展，充分发挥其增长极的带动和示范功能（赵春明和文磊，2016），明确各自发展定位，重视国内市场一体化，避免出现无序竞争的局面。同时注重培养与"一带一路"沿线国家相关的外向型人才，建立多元化海外用人机制，鼓励中高级管理人才"走出去"，引进具有国际经营能力、熟悉国际运营模式的高级人才，采取内部培养与外部延揽相结合的方式，强化国际意识与能力；加强双方在人文领域的交流，搭建平台，建立人文交流的长效机制，让民间企业、资本、人员有切实可行的参与渠道，从而有效带动双方经贸合作。

第五章　新贸易保护主义下我国对外贸易的
困境与突围

新贸易保护主义是经济全球化过程中的逆流和旋涡。2008 年金融危机爆发后，世界主要经济体经济增速放缓、出口乏力、企业发展受阻，失业率不断增加，为此各国为保护本国市场和产品，提高门槛，加大对进口产品的限制，新贸易保护主义的威力波及全球。后金融危机时代，全球经济虽有复苏之势，但危机所造成的深层次影响使得经济复苏之路漫长而又曲折，各主要经济体贸易保护政策层出不穷，贸易壁垒形式复杂多样，对于已成为世界贸易第一大国的中国来说，其无疑成了最大的受害者。面对当前十分严峻的国际贸易形势，如何正确认识新贸易保护主义对我国对外贸易发展造成的冲击与影响，寻求促进我国出口贸易的良性发展之路，任务艰巨而又重大。

第一节　新贸易保护主义兴起的背景及发展趋势

一、兴起的背景与原因

新贸易保护主义的兴起绝非偶然，当下国际贸易摩擦也是各国所无法避免的议题，但此次贸易保护主义泛滥的直接原因仍是金融危机，经济低迷往往与贸易保护主义相伴而生。

1. 产业结构调整，贸易保护主义升温

为应对金融危机，吸取危机教训，一方面，欧美等发达国家和地区更加重视实体经济，加强了在制造业领域中的管控，采取贸易保护手段为国内产业在竞争激烈的国际市场上站稳脚跟而铺路。另一方面，各国为疏导过剩产能，都在不遗余力地寻找销售市场，然而后金融危机时代各国都加强了金融监管，严格的消费

信贷政策使得消费率持续降低，从而导致了世界消费市场的萎缩。各国利用各种贸易保护措施，排斥外国产品，鼓励民众消费本国产品，在外部市场缩小的情况下，守住国内市场已然成为各国的本能。

2. 失业率攀升，政治压力剧增

金融危机的爆发，使得各国一些产业受到了严重的冲击，部分企业纷纷减产、停业甚至倒闭，失业人口明显上升，抑制了居民的消费需求，失业率的攀升也直接影响了社会稳定。各国为安抚民众情绪，解决就业问题，不得不采取贸易保护措施，高筑贸易壁垒，保护本国市场，缓解政府压力，同时欧美等世界主要经济体也为迎合国内各利益集团诉求，为赢得政治资本而制定政策措施为支持本国的企业、财团服务。

表 5-1　2007～2015 年发达经济体失业率　　　　（单位：%）

年份	发达国家	美国	欧元区	日本
2007	5.4	4.6	7.5	3.8
2008	5.8	5.8	7.6	4.0
2009	8.2	9.3	9.9	5.4
2010	9.3	10.1	11.7	6.1
2011	7.9	9.0	10.1	4.6
2012	8.0	8.2	11.2	4.5
2013	8.1	7.4	11.9	4.0
2014	7.3	6.2	11.5	3.6
2015	6.9	5.5	11.1	3.7

资料来源：IMF 2015 年 4 月发布的《世界经济展望》，其中，2015 年为预测值

3. 发展中国家地位不断提高，各国间经济发展不平衡

近年来，以中国、印度等为代表的发展中大国凭借廉价的劳动力、充裕的原材料及广阔的市场，逐渐成为世界制造业市场的重要供应者，带动出口规模日益扩大，在中低端产品市场上，形成了一定的竞争力，占据了发达国家部分原有的市场份额，物美价廉的产品深受欧美等国家民众的喜爱，从而冲击了其国内相关产业，使得发达国家坐立不安。为扭转贸易逆差、缓和国内社会矛盾，欧美国家利用其长期积累的政治经济优势，加强对新兴经济体出口国的贸易制裁，导致全球反倾销反补贴数量剧增，各经济利益体间矛盾重重。截至 2013 年，全球共发起"双反"调查 467 例。其中，美国发起的"全球反倾销反补贴联动调查"占比就达 67.88%。欧盟和加拿大分别为 11.13% 和 8.99%，三者之和高达 88%，见表 5-2。

表 5-2　按发起国划分的 1982～2013 年全球反倾销反补贴联动调查数量

排名	发起国 （地区）	数量	比例/%	排名	发起国 （地区）	数量	比例/%
1	美国	317	67.88	8	巴西	5	0.23
2	欧盟	52	11.13	9	巴基斯坦	2	0.09
3	加拿大	42	8.99	10	智利	2	0.09
4	澳大利亚	14	3.00	11	以色列	2	0.09
5	墨西哥	11	2.36	12	新西兰	2	0.09
6	南非	10	2.14	13	秘鲁	1	0.04
7	中国	6	1.28	14	委内瑞拉	1	0.04

资料来源：世界银行反倾销和反补贴数据库

4. 国际贸易中双边与区域主义兴起，国际竞争加剧

由于双边层次的自由贸易协定（FTA），不仅可以有效地消除双边贸易壁垒，促进贸易增长，同时也深受地缘政治经济格局的影响，据资料显示 WTO 成员方绝大多数参加了一个或多个 FTA。与此同时，进入 21 世纪以来，区域间的一体化进程大大加快，无论是先前发展较为成熟的欧盟、北美自由贸易区，还是近些年来发展较为迅速的东盟、亚太经合组织，其成员间的联系越来越密切，但其也具有明显的排他性与歧视性的特点，非成员为弥补因此造成的损失便不断采取各种贸易保护措施，争夺市场份额，国际竞争日益加剧，势必会掀起贸易保护主义的新浪潮。

二、主要形式

世界主要经济体为保护国内陷入结构性危机的产业部门，通过广泛实施形式多样的贸易保护措施来重塑其昔日政治经济优势地位，如图 5-1 所示。

随着社会的发展，人们逐渐意识到以牺牲环境为代价发展经济的方式不可取，各国纷纷采取措施恢复已遭到严重破坏的生态系统，而在国际贸易往来中，一些国家以环保名义为借口构筑绿色屏障，提出苛刻的环境质量标准，以此来限制发展中国家产品出口，从而达到保护本国市场和工业的目的。与此同时，发达国家凭借其雄厚的资本、先进的技术优势，通过颁布法律、条例等来建立认证、认可制度，提高对进口产品的技术要求，提高了市场准入门槛，有效地限制了欠发达国家的产品进入本国市场，严重破坏了贸易公平原则。不难看出，新贸易保护主义比传统的贸易保护措施具有更广泛的理论基础、更多样化的手段，在名义上也似乎更具合理性，保护力度也更大，这也无形中加剧了近些年来国际贸易的摩擦。

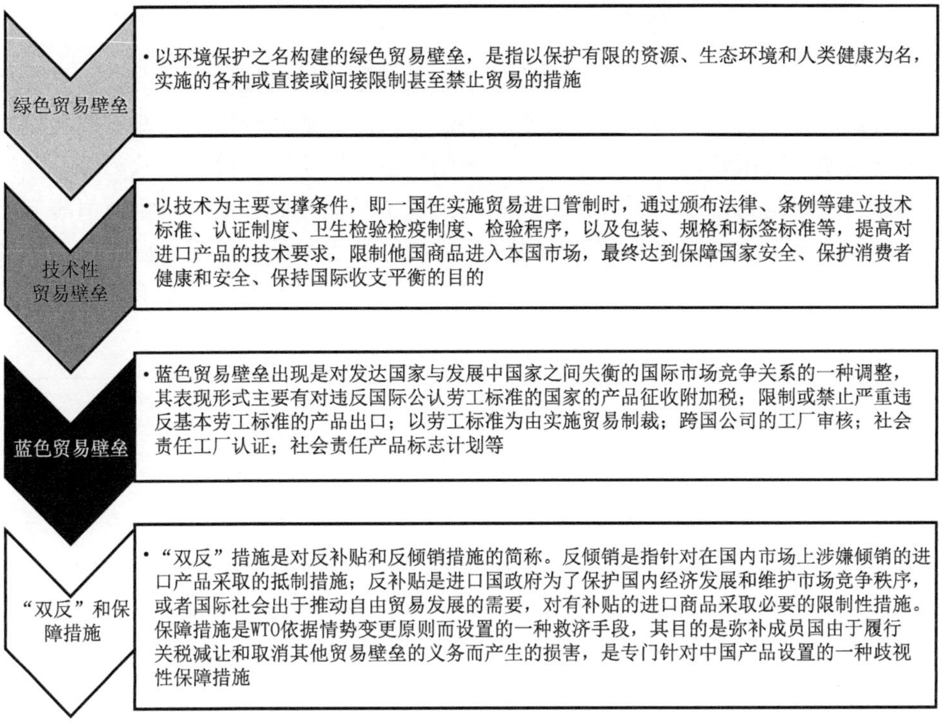

绿色贸易壁垒	·以环境保护之名构建的绿色贸易壁垒，是指以保护有限的资源、生态环境和人类健康为名，实施的各种或直接或间接限制甚至禁止贸易的措施
技术性贸易壁垒	·以技术为主要支撑条件，即一国在实施贸易进口管制时，通过颁布法律、条例等建立技术标准、认证制度、卫生检验检疫制度、检验程序，以及包装、规格和标签标准等，提高对进口产品的技术要求，限制他国商品进入本国市场，最终达到保障国家安全、保护消费者健康和安全、保持国际收支平衡的目的
蓝色贸易壁垒	·蓝色贸易壁垒出现是对发达国家与发展中国家之间失衡的国际市场竞争关系的一种调整，其表现形式主要有对违反国际公认劳工标准的国家的产品征收附加税；限制或禁止严重违反基本劳工标准的产品出口；以劳工标准为由实施贸易制裁；跨国公司的工厂审核；社会责任工厂认证；社会责任产品标志计划等
"双反"和保障措施	·"双反"措施是对反补贴和反倾销措施的简称。反倾销是指针对在国内市场上涉嫌倾销的进口产品采取的抵制措施；反补贴是进口国政府为了保护国内经济发展和维护市场竞争秩序，或者国际社会出于推动自由贸易发展的需要，对有补贴的进口商品采取必要的限制性措施。保障措施是WTO依据情势变更原则而设置的一种救济手段，其目的是弥补成员国由于履行关税减让和取消其他贸易壁垒的义务而产生的损害，是专门针对中国产品设置的一种歧视性保障措施

图 5-1　新贸易保护主义的主要形式

三、特征与发展趋势

新贸易保护主义是指 20 世纪 80 年代兴起的，表面上是为了维护民族利益、本国经济利益，同时维护在世界经济中的支配地位，实际上是利用 WTO 的规则，寻找多边贸易体制的漏洞，以保护贸易自主、维护贸易公平的名义，采取不与 WTO 规则直接冲突的软措施保护自身利益的行为（张珂维，2014），其特征更为鲜明，具体如下。

1. 保护范围日益扩大

一方面，随着全球和区域经济一体化进程的深入发展，世界各国的对外贸易依存度加大，由此引发的贸易保护主义极易从发达经济体蔓延、传导到发展中国家，除世界主要经济体对中国采取众多的贸易限制外，亚洲国家之间的保护主义也在升温。另一方面，被保护商品领域也在扩大，其保护对象侧重于本国正在衰落的传统产业与本国迅速发展的高端产业，如金融、计算机、通信等，保护范围已不仅仅限于货物贸易，更是扩大到服务、技术及知识产权等领域。

2. 保护手段日益多样化

各国打着"维护国家利益"的旗号不断寻求新的贸易保护手段。第一，各国针对进口产品纷纷出台提高关税和数量限制等措施，如俄罗斯对汽车等产品的进口提高关税，阿根廷对鞋子的进口增加新的贸易限制手段。第二，欧美等发达经济体通过立法与行政手段干预经济贸易，出现了类似政府补贴、货币贬值等变相保护手段。第三，在强调隐蔽性的技术手段与绿色手段外，出现了以维护劳动者利益为名的社会壁垒，这也成为发达国家实行贸易保护的重要手段（表5-3）。

表5-3　10个最常使用的歧视性保护主义措施

序号	保护主义措施	实施的歧视性措施（红色措施）数	受歧视性措施伤害的贸易伙伴数	实施了歧视性措施的国家数
1	贸易救济措施	517	64	90
2	援助/国家救助	517	56	195
3	关税措施	263	76	168
4	非关税壁垒（未详细说明）	173	71	181
5	出口税或限制	123	68	183
6	投资措施	112	43	106
7	移民措施	94	37	147
8	出口补贴	83	51	199
9	贸易融资	78	13	195
10	政府采购	52	23	137

资料来源：全球贸易预警组织（GTA）报告第14期（2013年），http：//www.globaltradealert.org/analysis

3. 贸易保护向区域化和集团化方向发展

当前区域贸易组织与贸易协定数量随着经济一体化的发展日益增多，各组织内部成员间的联系日益密切。各国合作领域不断拓展的同时，各组织层次也逐步提高。具有代表性的区域贸易组织包括：欧洲联盟、北美自由贸易区、亚太经济合作组织、东南亚国家联盟、南亚区域合作联盟、澳新自由贸易区等。各区域组织多实行双重标准，对内实行优惠政策，对外实行排他歧视待遇，区域性贸易壁垒严重削弱了世界范围内的贸易自由化。

表5-4　世界贸易组织区域贸易协定数量　　（单位：个）

年份	CU	FTA	CU&EIA	FTA&EIA	PSA	合计	累计
2001	0	3	0	4	0	7	7
2002	1	5	1	4	1	12	19

续表

年份	CU	FTA	CU&EIA	FTA&EIA	PSA	合计	累计
2003	1	3	0	5	1	10	29
2004	1	2	1	7	0	11	40
2005	0	6	1	7	0	14	54
2006	0	5	0	10	0	15	69
2007	1	5	1	3	1	11	80
2008	0	5	0	11	0	16	96
2009	0	3	0	17	2	22	118
2010	0	5	1	7	0	13	131
2011	0	3	0	8	0	11	142
2012	0	5	0	10	1	16	158
2013	0	2	1	9	0	12	170
2014	0	1	0	10	0	11	181
合计	4	53	6	112	6	181	181

资料来源：WTO RTA 数据库

注：①CU（custom unions）含义为关税同盟，FTA（free trade agreement）含义为自由贸易协定，EIA（economic integration agreement）含义为经济一体化协定，PSA（partial scope agreement）含义为局部自由贸易协定；②表格统计数量中，CU&EIA、FTA&EIA 各算作一个自由贸易协定，而不是单独算作两个

4. 气候问题成为贸易保护主义新借口

气候变化、环境污染、粮食和食品安全等问题逐渐成为国际社会讨论的议题。这些问题不仅直接关乎人类生存，也是涉及经济发展的重大问题，成为全球新的治理机制建设过程中的重大议题（赵丽娜和孙宁宁，2014）。随着"碳减排"倡议的兴起，越来越多的国家将气候与贸易保护联系在一起，而像沃尔玛、宜家等全球知名企业也将践行"低碳主义"作为企业发展的"底线"。由于加入了环境保护成本，在未来的一段时间，发展中国家的出口负担将不断加重，"气候重商主义"便成为发达国家用作实施贸易保护的新借口。

第二节　我国对外贸易的历程、特征及问题

一、我国对外贸易的体制演变历程

1949 年以来，我国对外贸易的发展大致可以分三个阶段，见表 5-5。

表 5-5　我国对外贸易发展历程表

时间	阶段	战略	主要发展
1949~1978 年	体制建立演进阶段	封闭条件下的进口替代战略	实施"对内的节制资本和对外的统制贸易"基本政策,实行对外贸易的管制,并采用保护贸易政策
1978~2001 年	体制改革转轨阶段	开放条件下的进口替代战略（1979~1987 年）	一方面继续保持较高的关税水平和严格的外汇管制,另一方面通过引进国外的先进技术和设备发展本国进口替代产品的生产
		进口替代与出口导向结合战略（1988~2000 年）	对于在国内没有比较优势、更没有竞争优势的重化工业等仍实行进口替代战略;党的十四大确定了我国外贸体制改革目标
2001 年以后	体制改革推进阶段	事实上形成的出口导向型战略	加入世界贸易组织,为中国对外贸易开辟国际市场创造了良好的外部环境,中国出口活力得到释放,对外贸易飞速增长,实现了跨越式发展

资料来源：刘富英，2013

　　中华人民共和国成立初期至改革开放前，中国以计划经济为主，对外实施高度集中和统负盈亏的外贸体制，对外贸易只是保证国内物资平衡的组成部分。改革开放至加入 WTO 期间，市场经济体制逐步建立，党和国家调动各方积极性，众多外贸企业抓住机遇，在国际市场上站稳脚跟，提高了国际竞争力，从而使得我国对外贸易有了快速成长与发展；同时提出了沿海地区发展外向型经济的战略，确定了"深化外贸体制改革，尽快建立适应社会主义市场经济发展的、符合国际贸易规范的新型外贸体制"的改革目标，对进一步扩大对外开放，推动我国外贸发展起到了重大作用。自加入 WTO 以来，对外贸易发展迅速，2014 年我国在国际市场上的份额为 12.2%，比 2001 年加入 WTO 时的市场份额提升 7.9 个百分点，已然成为全球第一货物贸易大国和世界第一大出口国，国际地位明显提高。总体来说，我国的对外贸易发展体制逐步完善、贸易伙伴不断增加，走上了一条符合我国基本国情、顺应世界发展潮流的道路。

二、我国对外贸易发展特征

　　对外贸易结构是指构成对外贸易活动的要素之间的比例关系及其相互之间的联系，它包括对外贸易活动主体之间、客体之间及主体和客体之间的比例关系（Romalis，2003），具体可分为对外贸易商品结构、方式结构、模式结构与区域结构，作为一个完整的经济体系，四个结构之间并不是相互独立的，而是有着密切的经济联系，是经济体各个方面的反映。

（一）贸易总额增长迅速，对外依赖度较高

我国在融入世界经济全球化和一体化的过程中，逐步形成以出口导向型为主导的对外开放策略，使得我国对外贸易规模日益扩大，尤其是加入 WTO 以来，我国对外贸易增速明显加快，2009 年虽受到金融危机影响而出现负增长，但进出口总额仍突破了 2 万亿美元，2014 年进出口总额为 43 015.3 亿美元，约为 1978 年的 208 倍，可见我国正日渐成为全球性的贸易大国，在国际贸易体系中的地位凸显（图 5-2）。

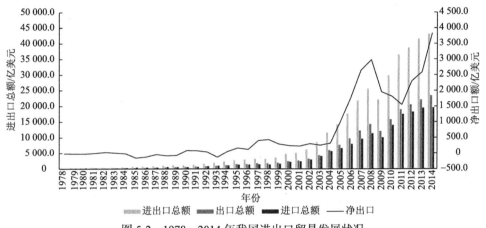

图 5-2　1978～2014 年我国进出口贸易发展状况

资料来源：根据历年《中国统计年鉴》相关数据整理计算而得

但不容忽视的是 1990 年后，在对外贸易规模的扩张过程中，我国出口总量逐步超越进口总量，二者的增长出现了不同步性，贸易顺差迅速增加，2014 年的贸易顺差高达 3830.6 亿美元，也说明我国的对外贸易结构存在着不均衡性。

而从表 5-6 中可以明显看出，我国经济发展的对外依赖程度越来越高，出口总额占国内生产总值的比重逐年上升，从 1980 年的 6% 上升到 2014 年的 22.6%，其中在 2004～2008 年出口占 GDP 的比重均超过了 30%，说明对外贸易对我国经济增长的作用不容小觑，而我国也从 2009 年起成为世界第一大出口国，对世界经济的发展做出了应有贡献。

表 5-6　1980～2014 年我国出口额占 GDP 及世界出口总额的比重

年份	出口占国内生产总值的比重/%	出口额占世界出口总额的比重/%	出口占世界位次	年份	出口占国内生产总值的比重/%	出口额占世界出口总额的比重/%	出口占世界位次
1980	6.0	0.9	26	1982	7.8	1.2	17
1981	7.5	1.1	19	1983	7.4	1.2	17

续表

年份	出口占国内生产总值的比重/%	出口额占世界出口总额的比重/%	出口占世界位次	年份	出口占国内生产总值的比重/%	出口额占世界出口总额的比重/%	出口占世界位次
1984	8.1	1.3	18	2000	20.8	3.9	7
1985	9.0	1.4	17	2001	20.1	4.3	6
1986	10.5	1.4	16	2002	22.4	5.0	5
1987	12.2	1.6	16	2003	26.7	5.8	4
1988	11.7	1.7	16	2004	30.7	6.4	3
1989	11.5	1.7	14	2005	33.9	7.3	3
1990	16.0	1.8	15	2006	35.9	8.0	3
1991	17.6	2.0	13	2007	35.2	8.7	2
1992	17.4	2.3	11	2008	32.0	8.9	2
1993	15.0	2.4	11	2009	24.1	9.6	1
1994	21.6	2.8	11	2010	26.7	10.3	1
1995	20.5	2.9	11	2011	26.0	10.4	1
1996	17.7	2.8	11	2012	24.9	11.1	1
1997	19.2	3.3	10	2013	23.3	11.8	1
1998	18.0	3.3	9	2014	22.6	12.4	1
1999	18.0	3.4	9				

资料来源：根据历年《中国贸易外经统计年鉴》和《中国统计年鉴》的相关数据整理计算而得

（二）贸易商品结构

1. 出口商品结构：创汇能力提高，工业制成品成为主力军

出口商品的结构是衡量一个国家或地区外贸结构水平的重要指标，一般可分为初级产品和工业制成品两大类。其中工业制成品多指经过复杂工序加工而成的产品，其附加值与出口创汇能力都明显高于初级产品，工业制成品的占比能反映出一国或地区出口商品结构的优劣程度，见表5-7。

表 5-7　1980～2014 年中国出口商品分类构成变化　　（单位：%）

年份	1980	1990	2000	2005	2008	2010	2011	2012	2013	2014
出口总额	100	100	100	100	100	100	100	100	100	100
一、初级产品	50.30	25.59	10.22	6.44	5.45	5.18	5.30	4.91	4.86	4.81
食品及主要供食用的活动物	16.47	10.64	4.93	2.95	2.29	2.61	2.66	2.54	2.52	2.52

续表

年份	1980	1990	2000	2005	2008	2010	2011	2012	2013	2014
饮料及烟类	0.43	0.55	0.30	0.16	0.11	0.12	0.12	0.13	0.12	0.12
非食用食料	9.44	5.70	1.79	0.98	0.79	0.74	0.79	0.70	0.66	0.68
矿物燃料、润滑油及有关原料	23.62	8.43	3.15	2.31	2.22	1.69	1.70	1.51	1.53	1.47
动、植物油脂及蜡	0.33	0.26	0.05	0.04	0.04	0.02	0.03	0.03	0.03	0.03
二、工业制成品	49.70	74.41	89.78	93.56	94.55	94.82	94.70	95.09	95.14	95.19
化学品及有关产品	6.18	6.01	4.85	4.69	5.55	5.55	6.05	5.54	5.42	5.74
轻纺产品、橡胶制品、矿冶产品	22.07	20.25	17.07	16.95	18.34	15.79	16.83	16.26	16.32	17.09
机械及运输设备	4.65	9.00	33.15	46.23	47.06	49.45	47.50	47.07	47.01	45.70
杂项制品	15.65	20.43	34.62	25.48	23.48	23.94	24.20	26.15	26.31	26.56
未分类的其他商品	1.14	18.72	0.09	0.21	0.12	0.09	0.12	0.07	0.08	0.10

资料来源：根据历年《中国统计年鉴》相关数据整理计算而得

注：表中数据 2010 年以前仅列出第二章对我国开放型经济发展阶段划分的关键节点年份及部分具有代表性的年份

出口商品中，工业制成品占有重要分量。改革开放初期，我国出口商品以资源密集型的初级产品居多。为优化出口结构，提高出口产品在国际上的竞争力，国家实行了一系列有利于工业制成品发展的政策，在此引导下，我国工业制成品出口取得了显著成效，由 1980 年的 49.70%上升到 2014 年的 95.19%，增长势头迅猛。而工业制成品的内部结构也在发生着深刻变化，20 世纪 90 年代前占重要比重的轻纺产品已逐渐被机械及运输设备等资本密集型产品所取代，成为我国工业制成品出口的主力军。

2. 进口商品结构：工业制成品比重偏高，增长趋势平缓

在我国进口商品结构分类中，同样分为初级产品和工业制成品，两类产品的进口总额都呈连年增长的趋势，其中工业制成品的进口总额早在 2011 年已突破万亿美元，2014 年达到 13 122.95 亿美元。

如图 5-3 所示，20 世纪 80 年代初期我国工业制成品的进口比重就远高于初级产品，2014 年我国工业制成品的进口比重为 66.98%，比初级产品高出 30 多个百分点。但从总体来看，二者自 2008 年金融危机以来，增长趋势平缓，基本保持稳定。

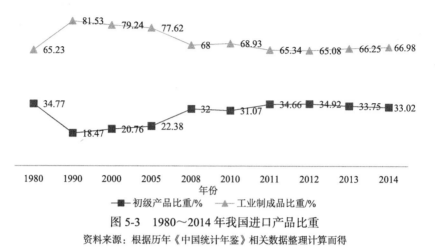

图 5-3　1980～2014 年我国进口产品比重

资料来源：根据历年《中国统计年鉴》相关数据整理计算而得

（三）贸易方式结构：对外贸易方式日趋成熟，结构不断调整优化

我国进出口贸易的方式，主要是一般贸易和加工贸易。经过 30 多年的发展，一般贸易的进出口总额都突破了万亿美元，约为 20 世纪 80 年代初期的 50 倍；而我国加工贸易随着贸易政策的不断调整、世界外部需求的不断增加得以迅速发展，规模也不断扩大，2014 年加工贸易的进、出口总额分别为 5243.80 亿美元、8843.60 亿美元，比 80 年代初期增长了几百倍，见表 5-8。

表 5-8　1981～2014 年中国对外贸易方式结构变化表　　（单位：亿美元）

年份	一般贸易		加工贸易		其他贸易	
	出口	进口	出口	进口	出口	进口
1981	208.00	203.66	11.31	15.04	0.79	1.50
1985	237.30	372.72	33.16	42.74	3.04	7.04
1990	354.60	262.00	254.20	187.60	12.10	83.90
2000	1 051.81	1 000.79	1 376.52	925.58	63.70	324.57
2005	3 150.63	2 796.33	4 164.67	2 740.12	304.23	1 063.08
2008	6 628.62	5 720.93	6 751.14	3 783.77	927.17	1 820.92
2009	5 298.12	5 344.70	5 868.62	3 222.91	849.37	1 491.62
2010	7 206.12	7 692.76	7 402.79	4 174.82	1 168.63	2 094.86
2011	9 170.34	10 076.21	8 352.84	4 697.56	1 460.64	2 661.07
2012	9 878.99	10 223.86	8 626.77	4 812.75	1 981.38	3 147.43
2013	10 875.30	11 097.20	8 608.20	4 969.90	2 616.70	3 435.80
2014	12 036.80	11 095.10	8 843.60	5 243.80	2 547.10	3 264.00

资料来源：根据《中国贸易外经统计年鉴 2015》和中国商务部综合司网站相关数据整理而得

注：表中数据 2008 年以前仅列出第二章对我国开放经济发展阶段划分的关键节点年份及部分具有代表性的年份

在出口方面，我国贸易方式结构有明显的阶段性变化。从 20 世纪 80 年代初期到 90 年代初期，我国一般贸易出口占比始终大于加工贸易，1981 年一般贸易出口占比为 94.5%，加工贸易仅为 5.14%，外贸方式极其不合理；从 1993 年到 2008 年金融危机之前，除个别年份外，加工贸易占比均超过一般贸易；受 2008 年金融危机的影响，世界总体需求环境恶化，我国加工贸易占出口的比重有所下降，已由 2009 年的 48.84% 降到 2014 年的 37.76%，反观一般贸易，则是在金融危机爆发后不降反增，2014 年出口占比 51.39%，比 2009 年增长 7.3 个百分点，一般贸易的强劲增长表现出我国参与全球经济方式的转变，也表明我国正在由贸易大国走向贸易强国。

再从一般贸易与加工贸易的进口来看，与出口贸易有一定的相似之处，在 20 世纪 80 年代到 90 年代，以一般贸易的进口为主，但其占比份额下降很快。一般贸易进口占比从 1981 年的 92.49% 下降到 1997 年的 27.41%，但后来又逐年增加，2014 年达到 56.63%，可见其仍为我国最主要的进口贸易方式；加工贸易进口占比总体上呈现出先上升后下降的趋势，尤其是受 2008 年金融危机的影响，其进口占比从 2008 年的 33.41% 下降到 2014 年的 26.76%，其他贸易进口占比趋势也与加工贸易大致相同。

对外贸易发展规律表明，一般贸易的发展体现了一国或地区经济发展及对外贸易发展的水平。我国的对外贸易方式正日趋成熟，对外贸易方式结构也在不断优化，一般贸易将会成为拉动我国对外贸易发展的重要力量。

（四）贸易模式结构：产业间贸易向产业内贸易转化，有效带动国内经济发展

根据产业内贸易理论，当前的国际贸易实质上分成两种具有不同基础的模式：一种是基于比较优势或要素禀赋（自然资源、劳动力、资本和技术）差别的产业间贸易；另一种是基于产品差别和规模经济的产业内贸易（李丽明，2005）。相对于产业间贸易，产业内贸易使得部分产业的生产对自然资源的依赖程度逐渐降低，有效地促进了要素配置，使部门间或产业间的专业化逐渐转向部门内部或产业内部的专业化，构成了国际分工新的主导模式。

G-L 指数可反映一国或地区产业内贸易的发展现状，当 G-L 的数值越接近 100%，产业内贸易程度就越高，反之亦然。由表 5-9 可知，我国的初级产品多以产业间贸易为主。从表 5-9 中可以清晰看出，2 类、3 类、4 类商品的 G-L 指数总体上偏低，说明这些产品以产业间贸易为主。而我国工业制成品产业内贸易发展较快，如 7 类商品即机械及运输设备，从 1980 年的 28.28% 上升到 2014 年的 80.70%，上升势头迅猛，且近些年 G-L 指数一直保持着较高的比重；除此之外，5 类、6 类商品的 G-L 指数也基本呈上升态势。综合上述 G-L 指数，我国的产业内贸易有了一定程度的发展，也正在逐步地由产业间贸易转向产业内贸易，可有效带动国内经济水平的提高。

表 5-9　1980～2014 年按 SITC 分类中国各类商品 G-L 指数　（单位：%）

年份	SITC0	SITC1	SITC2	SITC3	SITC4	SITC5	SITC6	SITC7	SITC8	SITC9
1980	99.02	63.16	65.00	9.06	40.13	55.60	98.10	28.28	32.09	76.52
1985	57.99	67.52	90.10	4.71	94.94	46.61	54.82	9.08	70.60	83.67
1990	67.08	62.93	92.54	39.08	28.17	71.88	82.92	49.82	28.44	87.22
1995	76.24	44.67	60.20	98.04	29.68	68.91	94.32	74.73	26.31	1.72
2000	55.85	65.64	36.48	55.14	21.23	57.19	99.12	94.65	25.75	23.59
2005	58.92	79.65	19.26	43.21	14.73	63.03	77.19	90.39	47.73	88.88
2008	60.03	88.66	12.72	31.61	10.38	79.93	58.00	79.23	45.04	55.89
2009	62.49	91.29	10.91	28.22	7.94	71.24	73.65	81.72	44.26	66.00
2010	68.78	87.96	10.37	24.73	7.81	73.82	69.02	82.64	46.24	14.75
2011	72.60	76.36	9.99	20.95	9.04	77.59	63.98	82.30	43.51	9.04
2012	80.75	74.07	10.10	18.02	8.32	77.56	60.93	80.74	40.62	4.04
2013	85.60	73.31	9.68	19.36	10.69	77.19	58.16	81.22	38.57	3.25
2014	88.57	71.14	11.09	19.62	0.15	82.09	60.21	80.70	36.68	5.33

资料来源：根据历年《中国统计年鉴》相关数据整理计算而得

注：①0 类是食品及主要供食用的活动物，1 类是饮料及烟类，2 类是非食用原料，3 类是矿物燃料、润滑油及有关原料，4 类是动、植物油脂及蜡，5 类是化学品及有关产品，6 类是轻纺产品、橡胶制品矿冶产品及其制品，7 类是机械及运输设备，8 类是杂项制品，9 类是未分类的其他商品。②表中数据 2008 年以前仅列出第二章对我国开放型经济发展阶段划分的关键节点年份及部分具有代表性的年份

（五）贸易区域结构

1. 外部区域结构：区域分布集中，地区发展不均衡

自 2001 年加入世界贸易组织以来，中国在努力保持与发达国家或地区高贸易量的同时，也注意同广大发展中国家加强经贸联系。据统计，现阶段中国的贸易对象几乎涵盖了世界上所有的国家和地区。

1）洲际分布

由于受到区位分布影响，从表 5-10 中可以看出，与亚洲地区的贸易一直在我国对外贸易中占据着主导地位。虽受到 2008 年金融危机影响，我国与亚洲地区的贸易总额在 2009 年有所下降，但是下降幅度较小，且 2005～2014 年，中国对亚洲贸易总量总体上呈上升趋势，2014 年达到 22 734.78 亿美元，比 2005 年增幅 181%，不论是在总量还是在增速上，亚洲地区都处于遥遥领先的位置。与此同时，中国与发达国家或地区保持着较为密切的贸易联系，中国对欧洲与北美洲的贸易总额也一直位居第二、第三位，2014 年贸易总额分别为 7749.56 亿美元、6105.64 亿美元，同比增长分别为 6.17%、6.10%。

表 5-10 2005～2014 年中国与各大洲进出口情况 （单位：亿美元）

年份	亚洲	非洲	欧洲	拉丁美洲	北美洲	大洋洲及太平洋群岛
2005	8 078.87	397.44	2 620.59	504.66	2 308.31	309.01
2006	9 810.94	554.60	3 302.27	702.03	2 860.36	373.33
2007	11 878.01	736.57	4 275.21	1 026.50	3 325.23	495.15
2008	13 667.05	1 072.07	5 114.81	1 434.06	3 683.42	661.14
2009	11 721.71	910.66	4 266.95	1 218.63	3 281.12	675.91
2010	15 669.11	1 270.46	5 730.58	1 836.40	4 229.20	990.35
2011	19 031.23	1 663.23	7 007.46	2 413.88	4 944.22	1 298.22
2012	20 451.05	1 985.61	6 830.89	2 612.88	5 362.76	1 365.34
2013	22 240.08	2 102.54	7 299.16	2 613.90	5 754.67	1 533.09
2014	22 734.78	2 216.66	7 749.56	2 632.78	6 105.64	1 560.39

资料来源：根据历年《中国统计年鉴》的相关数据整理计算而得

2）国别和地区分布

从我国对外贸易的对象国别和地区来看，区域结构分布过于集中且差距较大。中国的对外贸易伙伴仍主要为发达国家或地区，2014 年排名前十的贸易伙伴的进出口额占中国对外贸易总额的 80% 以上，也体现了我国对外贸易对这些国家或地区的高依存度。

在国家实施"市场多元化战略"的影响下，我国出口依存度问题在一定程度上有所改善，但对美国、欧盟、日本的出口依赖度仍然较高，2014 年我国对美国出口额为 3961 亿美元，占中国出口总额的 16.91%。同年，内地对香港的出口比重虽高达 15.50%，但这其中相当一部分是最终流向美国、欧盟、日本的转口贸易，由此可以看出我国对发达国家高度依存的问题仍然存在，见表 5-11。

表 5-11 2005～2014 年中国与主要贸易国家或地区出口情况表 （单位：亿美元）

年份	总值	美国	欧盟	东盟	日本	韩国	俄罗斯	澳大利亚	中国香港	中国台湾
2005	7 620	1 629	1 437	554	840	351	132	111	1 245	166
2006	9 690	2 035	1 860	713	916	445	158	136	1 554	207
2007	12 205	2 327	2 452	942	1 023	561	285	180	1 844	235
2008	14 307	2 523	2 929	1 141	1 161	740	330	222	1 907	259
2009	12 016	2 208	2 363	1 063	979	537	175	206	1 662	205
2010	15 778	2 833	3 112	1 382	1 211	688	296	272	2 183	297
2011	18 984	3 245	3 560	1 701	1 483	829	389	339	2 680	351
2012	20 487	3 518	3 340	2 043	1 516	877	441	377	3 235	368
2013	22 100	3 684	3 390	2 441	1 503	912	496	376	3 848	406
2014	23 427	3 961	3 709	2 721	1 494	1 003	537	392	3 632	463

资料来源：根据商务部历年《中国对外贸易形势报告》的相关数据整理计算而得

值得注意的是，现如今发展中国家在世界经济舞台上的重要性日益凸显。随着我国经济及对外贸易的发展，中国政府审时度势，逐渐加大与发展中国家的对外联系，适时提出"一带一路"倡议，不仅可有效缓解当前我国资源短缺的制约，同时也为国内过剩产能的转移提供了广阔的市场。近些年来，中国也加大同东盟、巴西、印度等国家的对外贸易，出口市场也逐渐由集中向多元化发展，2014 年东盟也成为我国第三大贸易伙伴，贸易总额与增速均有明显增长，随着中国对外贸易的不断发展，中国与这些国家的联系将更加紧密。

2. 内部区域结构：东中西部差距明显，对外贸易过于依赖个别省份

按地域结构划分，中国的对外贸易分为东部、中部、西部三部分。改革开放尤其是加入 WTO 以来，虽然中国的对外贸易发展迅速，但东中西部呈现出明显的自东向西梯形递减的趋势，见表 5-12。

表 5-12　2010～2014 年中国东中西部地区进出口额比较表　　（单位：亿美元）

年份	项目	全国	东部	中部	西部
2010	进出口额	29 740.0	26 863.6	1 592.5	1 283.9
	出口总额	15 777.5	14 215.2	842.2	720.1
	进口总额	13 962.4	12 648.4	750.3	563.8
2011	进出口额	36 420.6	32 347.0	2 233.7	1 839.8
	出口总额	18 986.0	16 749.3	1 157.4	1 079.3
	进口总额	17 434.6	15 597.7	1 076.3	760.5
2012	进出口额	38 669.8	33 745.6	2 558.2	2 363.6
	出口总额	20 487.8	17 592.1	1 409.8	1 487.4
	进口总额	18 182.0	16 153.5	1 148.4	876.2
2013	进出口额	41 603.1	35 977.4	2 844.0	2 781.5
	出口总额	22 100.2	18 707.3	1 610.7	1 782.2
	进口总额	19 502.9	17 270.2	1 233.5	999.3
2014	进出口额	43 030.4	36 559.5	3 127.1	3 343.8
	出口总额	23 427.5	19 436.4	1 816.4	2 174.6
	进口总额	19 602.9	17 123.0	1 310.6	1 169.2

资料来源：根据商务部历年《中国对外贸易形势报告》的相关数据整理计算而得

注：东部 11 省市包括北京、天津、河北、辽宁、上海、江苏、浙江、福建、山东、广东和海南；中部 8 省包括山西、吉林、黑龙江、安徽、江西、河南、湖北和湖南；西部 12 省区包括内蒙古、广西、四川、重庆、贵州、云南、西藏、陕西、甘肃、青海、宁夏和新疆。受四舍五入的影响，表中数据稍有偏差

东部沿海各省市凭借优越的地理位置、便利的交通、良好的政策等优势，经济发展迅速，也成为我国进出口贸易的主要承接地，2010～2014 年其贸易总额也在不断增长，2014 年达到 36 559.5 亿美元，占全国总贸易额的 85%，而中部、西部地区 2014 年贸易总额分别为 3127.1 亿美元、3343.8 亿美元，仅占全国的 7.2%、7.8%，进出口倾斜度较大。总体来说，东部地区的进出口规模大致上代表了我国对外贸易的总体规模，对外贸易的地域结构极不平衡。

不过，相较于 2010 年，东部地区贸易总额占比有所下降，由 90.3%降至 2014 年的 85%，而中部、西部地区的贸易比重都有所提升，尤其是西部地区，由 2010 年 4.3%上升至 2014 年的 7.8%。这表明随着政府加大发展中部、西部地区的开放型经济，贸易的地域结构有了一定的改善，但成效有限，任务仍十分艰巨。

三、当前我国对外贸易面临的困境

通过以上分析，可以明显地看出经过改革开放以来，我国的对外贸易取得了可喜的成绩，但当前我国对外贸易在发展过程中仍存在着一些突出的矛盾及深层次的问题。

（一）进出口不平衡现象突出

改革开放至加入 WTO 之前，我国的对外贸易处于探索阶段，进出口总额较低，贸易净差额较小。自 2001 年中国加入 WTO 以来，不管是出口还是进口，总额都有着明显的上升，2014 年中国出口总额 23 422.9 亿美元，是 2001 年的 8.8 倍，进口总额 19 592.3 亿美元，贸易顺差达到 3830.6 亿美元，同比增长了 47.89%。而自 2005 年中国的净出口总额突破 1000 亿美元以来，虽受金融危机影响净出口在 2008 年之后有所下降，但总体来说中国的贸易顺差增幅之大，引起了国内外的广泛关注（图 5-4）。

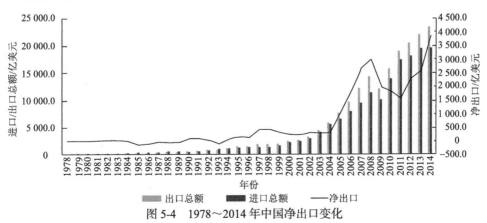

图 5-4　1978～2014 年中国净出口变化

资料来源：根据历年《中国统计年鉴》整理计算而得

（二）对外贸易结构不合理

1. 贸易商品结构亟待优化

从出口商品结构来看，虽然工业制成品出口占比不断上升，但其内部本身仍以低端产品为主，高附加值、高技术产品的比重较低。我国虽在服装、鞋类及机械设备等方面不断扩大出口，市场份额不断扩大，但随着劳动力成本的提高、有限的市场需求与过量的市场供给，我国出口量大利薄的矛盾越发凸显，同时国内高技术含量产品的出口大部分由外企加工完成，自主产权的高技术产品出口比重低。再从进口来看，20世纪80年代以来，我国进口商品便以工业制成品为主，且多集中于科技含量高的资本密集型产品，以及石油、天然气等自然资源，价格不菲，也在一定程度上导致了我国对外贸易条件的恶化，进出口商品的结构亟待优化。

2. 贸易方式结构有待改善

我国加工贸易模式客观上也存在增值率低下、过度依赖外资、挤占一般贸易的弊端（朱立南，1994）。虽然加工贸易的出口占比在近几年来有所下降，但其出口的商品中仍以传统的劳动密集型加工为主，科技含量低、附加值低、竞争力弱，出口产品处于全球价值链低端的地位并没有改变，且加工贸易与其他产业间的关联度也较低，不利于产业结构优化升级，阻碍了出口对经济增长的拉动。

3. 贸易区域结构避免集中

从前面的分析中可以看出，我国对外贸易的进出口市场都过于集中，且多集中于发达国家或地区，广大发展中国家及新型经济体所占比重较小，也反映出我国对外贸易的高依存度，市场集中度高，一旦发生经济危机，便会严重影响我国开放型经济的可持续发展，对国民经济的安全性与稳定性带来风险。因此，应加快实施对外贸易市场多元化战略，平衡发达国家与发展中国家市场。同时也要注重国内东中西部的协调发展，鼓励东部积极发展带动中部、西部的对外贸易，发展沿边、沿疆贸易，逐步缩小地区差距。

（三）进出口贸易环境恶化

新贸易保护主义盛行，保护手段层出不穷，除较为常见的提高关税、反倾销、反补贴外，绿色贸易壁垒、货币贬值等各种干预性手段逐渐多样化（表5-13）。随着中国对外贸易的不断增长，国际地位的不断提高，欧美等中国主要贸易伙伴出台一系列措施针对我国外贸产品，反倾销、反补贴等案件比例逐年增加，使得我国产品的出口竞争力每况愈下，对外贸易摩擦愈演愈烈，贸易环境进一步恶化。

与此同时，以美国为代表的西方国家一直以来要求人民币升值，2005～2015年人民币对美元汇率累计升值35%，严重冲击了我国的对外贸易，降低了我国对外贸易商品的出口优势，抑制了我国商品出口。

表 5-13　保护主义措施的前十大目标对象表

序号	国家（地区）	遭受的歧视性措施数	仍在实施的歧视性措施数	实施歧视性措施的贸易伙伴数	一旦实施将具有歧视的措施数
1	中国	953	836	88	269
2	欧盟	892	741	101	172
3	美国	750	631	85	107
4	德国	623	513	71	107
5	法国	545	454	71	89
6	意大利	541	440	69	95
7	英国	530	441	73	89
8	韩国	495	412	70	112
9	日本	489	411	76	91
10	西班牙	474	385	63	70

资料来源：GTA报告第14期（2013年），http：//www.globaltradealert.org/analysis

（四）环境成本日益增加

长期以来我国过于追求出口规模、速度带来的经济利益增长，忽略了出口商品对资源的过度依赖与资源低利用率等问题。出口商品以劳动密集型产品居多，技术含量低，经济效益差，依靠传统的劳动力、土地、资源等有形物质投入带动增长的情况仍较为突出，资源消耗大，环境污染日趋严重，危害生态环境可持续发展，反过来又会遭到西方发达国家莫须有的指控，无形中增加了环境成本。如果外贸发展不转型，环境承受能力终会达到极限，在此情形下，外贸发展的资源与环境约束日益强化，衍生的环境成本将不断增加。

第三节　新贸易保护主义对我国的影响

新贸易保护主义对中国出口贸易的稳定持续发展造成了严重冲击与影响。随着中国对外贸易的迅速发展及国际地位的提高，各国纷纷将中国视为重点防范国，从而进一步恶化了中国对外贸易的国内外环境；但不可否认的是，为提高产品竞争力，应对世界各国的针对性政策，国内企业通过改善产品结构，平衡贸易与环境发展，有利于实现产业的长远竞争力。总体来说，新贸易保护主义的实施对我国经济发展是一把双刃剑，但其弊端更加突出。

一、消极影响

1. 贸易摩擦加剧，贸易救济量居高不下

中国自加入 WTO 以来，一直是遭遇贸易救济调查最多的国家，而反倾销、反补贴也是各国最常用的措施。2001～2014 年，世界上针对中国的贸易救济案件达 900 多起，涉案金额巨大，尤其是金融危机前后，针对中国的反倾销、反补贴案件数量持续增加，占比居高不下。2014 年中国遭遇的贸易救济调查情况形势依然严峻，反倾销、反补贴案件分别为 63 件、14 件，占全球总案件比率为 27%、31%，继续保持高位，见表 5-14。

表 5-14　2001～2014 年中国遭遇反倾销与反补贴调查状况表

年份	反倾销案件数	占全球案件比率/%	反补贴案件数	占全球案件比率/%
2001	55	15	0	0
2002	51	16	0	0
2003	53	23	0	0
2004	49	22	3	38
2005	56	28	0	0
2006	72	35	2	25
2007	62	38	8	73
2008	76	36	11	69
2009	77	37	13	46
2010	43	25	6	67
2011	50	31	7	38
2012	60	29	8	45
2013	74	26	14	42
2014	63	27	14	31

资料来源：根据 WTO 网站、商务部网站整理计算而得

尤其是对于我国钢铁、煤炭、纺织等传统产业，这些产业对技术要求不高，人力成本低廉，我国比发达国家具有明显的成本优势。然而我国传统产业国际贸易摩擦随着出口量的增长而增加，以钢铁产业为例，2015 年我国钢铁产品出口遭遇"双反"案件高达 37 起。据统计，1995～2014 年，中国成为世界上遭遇反倾

销调查最多的国家，累计达到 1052 起，约为美国的 4 倍，严重影响了中国对外贸易的发展，见表 5-15。

表 5-15　1995～2014 年遭受反倾销调查最多的 10 个国家（地区）比较

国家（地区）	中国	韩国	美国	中国台湾	泰国	印度	日本	印度尼西亚	俄罗斯	巴西
发起数量	1052	349	266	265	197	192	187	183	136	122

资料来源：WTO 网站，https://www.wto.org/english/res_e/statis_e/statis_e.htm

2. 保护措施来源广泛，多个行业受到影响

中国遭遇保护主义措施的发起国来源广泛，既包括发达国家也包括发展中国家（图 5-5），其中阿根廷最引人注目，自 GTA 数据库开始统计至 2013 年以来，其对中国实施的红色措施次数高达 121 次，远超其他国家或地区。此外，从对中国实施保护措施排名靠前的国家或地区来看，多集中在欧盟等国家或地区。

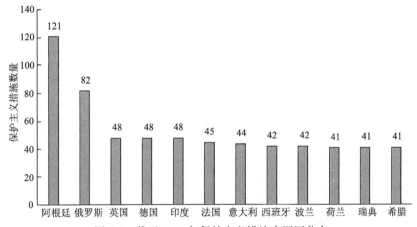

图 5-5　截至 2013 年保护主义措施来源国分布

资料来源：GTA 数据库，http://www.globaltradealert.org/analysis

与此同时，多个行业受到贸易保护主义盛行的影响（表 5-16），而实施这些措施的国家多在 50～80 个。其中农业领域受到的歧视性措施数最多，达到 233 次，实施国家多达 80 个，悬而未决的措施也有 116 个，远多于其他行业。

表 5-16　受歧视性措施影响次数最多的 20 个行业

序号	行业	歧视性措施数（红色措施）	仍然实施的歧视性措施数（红色措施）	实施歧视性措施的国家数	悬而未决的措施（黄色措施）
1	农业、园艺和园艺商品	233	179	80	116

续表

序号	行业	歧视性措施数（红色措施）	仍然实施的歧视性措施数（红色措施）	实施歧视性措施的国家数	悬而未决的措施（黄色措施）
2	基本化学品	225	198	65	123
3	运输设备	193	163	72	83
4	专业机械	182	157	64	67
5	贱金属	179	162	65	120
6	肉类、鱼类、水果、蔬菜、油脂	153	118	72	86
7	通用机械	141	125	56	64
8	金融媒介活动服务和其辅助服务	140	98	41	51
9	金属制品	138	128	56	71
10	活动物和畜产品	133	104	64	54
11	磨谷碾磨制品	122	90	63	71
12	其他化学制品、人造纤维	118	104	60	56
13	沙和线、机织织物和簇绒织物	115	103	60	52
14	玻璃和玻璃制品及其他未列明的非金属制品	107	96	65	66
15	橡胶和塑料制品	106	99	58	53
16	电机和装置	101	91	56	56
17	家具、其他未另列明的可运输货物	99	86	59	44
18	纺织品、服装除外	94	83	67	44
19	编织或钩织纤维服装	94	84	63	36
20	无线电、电视和通信设备及装置	83	74	53	38

资料来源：GTA 报告第 14 期（2013 年），http://www.globaltradealert.org/analysis

3. 高新技术产业成为重灾区

随着全球新一轮科技革命和产业革命的孕育兴起，科学技术成为体现一国综合国力和国际竞争力的重要因素。先进的科学技术，是拉动经济增长的重要动力和拥有国际话语权的有力筹码。新贸易保护主义的矛头也直指高新技术产业，而且与传统关税壁垒相比更具隐蔽性，形式更加多样化：技术性贸易壁垒、绿色贸易壁垒、产权保护等。近年来，随着中国制造不断升级，价值链不断攀升，家电、电子信息、装备制造等高新技术产业得到大力发展，在对外贸易中的占比不断提升，威胁了发达国家的高端制造，从表 5-17 中可以看出，无论是出口还是进口，2014 年中国高新技术产品的金额都所有下降，均呈负增长状态，高新技术产业逐渐成为新贸易保护主义限制的新对象。

表 5-17　2014 年中国进出口贸易结构情况

指标	金额/亿元	比上年增长/%
货物进出口总额	264 334	2.3
货物出口额	143 912	4.9
其中：一般贸易	73 944	9.6
加工贸易	54 320	1.8
其中：机电产品	80 527	2.6
高新技术产品	40 570	−1.0
货物进口额	120 423	−0.6
其中：一般贸易	68 162	−1.0
加工贸易	32 211	4.5
其中：机电产品	52 509	0.7
高新技术产品	33 876	−2.2

资料来源：国家统计局《2014 年国民经济和社会发展统计公报》

4. 外商直接投资受到冲击

2008 年金融危机后，实体经济的价值被全球市场重新认识，美国政府的"制造业回归"政策的提出可以说是欧美发达国家重新发展制造业的代表（孙菲菲，2013）。随着"中国制造"优势的逐渐衰退，"双反"案件的增多，中国的制造业遭到全球围堵，保护措施的针对性使得不少国家对中国的直接投资受到冲击，而发达国家为保住和创造国内就业机会，安抚民众，采取的财税等措施吸引了跨国公司资金的回流或通过货币贬值直接限制本国资本的对外流出等。2008 年金融危机之后，我国信息传输、计算机及软件服务业 FDI（签订金额）总体增长缓慢，2013 年、2014 年呈负增长趋势。2014 年我国实际利用外商直接投资金额为 1 195 620 万美元，同比仅增长了 1.65 个百分点，这相对于我国大力引进外商直接投资的举措来说，结果并不尽如人意。新贸易保护主义使其他国家更倾向于把资金投资于本国市场，从而使我国外商直接投资受到很大冲击。

二、积极影响

1. 为推动经济发展寻求新动力

自改革开放以来，我国大量引进外资，依靠劳动力和资源禀赋优势大力发展对外贸易，外贸成为拉动经济增长的三驾马车之首，为我国经济增长做出了重大贡献（孙宁宁，2014）。但过高的对外依存度使得国内经济发展易受到国际市场波动的影响，阻碍国内经济发展的稳定性，为应对经济危机及新贸易保护政策，国家审时度势，及时调整政策，转变经济发展方式，将扩大内需作为拉动国民经济增长的主要动力，使我国出口型经济转变为内需型经济，更多地依靠国内消费与投资来发展经济。2015 年 11 月，习近平总书记提出了"供给侧结构性改革"这一概念，相对于"投资、消费、出口"这三项需求侧，供给侧包含劳动力、土地、资本等多种生产要素。供给侧结构性改革强调的是生产的作用，通过提升生产水平来促进经济持续增长。在当今新贸易保护主义势头强劲的背景下，我们不仅要开拓国际市场，更重要的是守住国内市场，加强供给侧结构性改革，充分发挥高效率和高质量的供给体系对经济的推动力。

2. 促进产业结构优化升级，实现贸易与环境的良性互动

随着资源、环境等问题的日益突出，以应对金融危机为契机，发达国家以新能源、绿色技术为突破口，引领新产业技术革命（崔炳堂，2012）。欧美国家凭借技术优势，设置重重关卡作为抵消发展中国家竞争优势的手段，绿色贸易壁垒便是新贸易保护主义的一种方式，它使贸易保护看上去更"合理"。显然我国高排放、高耗能、高污染的传统粗放型经济发展模式无法应对国际新挑战，这势必会刺激国内企业产业结构的优化，推动新能源、新技术的开发与利用，并借此机遇推动中国低碳产业、环保技术和再生能源的新发展，在拓宽新兴市场的同时也有利于实现贸易与环境的良性互动。新贸易保护主义对我国产业结构调整施加了重大压力，长期来看，有利于促进我国产业结构优化升级，实现贸易与环境的良性互动。

3. 为吸引人才回流和企业走出去创造有利条件

"脑力流失"问题由来已久，金融危机后，发达国家为稳定国内就业，鼓励企业雇佣本国人，并对外国人就业设置限制，这有助于我国流失的人才充分意识到

盲目追求海外就业具有风险，从而增加其回国就业的概率，缓解我国"脑力流失"问题。另外，利用资本竞争是当今世界的总趋势，一些高举贸易保护主义的国家，发现通过种种保护措施都难以保护国内产业的情况下，也会通过限制资本外流及鼓励资本回流的投资保护主义来保护国内受损产业（邓堃，2010）。许多国家希望通过对外招商引资来缓解国内受损企业遭遇的重创，这为我国企业集中和整合闲置资本"走出去"实现跨越式发展提供了难得的机会，2014 年我国对外直接投资净额为 12 311 986 万美元，同比增长 14.17%，其中租赁和商务服务业、批发和零售业、采矿业 2014 年对外直接投资分别为 3 683 059 万美元、1 829 071 万美元、1 654 939 万美元，居于前三位。我国积极实行"走出去"有助于提升企业国际竞争力，扩大品牌知名度，也有助于提升企业商业信誉，在国际市场上树立良好形象。

第四节　我国应对新贸易保护主义突围的路径探索与对策建议

一、我国应对新贸易保护主义的突围路径

（一）调整对外贸易结构，降低贸易摩擦风险

1. 贸易商品结构

1）大力发展资本及技术密集型产业

近年来，我国结构不合理的直接原因是各类进出口商品比例失调，解决问题的关键在于促进传统的以劳动密集型为主的粗放型贸易增长模式，向以资本和技术密集型为主的集约型增长模式转变，引导、扶持重要产业部门的发展，使技术密集型产业和资本密集型产业能够获得更多的政策支持（王斌，2013）。主要应加快优化出口商品结构，鼓励高新技术产品和机电产品的出口；对于我国传统的农林牧渔业及纺织业等产业，提高其技术含量，增加出口产品附加值；培育自有品牌、依托具有自主知识产权产业提升整体竞争优势，打造一批具有竞争力的出口企业。此外，鉴于近几年初级产品进口额不断增加，在优化商品贸易结构，促进工业制成品转型的同时，各地方政府应鼓励本地农产品等初级产品的生产，减少此类产品的进口，提高初级产品深加工能力。

2）提高自主创新能力

企业作为市场经济条件下最活跃的主体，其创新动力充足，应加大培育传统高新技术产品的自主研发能力，支持企业创建自有品牌，在境外进行商标注册、专利申请等，培养国际品牌。鼓励联想、华为等已具有一定国际影响力的品牌，加快自主创新步伐，彰显独特个性，提升国际市场占有率。完善技术创新体系，支持企业和科研机构院所的合作，加强知识产权、专利的保护力度，加快实现由输血式的"中国制造"到造血式的"中国创造"的转变。

3）推动服务贸易发展

相比于货物贸易，服务贸易是现代经济中最具有发展潜力的贸易，但我国服务贸易增速较慢，发展滞后，不利于整体经济效率提高。因此国家应大力发展现代服务业，尤其是作为全球产业竞争的制高点，具有专业性强、创新活跃的生产性服务业，可通过生产性服务业的创新发展，实现服务业与农业、工业等在更高水平上有机融合，推动产业结构优化调整，促进经济提质增效升级，增强产业国际竞争力；以国务院批复天津、上海、海南和哈尔滨新区，江北新区，两江新区等省市（区域）的服务贸易创新发展试点为契机，充分利用试点省市（区域）的政策、财政、税收等有利条件发展服务贸易；加大对服务行业的投资力度，尤其是 R&D 投入，调动企业的积极性与创造性；同时要注重人才的培养，提供充分的智力支持；逐渐提升"品牌效应"，提升服务贸易比重，促进我国服务贸易健康、有序发展。

2. 贸易方式结构

1）促进加工贸易转型升级

从量上看，我国加工贸易在外贸结构中占比较大，但从质上看，加工贸易中有相当一部分产品仍处于初级加工阶段，科技含量低，产业链条短，实际收益小，这就迫切要求我国加工贸易的转型升级。为此国家应进一步细化相关政策，鼓励企业"走出去"开展境外加工贸易，开辟我国出口新领域，利用自身生产优势转移过剩产能，延长传统优势产业的生命周期，对生产环节进一步深化、细分，提升各环节创造的增加值；提高加工贸易企业的自主研发和创新能力仍是我国对外贸易开拓国际市场，拓展国际营销渠道的重要保障。

2）优化产业政策体系

目前我国外商直接投资主要集中在制造业、商业及社会服务业等部门，2014年我国签订外商直接投资项目数共 23 778 个，批发、零售业和制造业为签订外商直接投资项目数最多的两产业，占比分别为 33.55%、21.78%，科学研究与技术服务及地质勘查业，信息传输、计算机服务和软件业等高科技产业占比仅为 6.78%、4.13%。从国家长远发展的角度来看，我国应积极优化外商直接投资的产业分布结构，引导外商投资更多地进入科研、教育、金融保险及社会福利业等领域。目前我国已成为世界上吸引外资最多的国家之一，在引进外资的同时，更要注重学习外企的相关管理体制及资本运营方式，发挥加工贸易中间产品的国际化孵化带动国内产业发展的作用，增强自有品牌、自有技术产品的研发能力。

3. 贸易区域结构

1）开拓多元化国际市场

中国进出口市场相对集中，传统的贸易伙伴多为部分发达国家，而广大发展中国家间则多为竞争关系，然而过度依赖部分国家或地区，不利于我国对外贸易的稳定发展，也易受到贸易摩擦风险。因此我们要继续贯彻"全方位、多元化与重点市场、重点突破相结合"的市场战略，逐步调整外部区域结构。开拓多元化市场，分散投资，不但要坚持出口市场多元化战略，也要更加重视进口市场多元化战略，加快与南非、墨西哥等新兴经济体之间的合作，增加进出口增长点，不仅可以削弱个别发达国家对我国外贸施加的压力，也可使得众多发展中国家享受相应的规模经济效应。发挥东南亚、南亚地区边境城市、重点口岸及边境经济合作区域的区位、资源、政策优势，以特色产业及优质产品为突破口，寻求多元化的国际市场。

2）加大对中西部投资力度

内部区域结构的调整，在很大程度上影响着国内经济的稳定。受地理位置、历史渊源、经济基础、开放时序等影响，我国东中西部三大区域在劳动力、资本和技术等方面差距明显，呈现从东向西梯度递减的特征。因此对中西部地区资本及科研发展应重点倾斜，在发挥东部地区辐射作用的同时，引导劳动密集型产业、传统制造业产业从沿海地区向内陆转移，鼓励中西部地区企业与东部沿海企业形成产业链，充分发掘中西部地区自然资源等优势，提升本地产品附加值。通过"一带一路"建设，重点发展沿边、沿疆贸易，寻找突破口，在发展中不断积累经验。

（二）加强对外直接投资，避开贸易壁垒

后危机时代各国企业家信心受挫，对外投资大幅减少，而投资和贸易一直保持着紧密的关系，对外直接投资这一先行指标的下降会对对外贸易产生不利影响，只有在贸易投资自由化、便利化的前提条件下才能实现大规模的贸易和资本流动，才能刺激各国经济重振和可持续增长（李莎莎，2013）。我国在基础设施、制造业与高铁技术等方面领先于世界其他国家，对于经济较为落后的部分亚洲、非洲国家应重点加强对其基础设施建设的投资力度，支持具有相应能力的企业建设境外贸易中心、生产基地；而对中东欧、西亚、中东地区，则应加强对其高铁等交通运输设施建设的投资力度，也便于中国从该地区进口石油、金属矿产等资源。

此外，我国在注重自主研发的基础上，应加大对美国、日本及欧洲地区等发达国家对高新技术产业的投资，鼓励我国企业赴欧美地区等发达国家开展贸易促进及交流活动，汲取先进技术与管理经验，带动本国产业的转型升级。

（三）运筹多边外交，平衡区域利益格局

一直以来中国都奉行"维护世界和平，促进共同发展"的外交宗旨，在维持与大国友好关系的同时，积极拓展深化与周边国家、发展中国家及新兴经济体间的合作与发展。金融危机以来，各国为保护本国企业纷纷采取了一系列贸易保护措施，中国作为世界上最大的进出口贸易国深受其害，各种针对中国的反倾销、反补贴等案件屡屡刷新纪录。以美国为首的西方国家倡导的 TPP、TTIP 等新的贸易协定将中国完全排除在外，变相限制了广大发展中国家的对外出口。面对后危机时代新经济形势出现的新机遇与新挑战，我国更应坚持双边与多边外交相结合的对外发展战略。对于欧美市场，积极发掘及适应其市场需求，加快调整出口至欧美国家的产品结构，努力扩大高端市场占有率；对于日本、韩国等周边国家，积极开展与周边国家的区域合作和自由贸易区建设，把握区域经济合作的契机，增强与贸易伙伴国的政治互信；对于新兴经济体及"一带一路"沿线国家，要坚持具体国家具体分析，根据每个国家的不同情况和特点，挖掘其市场空白点，抢占先机。面对经贸关系中出现的摩擦，要加强对外经济对话，以积极的心态去解决，支持 WTO 在世界贸易治理中发挥作用，推动国际政治经济新秩序的建立，平衡区域利益格局，维护我国对外贸易健康有序发展。

（四）促进贸易与资源、环境协调发展，规避绿色贸易壁垒

在国际贸易中，贸易发展的不平衡性，往往给发展中国家带来环境负效应。这主要是发展中国家受自身技术水平的限制，主要出口自然资源和资源密集型产品，从而造成资源的过度开发、生态失衡。现阶段我国农产品、矿产品等资源型产品占出口的比重仍然很大，改变当前出口贸易、资源禀赋与生态环境发展不协调的态势势在必行。首先，继续推进可持续发展战略。大力发展循环经济，通过推进生态工业园的建设，改进生产工艺，调整产品结构，延长产品链等措施，提高资源、能源的使用效率。其次，鼓励发展绿色产业，传播绿色营销观念。对发展绿色产业企业给予出口减税优惠，构建环境友好型的进出口准入政策，支持符合环境指标的产品及生产企业开展对外贸易，提高环境准入门槛，将更多外资吸引到生态绿色环保产业中来。学习借鉴其他国家在制定环境标准方面的差异化做法，对不同类型的产品采用不同标准，既推进了绿色产业的对外发展，又能有效保护生态环境。最后，规范外商投资审批，完善法律法规建设。严格审批外商投

资项目，对于高能耗、高污染的项目，拒不接受，切实做到贸易、投资与资源环境协调发展。

（五）推动贸易中介机构的发展，化解贸易保护主义

企业是市场最为活跃的因素，也是进行海外市场开拓的主体，政府在企业发展中扮演着服务的角色，但在收集、传递信息等方面存在着严重的滞后性，作用有限，这就要求相应机构有保驾护航的能力，而独立于政府部门之外的贸易中介机构能从一定程度上弥补政府职能的不足，可有效地贯彻国家进出口政策，畅通国内外市场消息，实现快速高效的市场流通和资源配置。因此国家应该加大力度改善不同贸易中介机构的生存成长环境，规范贸易中介机构的运行机制，给予相应政策与资金优惠，调动积极性，帮助企业进一步开拓国外市场。贸易中介机构也应提高自身专业能力，了解、掌握国际法律及条例，强化其市场研究、出口融资、信用证展期、报关通关等相关业务，在新贸易保护主义的贸易摩擦中为我国企业争取合法利益。

二、我国应对新贸易保护主义的对策建议

随着市场竞争的日趋激烈，新贸易保护主义日益抬头，其所奉行的贸易保护政策，导致了中外贸易摩擦的不断加剧，对我国的出口贸易、产业发展乃至宏观经济的稳定运行都带来诸多不利影响（杜欣谊，2008）。面对新的机遇与挑战，政府、行业与企业三方应及时调整，尽快拿出解决方案，跨越贸易保护主义层层屏障，保障我国在对外贸易过程中应享有的合法权益。

（一）政府

1. 加快制度调整与创新，健全法律法规体系

国外贸易保护者抓住我国外贸体制改革中在有关法律、法规方面与国际惯例不相符的缺陷，频繁向我国发难。因此，调整和完善相关制度使其与国际接轨是当前政府在应对外贸摩擦中的首要责任。WTO仍是当前国际社会最有权威的国际贸易组织，但其规则多受发达国家主导，因此提高我国在国际贸易规则的制度和修改上的话语权尤为重要。作为WTO的重要成员国，我们既要积极推动WTO规则的明确化和具体化，减少"灰色区域"的损害，又要充分利用WTO例外条款，运用"二反一保"等自我保护手段，公平、公正地解决成员国之间的贸易摩擦，以确保我国应当享有的正当、合法经济权益。同时也应认真、积极地研究我国主要贸易对象的相关制度和法律，结合实际对我国相关法律法规进行补充完善，健

全法律防范体系，做到有的放矢。

2. 构建贸易伙伴合作援助体系，加快自贸区建设步伐

中国政府可与发达国家在贸易摩擦较多的行业建立贸易利益平衡机制，相互合作、共同开发；对于发展中国家则更多地采取援助措施，帮助其提升参与全球贸易的能力，促进经贸水平的发展，摆脱发达国家的控制，避免成为发达国家经济发展的附庸。同时也要积极推动自贸区建设，作为 APEC 的重要成员、上海合作组织的创始国、东盟主要对话国、"一带一路"倡议的发起国，在全球经济中的主导权不断增强的同时，还要积极建立自由贸易区以有效遏制与避免区域内贸易壁垒，稳定国内外经济发展，构建合理的进出口区域结构，发展多元化的贸易伙伴，降低对单个国家或市场的贸易依赖度。目前中国已与世界上的 31 个国家和地区建立了自贸区，未来应积极推进与挪威、海湾阿拉伯国家合作委员会、哥斯达黎加、瑞士、日本、韩国等自贸区的谈判，争取尽早达成互利共赢的自贸协定（张慧，2013）。

3. 实施进出口贸易平衡发展战略，有效扩大国内需求

改革开放以来，我国在实践中基本上采取了以出口导向为主的战略，导致进出口贸易失衡，贸易顺差大幅增加，使得我国成为各国"攻击"的对象，直接导致国际收支矛盾的加重。为此，在未来的一段时间，我国要切实实施贸易平衡战略，更加注重发挥进口的作用。鼓励企业积极引进有利于国内产业升级转型的技术与设备，实现"引进、消化、吸收和再创新"的良性循环。我国人口众多，但国民消费率偏低现象持续存在，消费对经济的拉动略显乏力，消费市场潜力巨大的优势并没有得到有效利用。因此政府要适时调整发展战略，推动经济增长由依赖外贸向扩大内需转型，把增强居民消费能力作为突破口，尤其要增加农民收入，调整国民收入分配结构，缩小收入差距，培育新的消费热点，改善消费环境，重点降低高品质农产品、奢侈品等进口关税，充分发挥消费对经济的拉动作用。

4. "磋商""反击"并行，采取适度的贸易制裁措施

贸易保护本质上就是不同国家间的利益博弈，解决贸易保护问题实质上就是协调不同国家在利益追求过程中的冲突问题（赵丽娜和孙宁宁，2014）。在解决贸易争端过程中，我国首先要奉行"协商一致"的原则，在解决争端的同时积极维护与伙伴国家间的友好经贸关系。然而，在处理贸易摩擦的过程中不能一味"委曲求全"，在必要的时候要拿起反倾销和反补贴的法律武器，实施适度的贸易制裁措施予以"回击"。例如，2013 年 6 月初，欧盟宣布对中国光伏产品征收 11.8%的临时反倾销税。同年 6 月 5 日，商务部宣布在中国酒业协会的申请下，将对自

法国、葡萄牙、意大利等欧盟进口的葡萄酒产品展开"双反"调查。这一调查被国内外媒体解读为"一次精准的贸易反击"（闫克远，2012），改变了我国光伏产品在欧面临"双反"调查时的被动地位，也促使中欧光伏产品贸易纠纷得到合理、公正的解决。因此中国政府要敢于同不公平贸易方式做斗争，维护自身的合法利益。

（二）行业

1. 积极推进现有行业协会的改革

从发达国家的发展经验来看，政府、行业协会与企业之间应当建立起有效的联动协调机制，帮助企业解决贸易壁垒问题。但反观我国的行业组织，大部分是在政府部门管制下成立的，行政色彩鲜明，无法代表大多数企业的利益。从自身业务能力来看，我国行业组织信息渠道狭窄，无法及时反映企业所遇到的贸易壁垒信息，应对能力也较弱，在企业遭遇贸易摩擦时，缺乏一定的对外游说、公关和应对能力，因此加快现有行业协会的改革迫在眉睫。行业协会应构建独立于政府部门，完善自身组织机构和内部管理体系，与政府积极沟通协调，重点突出服务职能，提高应对事件的反应能力及处理事件的综合协调能力。我国的行业协会应学习国际上其他国家成熟的行业协会的运作经验，以服务企业为导向、为企业提供资讯支持，起到国内外政府、企业间桥梁作用；可由行业协会出面，研究新贸易保护主义政策，维护企业权益，帮助企业积极应诉、申诉（柏杨，2014）。

2. 构建预警体系，获取贸易壁垒信息

目前，我国在应对国际贸易保护上的一个突出的问题就是监测预警体系不完善，因而始终处于被动应对状态（黄安，2014），建立常态化的贸易保护措施应对预案，完善和健全预警机制体系十分必要。行业协会可加强与政府、企业合作，建立贸易摩擦预警机制，整合各方信息建立进出口产品保护系统，将出口产品保护工作预先化，将进口产品监测工作有效化。建议设立专门机构负责收集和研究主要贸易伙伴国的各种贸易壁垒信息，定期对国内外市场进行调研，做好预警信息的发布，并及时反馈给相关企业；并根据我国企业实际情况，制定合乎国内企业的出口规划，避免出现盲目生产和恶性竞争。

3. 重新划分协会职能与管辖范围，加强与政府协作

我国正处于经济转型发展的关键时期,在过去的发展路径中建立的产业格局和行业布局已难以顺应世界经济发展潮流，随着各行业大规模企业的日益增多及社会分工的逐渐细化，一些生产方式已无法与国际接轨。因此我国行业协会

的职能与管辖范围，应随着经济形势的变化而有所变化，重新界定，因势利导，重新划分各行业协会和管辖范围显得尤为重要和紧迫。与此同时，行业协会独立履行职责并不意味着完全脱离政府，而是在独立的同时需加强与政府的协作。不可否认，政府在国家发展过程中有着不可替代的作用，特别是在处理国家间贸易纠纷时，行业协会需要政府的帮助与指导才能更好地完成职能转变，并加强对行业保护，在遭遇贸易摩擦的过程中，代表企业利益主动出面，积极谈判，解决纠纷。

（三）企业

1. 全面了解国际规则，积极应对贸易摩擦

我国出口企业应尽快熟悉和掌握 WTO 规则，更多地了解和掌握国际贸易的法律和法规，以及国际市场和行业动态（秦单单，2008）。自我国加入 WTO 以来，一直积极履行承诺，做出示范，在承担义务的同时，国内企业也要充分利用其所赋予的权利，主动运用 WTO 争端解决机制维护自身合法权益。面对反倾销、反补贴等针对性贸易摩擦，涉及立案调查的企业应积极应诉，争取维护权益的机会，尤其是跨国公司，在遵守国际法律法规的同时，更要熟悉国际贸易规则，做好应对"双反"的事前准备，为企业寻求合理的庇护。

2. 提高研发水平，打造品牌战略

中国企业要想拥有稳定、广阔的市场，真正在竞争激烈的国际市场站稳脚跟，成为世界级大型企业，就须不断提升自身研发能力，掌握核心技术，不断开发适应市场新需求的新产品，扩大市场份额，构建我国外贸企业的核心竞争力。品牌是一国综合实力和经济实力的集中体现，但我国多年的外贸发展仍改变不了"中国制造"而非"中国创造"的局面，缺乏品牌也使得我国出口量虽大，却依然无法成为贸易强国的重要因素之一。为此，培育与创立品牌、开发具有自主知识产权的品牌、实施品牌战略对当前中国外贸企业的发展来说弥足珍贵。说到底，当今世界经济竞争的本质就是科技的竞争，谁拥有核心技术就拥有了核心竞争力，而技术的背后是人的构思和实践，这就意味着科技竞争归根到底还是人力资本的竞争，因此企业在加强业界合作的同时，也要加强与高校、科研机构的合作，这也是企业打造核心竞争力、发挥品牌效应的重要途径。

3. "引进来"与"走出去"战略相结合

将"引进来"与"走出去"战略相结合，是推动我国企业转型，推动外贸发展，规避国际贸易风险的重要方法。企业要有选择性地引进外资和先进技术，加

强与跨国公司的合作，积极融入跨国公司国际价值链体系中，形成"你中有我，我中有你"的产业内、公司内分工，通过建立紧密的经济联系规避进出口过程中的贸易摩擦。与此同时，加快企业"走出去"战略的实施，在对发展中国家进行投资合作的同时，努力增加当地就业，促进东道国经济发展，树立中国企业良好形象。实施"走出去"战略也可有效减缓人民币升值带来的压力，减少巨额逆差，绕开新贸易保护主义藩篱，为中国更好参与国际贸易与投资提供便利的条件。

第六章　服务贸易：国际竞争力比较与提升

随着科学技术的不断进步和社会分工的进一步深化，加之世界经济格局的变迁和产业结构进一步调整，以技术研发、文化产业、服务业为主体的非物质劳动在经济活动中日益占据主体地位，全球服务业占世界经济总量的比重已经达到70%左右，尤其是现代服务业的快速发展，极大地推动了服务贸易的快速增长，服务贸易正逐渐取代货物贸易，成为推动世界经济发展的新动力。2014年，全球服务贸易进出口总额已达到96 020亿美元，相较于1980年的7707亿美元，其规模在35年间扩大至12倍多，虽然在总量上不及货物贸易，但增长速度明显快于货物贸易，发展潜力不可低估。与此同时，新技术的出现提高了服务产品的可贸易性，以高技术含量、高附加值为特征的技术和知识密集型服务产品在国际的流动越发频繁，更是未来国际竞争的焦点。

国际服务贸易是国内服务业向国际市场的延伸。纵观全球，各国均把服务业作为本国发展的重点产业，美国服务业增加值占GDP的比重达到77.9%，英国为78.3%，德国为69%，我国也从1978年的24.5%提高到2014年的48%[①]，为我国服务贸易的发展奠定了基础。在加入WTO之后，我国迎来了服务贸易发展的黄金时期，发展速度大幅度提升，获得的成绩也令人瞩目。到2014年，我国服务贸易进出口总额为6043亿美元，排名全球第二。但在快速发展的背后，我国的服务贸易也出现发展不均衡、开放程度不高、管理体制不完善等一系列问题，其中，最值得注意的是我国服务贸易竞争力不足，这也是许多问题产生的根本原因。本章选取了美国、韩国、印度和中国四个国家作为研究对象，对四国的服务贸易竞争力进行指标量化，对比分析我国服务贸易的国际竞争力，并结合我国实际情况提出提升服务贸易竞争力的路径。

第一节　我国服务贸易发展历程、现状和成效

我国的服务贸易是随着我国改革开放和服务业的发展而发展起来的。改革开

---

① 根据世界银行数据库的相关数据整理，http://data.worldbank.org/indicator/NV.SRV.TETC.ZS?view=chart。

放以前，由于对经济理论认识的偏差，服务部门被看作不能创造社会财富的"非生产性"部门，其地位远远低于第一产业和第二产业；加之战略、政策的失误，服务业的发展受到制约，在工业和农业已经取得较快发展的同时，第三产业却发展缓慢，因而以服务业为基础的服务贸易发展也十分滞后。1978年以后，随着改革开放政策的实施，一方面，我国第三产业迅速发展，服务业在国民经济中的比重逐年上升；另一方面，对外开放打开了国门，使我国有机会进入国际市场参与国际分工和要素交换，服务贸易也开始逐渐发展起来。本书结合我国对外开放和第三产业发展历程（张燕生，2010b），将我国服务贸易的发展历程分为以下三个阶段。

一、我国服务贸易发展历程

（一）第一阶段：1978～1991年

从1979年到1984年上半年，我国第三产业经历了从大力宣传到打入"冷宫"的曲折发展，直到1984年下半年，在中央领导人提出一系列支持第三产业发展的方针之后，形势才有所好转。与此同时，服务贸易的发展也经历了短暂波动，直到1986年，我国服务贸易进出口总额才实现了持续的正向增长。1982～1991年，我国服务贸易进出口总额以年均10.5%的速度增长，并在1991年突破100亿，达108亿美元，其中出口总额从25亿美元增长到69亿美元，年均增长率达11.9%，进口总额从19亿美元增长到39亿美元，年均增长率为8.3%，出口的增长速度高于进口，并保持着小额的贸易顺差（表6-1）。在这一时期，我国的服务贸易虽然实现了较快速度的增长，但总体规模较小，服务贸易进出口总额占世界比重不到1%。从结构上来看，改革开放初期，受生产力发展水平和开放程度的限制，涉及进出口贸易的服务行业主要集中在运输、旅游等传统服务行业。

表 6-1　1982～1991 年中国服务贸易进出口情况

年份	进出口总额/亿美元	同比增长/%	出口总额/亿美元	同比增长/%	进口总额/亿美元	同比增长/%	贸易差额/亿美元
1982	44	—	25	—	19	—	6
1983	43	−2.3	25	0	18	−5.3	7
1984	54	25.6	28	12	26	44.4	2
1985	52	−3.7	29	3.6	23	−11.5	6
1986	56	7.7	36	24.1	20	−13	16
1987	65	16.1	42	16.7	23	15	19
1988	80	23.1	47	11.9	33	43.5	14
1989	81	1.3	45	−4.3	36	9.1	9

续表

年份	进出口总额 /亿美元	同比增长 /%	出口总额 /亿美元	同比增长 /%	进口总额 /亿美元	同比增长 /%	贸易差额 /亿美元
1990	98	21	57	26.7	41	13.9	16
1991	108	10.2	69	21.1	39	−4.9	30

资料来源：《中国服务贸易统计 2015》

注：①遵循 WTO 有关服务贸易的定义，中国服务进出口数据不包括政府服务，同表 6-2；②由于数据的缺失，本表只包含 1982～1991 年我国服务贸易进出口数据

（二）第二阶段：1992～2001 年

1992～2001 年是我国服务贸易的快速发展期，服务贸易进出口总额实现了 16.4% 的年均增长，其中出口总额由 1992 年的 91 亿美元增长到 2001 年的 329 亿美元，增长至近 4 倍，进口总额从 92 亿增加到 390 亿，增长至 4.24 倍，超过出口贸易。值得注意的是，受 1997 年亚洲金融危机的影响，1998 年我国服务贸易进出口出现了短期的负增长，但仅一年之后就恢复增长。这一时期服务贸易的快速发展归功于国内第三产业的繁荣和进一步的对外开放。一方面，政府多次出台了与发展第三产业有关的文件和政策，提出了加快发展第三产业的目标、重点和措施，引导第三产业全面、良好和健康发展。另一方面，我国为加入 WTO 进行了多轮谈判，逐步承诺开放通信、建筑、旅游、保险等服务市场，对外开放程度进一步扩大。1992 年，我国服务产品进出口总额相比上一年迅速攀升，增长率高达 69.4%；但国内服务业发展较晚，产品质量和内容远落后于发达国家，导致我国对服务的进口需求开始大于出口，同年，我国服务贸易首次出现逆差。除了 1994 年出现短暂顺差之外，接下来几年服务贸易均出现逆差，并呈逐渐扩大的趋势，到 2001 年，我国服务贸易逆差额达到 61 亿美元（表 6-2）。从行业来看，运输、旅游等传统领域的服务贸易占比最大；建筑、保险、咨询等新兴服务行业开始兴起。

表 6-2　1992～2001 年中国服务贸易进出口情况

年份	进出口总额 /亿美元	同比增长 /%	出口总额 /亿美元	同比增长 /%	进口总额 /亿美元	同比增长 /%	贸易差额 /亿美元
1992	183	69.4	91	31.9	92	135.9	−1
1993	226	23.5	110	20.9	116	26.1	−6
1994	322	42.5	164	49.1	158	36.2	6
1995	430	33.5	184	12.2	246	55.7	−62
1996	430	0	206	12	224	−8.9	−18
1997	522	21.4	245	19	277	23.8	−32
1998	504	−3.4	239	−2.5	265	−4.5	−26
1999	572	13.5	262	9.6	310	17	−48

续表

年份	进出口总额 /亿美元	同比增长 /%	出口总额 /亿美元	同比增长 /%	进口总额 /亿美元	同比增长 /%	贸易差额 /亿美元
2000	660	15.4	301	15.2	359	15.8	−58
2001	719	9	329	9.1	390	8.8	−61

资料来源：《中国服务贸易统计 2015》

（三）第三阶段：2002 年以后

我国于 2001 年 12 月正式成为 WTO 成员，因此，从 2002 年起我国服务贸易发展进入新阶段。加入 WTO 后，我国逐步兑现服务贸易减让表中的开放承诺。例如，在加入 WTO 1 年之后取消外国律师事务所市场准入的地域限制和数量限制；在加入 WTO 2 年后允许国外运营商以合资形式在全国提供增值电信服务；在加入 WTO 5 年后取消外资银行进入的地域限制和客户限制等，服务贸易自由化程度进一步提高。2002～2014 年，我国服务贸易总规模从 855 亿美元增长至 6043亿美元，除 2009 年受金融危机影响有所下降以外，其余各年均在上一年基础上有所扩大，年均增长率达 17.7%，其中出口规模从 394 亿美元扩大至 2222 亿美元，进口规模从 461 亿增加至 3821 亿美元。这一时期进口额与出口额之间的差距进一步加大，贸易逆差从 2002 年的 67 亿美元增加至 2014 年的 1599 亿美元，扩大至约 24 倍（表 6-3）。从贸易结构来看，运输、旅游行业仍占领着主导地位，通信、保险、咨询、计算机和信息服务都实现了较快增长。

表 6-3　2002～2014 年中国服务贸易进出口情况

年份	进出口总额 /亿美元	同比增长 /%	出口总额 /亿美元	同比增长 /%	进口总额 /亿美元	同比增长 /%	贸易差额 /亿美元
2002	855	18.9	394	19.7	461	18.1	−67
2003	1013	18.5	464	17.8	549	19	−85
2004	1337	32	621	33.8	716	30.5	−95
2005	1571	17.5	739	19.1	832	16.2	−93
2006	1917	22	914	23.7	1003	20.6	−89
2007	2509	30.9	1217	33.1	1293	28.8	−76
2008	3045	21.4	1464	20.4	1580	22.2	−116
2009	2867	−5.8	1286	−12.2	1581	0.1	−295
2010	3624	26.4	1702	32.4	1922	21.5	−220
2011	4191	15.6	1821	7	2370	23.3	−549
2012	4706	12.3	1904	4.6	2801	18.2	−897
2013	5396	14.7	2106	10.6	3291	17.5	−1185
2014	6043	12.6	2222	7.6	3821	15.8	−1599

资料来源：《中国服务贸易统计 2015》

二、我国服务贸易发展现状与成效

通过对以上我国服务贸易发展历程的回顾，可见自 20 世纪 80 年代以来，伴随着全球产业格局的调整和经济全球化的加深，以及我国对外开放的进一步扩大，我国逐步放开了对服务贸易的限制，积极参与服务要素、产品的国际流通和交换，服务贸易迅猛发展。如今，服务贸易不再从属于货物贸易，而是国家对外贸易中的重要组成部分，其发展已初现成效。

（一）贸易总量持续扩大

从进出口数量来看，1982～2014 年，我国服务贸易进出口总额从 44 亿美元增长至 6043 亿美元，增长幅度超过 136 倍，除 1983 年、1985 年、1998 年和 2009 年出现小幅下降外，其余各年均保持了正向增长，对外贸易规模呈现扩大趋势。其中出口总额从 25 亿美元扩大至 2222 亿美元，增长幅度约为 88 倍，进口总额从 19 亿扩大至 3821 亿，增长幅度高达 201 倍。由于进口扩张速度大大快于出口扩张速度，1995～2014 年，我国服务贸易逆差已持续 20 年，逆差额从 62 亿美元增长至 1599 亿美元，扩大至近 26 倍（图 6-1）。

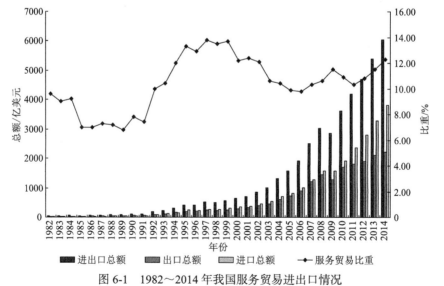

图 6-1　1982～2014 年我国服务贸易进出口情况

资料来源：根据《中国服务贸易统计 2015》、历年《中国统计年鉴》的相关数据整理计算而得

从对外贸易占比来看，我国服务贸易在对外贸易中的比重并非是直线上升的，而是呈现出波动增长的势态。1982～1991 年，我国服务贸易在对外贸易中的比重从 9.6%缓慢下降至 6.8%，这是因为我国的第三产业尚处于起步阶段，发展基础

和速度都远远落后于第一、第二产业，所以服务贸易发展速度也远远慢于货物贸易。1992 年后，随着第三产业的快速发展，服务贸易规模逐步扩大，在对外贸易中的比重逐渐增加，并于 1997 年达到历史最高值 13.8%，在接下来的 5 年中也都保持在 12% 以上。从 2007 年开始，服务贸易占比在经历了连续 4 年下降后开始回升，并在 2014 年达到 12.3%。相较于改革开放初期而言，我国服务贸易在对外贸易中的比例虽有所提高但依旧较小，表明我国服务贸易具备较大的增长空间和发展潜力。

（二）国际地位稳步提升

从世界范围内来看，我国服务贸易规模占全球比重逐渐上升，国际地位有所提高。1997 年，我国服务贸易进出口总额只占世界总额的 2%，其中，进口总额占世界的 2.2%，出口总额占世界的 1.9%。2014 年，这一系列数值分别达到了 6.3%、8.1% 和 4.6%。除了份额有所增加外，我国服务贸易规模在世界的排名也显著提高。我国服务进出口总规模在全球的排名由 1997 年的第 13 位上升至 2014 年的第 2 位，进口规模从第 11 位上升至第 2 位，出口规模从第 15 位上升至第 5 位，这也进一步表明我国服务贸易对世界服务贸易的影响力越来越强（表 6-4）。

表 6-4　我国服务贸易占世界服务贸易的比重和排名

年份	进出口		进口		出口	
	比重/%	排名	比重/%	排名	比重/%	排名
1997	2	13	2.2	11	1.9	15
1998	1.9	12	2	12	1.8	14
1999	2.1	13	2.3	10	1.9	14
2000	2.2	12	2.5	10	2	12
2001	2.4	13	2.6	10	2.2	12
2002	2.7	9	3	9	2.5	11
2003	2.8	9	3.1	8	2.5	9
2004	3.1	9	3.4	8	2.8	9
2005	3.2	9	3.5	7	3	9
2006	3.5	8	3.8	7	3.2	8
2007	3.9	6	4.1	5	3.6	7
2008	4.1	5	4.5	5	3.9	5
2009	4.5	4	5.1	4	3.9	5
2010	5.1	4	5.5	3	4.6	4
2011	5.2	4	6.1	3	4.4	4
2012	5.6	3	6.8	3	4.4	5
2013	6	3	7.6	2	4.6	5
2014	6.3	2	8.1	2	4.6	5

资料来源：各年根据历年《中国服务贸易统计》的相关数据整理计算而得

（三）出口结构有所改善，进口仍以传统行业为主

我国目前是以国际货币基金组织发行的《国际收支手册》第五版（BPM5）为基础编制国际收支平衡表，因此本书根据我国国际收支平衡表的内容将服务贸易分为运输、旅游、通信、建筑、保险、金融、计算机和信息、专有权利使用费和特许费、咨询、广告和宣传、电影和音像，以及"其他商业服务"12类，不包括政府服务。其中，"其他商业服务"服务包括经营租赁服务、其他经销服务和法律、会计等专业服务。参考国内外相关文献，本书将运输和旅游定义为传统服务，将通信、保险、计算机和信息等其他10类服务定义为新兴服务。贸易结构改善也就意味着：贸易总量增加、质量提高，传统服务业在贸易中的比重有所下降，而新兴服务业的比重有所提升（惠田，2014）。

从服务贸易的出口构成来看，传统服务持续下降，新兴服务呈上升趋势。其中旅游服务的比重由1997年的49.3%下降至2014年的25.6%，"其他商业服务"从31.3%下降至15.5%。运输服务的发展则表现出倒U形的特征，即先增加后减少，到2014年运输服务出口在服务贸易出口中的比重已下降至17.7%。咨询、计算机和信息、建筑服务的比重则逐年上升，其中咨询服务增长势头强劲，2013年咨询服务出口比重首次超过运输和"其他商业服务"，达到19.3%。但金融、保险、专有权利使用费和特许费等6类服务的比重仍然较小，且增长幅度不明显（表6-5）。综上所述，我国服务贸易出口结构有所改善。

表6-5　1997～2014年各行业服务贸易出口占比变化　　　　（单位：%）

年份	运输服务	旅游服务	通信服务	建筑服务	保险服务	金融服务	计算机和信息服务	专有权利使用费和特许费	咨询	广告和宣传	电影和音像	其他商业服务
1997	12.1	49.3	1.1	2.4	0.7	0.1	0.3	0.2	1.4	1.0	0.0	31.3
1998	9.6	52.8	3.4	2.5	1.6	0.1	0.6	0.3	2.2	0.9	0.1	26.0
1999	9.2	53.9	2.3	3.8	0.8	0.4	1.0	0.3	1.1	0.8	0.0	26.4
2000	12.2	53.8	4.5	2.0	0.4	0.3	1.2	0.3	1.2	0.7	0.0	23.5
2001	14.1	54.1	0.8	2.5	0.7	0.3	1.4	0.3	2.7	0.8	0.1	22.1
2002	14.5	51.8	1.4	3.2	0.5	0.1	1.6	0.3	3.3	0.9	0.1	22.2
2003	17.0	37.5	1.4	2.8	0.7	0.3	2.4	0.3	4.1	0.5	0.2	32.5
2004	19.4	41.5	0.7	2.4	0.6	0.2	2.6	0.4	5.1	1.4	0.1	25.7
2005	20.9	39.6	0.7	3.5	0.5	0.2	2.5	0.4	7.2	1.5	0.1	22.8
2006	23.0	37.1	0.8	3.0	0.6	0.2	3.2	0.4	8.6	1.6	0.1	21.5
2007	25.7	30.6	1.0	4.4	0.7	0.2	3.6	0.3	9.5	1.6	0.3	22.1
2008	26.2	27.9	1.1	7.1	0.9	0.2	4.3	0.4	12.4	1.5	0.3	17.8

续表

年份	运输服务	旅游服务	通信服务	建筑服务	保险服务	金融服务	计算机和信息服务	专有权利使用费和特许费	咨询	广告和宣传	电影和音像	其他商业服务
2009	18.3	30.9	0.9	7.4	1.2	0.3	5.1	0.3	14.5	1.8	0.1	19.2
2010	20.1	26.9	0.7	8.5	1.0	0.8	5.4	0.5	13.4	1.7	0.1	20.9
2011	19.5	26.6	0.9	8.1	1.7	0.5	6.7	0.4	15.6	2.2	0.1	17.7
2012	20.4	26.3	0.9	6.4	1.7	1.0	7.6	0.5	17.6	2.5	0.1	14.9
2013	17.9	24.5	0.8	5.1	1.9	1.4	7.3	0.4	19.3	2.3	0.1	19.1
2014	17.7	25.6	0.8	7.1	2.1	2.1	8.5	0.3	19.8	2.3	0.1	15.5

资料来源：《中国服务贸易统计 2015》

注：受四舍五入的影响，表中数据稍有偏差

　　从服务进口构成来看，情况则有所不同，传统服务依然占据着主体地位。首先，旅游服务的占比变化表现出 U 形特征，即先从 1998 年的 34.8%下降到 2008年的 22.9%，随后快速持续地上升，到 2014 年占比高达 43.1%。运输服务在进口中仍然呈现出先增加后减少的势态，2014 年运输服务进口比重下降至 25.2%。而"其他商业服务"的比重则出现了持续性下降，从 1997 年的 18.9%下跌至 2014 年的 6.2%，下降幅度达 67%。保险、咨询、专有权利使用费和特许费的进口比重有所提高，但提高幅度不大。建筑、计算机和信息服务等 7 类服务的进口占比则仍然较小。总体来说，传统服务的总体比重由 1997 年的 65.2%增加至 2014 年的68.3%，出现小幅度上升，新兴服务的进口比重则出现下降，表明我国服务贸易进口仍然以传统服务产品为主（表 6-6）。

表 6-6　1997～2014 年各行业服务贸易进口占比变化　　（单位：%）

年份	运输服务	旅游服务	通信服务	建筑服务	保险服务	金融服务	计算机和信息服务	专有权利使用费和特许费	咨询	广告和宣传	电影和音像	其他商业服务
1997	35.9	29.3	1.0	4.4	3.8	1.2	0.8	2.0	1.7	0.9	0.2	18.9
1998	25.6	34.8	0.8	4.2	6.6	0.6	1.3	1.6	2.9	1.0	0.1	20.5
1999	25.5	35.1	0.6	5.0	6.2	0.3	0.7	2.6	1.7	0.6	0.1	21.3
2000	29.0	36.6	0.7	2.8	6.9	0.3	0.7	3.6	1.8	0.6	0.1	17.1
2001	29.0	35.6	0.8	2.2	6.9	0.2	0.9	5.0	3.8	0.7	0.1	14.7
2002	29.5	33.4	1.0	2.1	7.0	0.2	2.5	6.8	5.7	0.9	0.2	10.7
2003	33.2	27.7	0.8	2.2	8.3	0.4	1.9	6.5	6.3	0.8	0.1	11.8
2004	34.3	26.7	0.7	1.9	8.6	0.2	1.7	6.3	6.6	1.0	0.1	11.8
2005	34.2	26.2	0.7	1.9	8.7	0.2	2.0	6.4	7.4	0.9	0.2	11.3

续表

年份	运输服务	旅游服务	通信服务	建筑服务	保险服务	金融服务	计算机和信息服务	专有权利使用费和特许费	咨询	广告和宣传	电影和音像	其他商业服务
2006	34.3	24.2	0.8	2.0	8.8	0.9	1.7	6.6	8.4	1.0	0.1	11.2
2007	33.5	23.0	0.8	2.3	8.3	0.4	1.7	6.3	8.4	1.0	0.1	14.1
2008	31.9	22.9	1.0	2.8	8.1	0.4	2.0	6.5	8.6	1.2	0.2	14.6
2009	29.5	27.6	0.8	3.7	7.2	0.5	2.0	7.0	8.5	1.2	0.2	11.9
2010	32.9	28.6	0.6	2.6	8.2	0.7	1.5	6.8	7.9	1.1	0.2	8.9
2011	33.9	30.6	0.5	1.6	8.3	0.3	1.6	6.2	7.8	1.2	0.2	7.7
2012	30.6	36.4	0.6	1.3	7.4	0.7	1.4	6.3	7.1	1.0	0.2	7.0
2013	28.7	39.1	0.5	1.2	6.7	1.0	1.8	6.4	7.2	1.0	0.2	6.3
2014	25.2	43.1	0.6	1.3	5.9	1.4	2.2	5.9	6.9	1.0	0.2	6.2

资料来源：《中国服务贸易统计2015》

注：受四舍五入的影响，表中数据稍有偏差

（四）贸易伙伴以发达国家和地区为主

据联合国统计，2014年我国服务贸易进出口总额为5935亿美元，其中出口为2105.9亿美元，进口为3829.1亿美元。主要的贸易伙伴集中在亚洲、欧洲和北美洲等地区。其中，中国香港是中国内地服务贸易最大的进口和出口地区，2014年内地向香港出口的服务产品总值为279.3亿美元，进口为415亿美元，分别占总出口的13.3%和总进口的10.8%。欧盟、美国、新加坡也为我国主要的贸易伙伴，2012年，我国对其出口分别为179.2亿美元、141.6亿美元和103亿美元，合计占比20.1%；进口额为411.3亿美元、344.8亿美元和109亿美元，合计占比22.6%。除此之外，加拿大、俄罗斯、澳大利亚等也是我国主要的贸易国家（表6-7）。可见，我国主要的服务贸易伙伴均为发达国家和地区。由于服务贸易的发展需要良好的产业基础，未来服务贸易也更倾向于向资本和技术密集型演进，而发达国家的服务业发展更加成熟，对产品的质量要求也更高。因此，加强与发达国家交流合作，在输出高质量产品的同时积极引进国外先进的产品和技术有利于我国的服务业和服务贸易向更高水平发展。

表6-7　2014年我国主要的服务贸易伙伴及贸易金额

出口		进口	
国家（地区）	金额/亿美元	国家（地区）	金额/亿美元
中国香港	279.3	中国香港	415.0
欧盟	179.2	美国	411.3

续表

出口		进口	
国家（地区）	金额/亿美元	国家（地区）	金额/亿美元
美国	141.6	欧盟	344.8
新加坡	103.0	新加坡	109.0
加拿大	22.2	澳大利亚	74.0
俄罗斯	19.9	加拿大	23.4
澳大利亚	19.8	俄罗斯	14.6
合计	765.0	合计	1392.1

资料来源：UN Comtrade 数据库、中国香港特别行政区政府统计处、新加坡统计局

注：出口数据中，欧盟（28 国）不包括芬兰、德国、马耳他、西班牙、希腊；进口数据中不包括芬兰、马耳他、西班牙、希腊

（五）服务外包业务发展迅猛

服务外包与 20 世纪 60 年代兴起的制造业外包相类似，是指企业将自身价值链中基础的、非核心的业务分离出来，提交给企业外部专业服务提供商来完成的经济活动。根据发包方和承包方所属国度的不同，服务外包可以分为在岸外包和离岸外包，其中，离岸外包是一种新的国际服务贸易形式[①]。我国将服务外包分为3 种类型：信息技术外包服务（ITO）、技术性业务流程外包服务（BPO）和技术性知识流程外包（KPO）。在我国服务贸易统计中，离岸外包并没有作为一个单独大类进行统计核算，但就其内容来看，主要涉及的类别包括计算机和信息服务、"其他商业服务"、金融服务、咨询服务等（张钱江和戴小红，2013；陈永强和徐成贤，2013）。对于发包方而言，服务外包有利于提高企业效率、降低企业成本；对于承包方而言，承接国际服务外包有利于扩大本国出口，提升服务业水平，并带动国内就业，因此，离岸外包已成为我国服务贸易发展的重点。近年来，我国离岸外包业务的发展取得了十分可观的成绩，离岸外包合同执行金额由 2008年的 46.9 亿美元增加到了 2014 年的 559.2 亿美元，年均增长率达 51.1%（图6-2）。从结构上看，离岸外包服务也正在从价值链低端向高端转移。2011 年，信息技术外包服务、技术性业务流程外包服务和技术性知识流程外包合同执行金额在离岸外包市场中的比例分别为 61.1%、15.1% 和 23.8%；2014 年，信息

[①] 离岸外包是企业充分利用国外资源和企业外部资源进行产业转移的一种形式，主要是指跨国公司利用发展中国家的低成本优势将生产和服务外包到发展中国家。与外商直接投资相比，由于离岸外包更具有降低成本、强化核心能力、扩大经济规模等作用，越来越多的跨国公司将离岸外包作为国际化的重要战略选择。

技术外包服务的比例下降至 52.5%，而技术性业务技术性知识流程外包的比例上升至 33.4%。

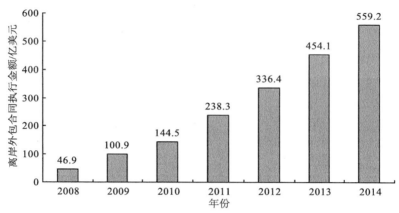

图 6-2　2008～2014 年我国离岸外包合同执行金额

资料来源:《中国服务贸易统计 2015》

第二节　我国服务贸易的发展特点与存在问题

一、我国服务贸易发展特点

我国服务贸易发展已取得一定成绩，虽然与发达国家相比仍然存在着一定差距，但全球经济的深度融合和国内产业结构的进一步调整为我国服务贸易的发展提供了良好的契机，我国服务贸易也呈现出了自己的发展特点。

（一）增长速度高于世界水平

自 20 世纪 60 年代以来，随着全球经济结构向服务型经济转型，服务业在全球经济中的占比越来越高，全球服务贸易也迅速发展起来。改革开放以来，我国在逐步实现工业化的过程中也顺应世界发展潮流，积极发展本国第三产业和服务贸易，与世界的平均水平相比，我国服务贸易的发展速度更快。

对比全球和我国服务贸易增长速度，由图 6-3、图 6-4 可知，除少数几年外，无论是出口还是进口，我国服务贸易增长速度均高于世界平均水平。1982～2013 年，我国服务贸易出口的年均增长速度为 15.3%，而全球增速仅为 8.5%，我国高于全球 6.8 个百分点；我国进口年均增长速度达到 18.2%，比全球的 8%高出 10.2 个百分点，由此可见，我国服务贸易的发展势头更为强劲。

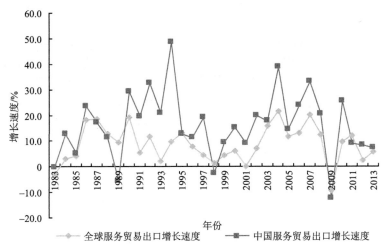

图 6-3　1983～2013 年中国和全球服务贸易出口增长速度

资料来源：WTO Statistics 数据库。

注：WTO 数据库数据与国内统计数据存在一定差异，在进行国际比较时以 WTO 数据为准。2014 年以 BPM6 为统
　　计标准，因此不包括 2014 年数据，同图 6-4

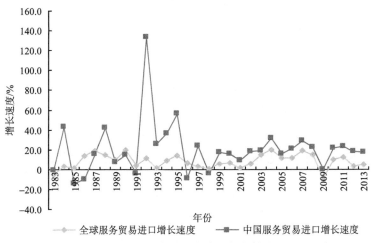

图 6-4　1983～2013 年中国和全球服务贸易进口增长速度

资料来源：WTO Statistics 数据库

（二）服务贸易增长速度略快于货物贸易

相对于货物贸易，我国服务贸易起步晚，规模小，在我国对外贸易中的比重也远低于货物贸易，但服务贸易的发展速度却略高于货物贸易。从总体上看，1982～2014 年，我国服务贸易进出口总额从 44 亿美元增加至 6043 亿美元，年均增长率约为 16.6%，货物贸易进出口总额从 416 亿美元增长到 43 015.3 亿美元，年均增长率约为 15.6%，服务贸易增长速度高于货物贸易约 1 个百分点。从不同阶段来看，我

国服务贸易大致经历了两次快速增长时期：一是 1990～1997 年，年均增长速度达到了 27%，同一时期货物贸易增长速度仅为 15.9%；二是 2012～2014 年，年均增长速度达到 13.3%，而货物贸易仅为 5.5%。值得注意的是，受金融危机的影响，2009 年我国货物贸易和服务贸易均出现了负增长，但是服务贸易的下滑速度慢于货物贸易，这也进一步说明服务贸易抵御危机的能力更强（图 6-5）。

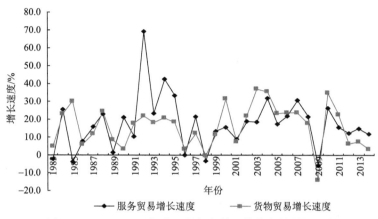

图 6-5　1982～2014 年我国服务贸易和货物贸易增长速度

资料来源：根据历年《中国统计年鉴》的相关数据整理计算而得

（三）新兴行业增长速度快于传统行业

从不同行业在服务贸易进出口中所占的比重可知，目前，我国服务贸易仍以旅游、运输等传统劳动密集型行业为主，建筑、咨询、保险、计算机和信息等资本密集型和技术密集型行业的比重仍然较小，但从发展速度上看，新兴服务行业的发展速度快于传统行业。

从进口方面来看，1997～2014 年，我国运输、旅游进口额的年均增长率分别为 14.2% 和 19.4%，而保险、金融、计算机和信息、专有权利使用费和特许费、咨询、电影和音像等新兴行业的进口额则每年分别以 19.8%、18.2%、23.7%、24.6%、26.7% 和 20.1% 的速度增长，均高于传统行业（表 6-8）。

表 6-8　1998～2014 年我国各服务行业进口增长速度　（单位：%）

年份	运输服务	旅游服务	通信服务	建筑服务	保险服务	金融服务	计算机和信息服务	专有权利使用费和特许费	咨询	广告和宣传	电影和音像	其他商业服务
1998	−32.0	13.2	−28.3	−7.4	68.1	−49.7	44.0	−22.8	62.0	9.8	−11.1	3.5
1999	16.8	18.0	−7.0	37.5	9.3	2.1	−32.8	88.6	−30.8	−17.4	−13.0	21.2

续表

年份	运输服务	旅游服务	通信服务	建筑服务	保险服务	金融服务	计算机和信息服务	专有权利使用费和特许费	咨询	广告和宣传	电影和音像	其他商业服务
2000	31.6	20.7	25.1	−35.4	28.6	−41.6	18.5	61.8	22.0	−7.6	10.2	−7.2
2001	8.9	6.1	34.7	−14.8	9.7	−20.6	30.1	51.3	134.8	27.5	34.2	−6.1
2002	20.2	10.7	44.3	13.8	19.7	16.1	228.6	60.7	75.1	52.9	91.2	−14.1
2003	33.9	−1.4	−9.1	22.8	40.6	158.8	−8.6	13.9	31.1	16.1	−27.6	31.1
2004	34.6	26.1	10.5	13.1	34.2	−40.6	20.9	26.7	37.2	52.5	152.9	31.2
2005	15.9	13.6	27.8	21.0	17.6	15.9	29.5	18.3	30.6	2.4	−12.4	10.7
2006	20.8	11.8	26.6	26.6	22.7	456.9	7.2	24.7	35.7	33.5	−21.4	20.0
2007	25.9	22.5	41.6	41.9	20.8	−37.5	27.0	23.5	29.4	40.0	27.0	62.0
2008	16.3	21.4	39.6	49.9	19.5	1.6	43.3	26.0	24.7	45.2	65.9	26.8
2009	−7.5	20.9	−19.9	34.5	−11.3	28.2	2.1	7.2	−0.9	0.7	9.2	−18.8
2010	35.8	25.6	−6.0	−13.6	39.3	91.2	−8.3	17.8	12.5	4.4	33.2	−8.5
2011	27.2	32.3	4.7	−26.5	25.3	−46.2	29.6	12.8	23.1	35.9	7.8	6.3
2012	6.7	40.5	38.6	−2.9	4.4	158.4	−0.1	20.7	7.7	−0.3	40.2	7.1
2013	9.9	26.1	−0.7	7.5	7.2	77.0	55.9	18.5	17.8	13.3	39.8	5.3
2014	2.0	28.2	40.7	26.7	1.8	61.0	42.0	7.4	11.5	21.2	15.0	10.0
年均	14.2	19.4	12.9	8.6	19.8	18.2	23.7	24.6	26.7	17.6	20.1	9.3

资料来源：《中国服务贸易统计 2015》

从出口方面来看，1997～2014 年，我国运输、旅游出口的年均增长率分别为 16.3%和 9.6%；而保险、金融、计算机和信息、咨询、广告和宣传、电影和音像等新兴行业出口则每年分别以 21.3%、34.5%、37.7%、32.7%、19.6%、18.5%的速度增长，出口年均增速同样高于传统行业（表6-9）。

表6-9　1998～2014 年我国各服务行业出口增长速度　　（单位：%）

年份	运输服务	旅游服务	通信服务	建筑服务	保险服务	金融服务	计算机和信息服务	专有权利使用费和特许费	咨询	广告和宣传	电影和音像	其他商业服务
1998	−22.1	4.4	201.4	0.7	120.5	−1.3	59.7	14.3	49.5	−11.4	53.0	−19.1
1999	5.2	11.9	−28.0	65.8	−47.0	310.8	98.8	18.9	−45.9	4.6	−56.7	11.2
2000	51.7	15.1	128.2	−38.9	−47.1	−29.7	34.1	7.8	26.9	1.3	69.8	2.5
2001	26.3	9.6	−79.8	37.8	110.9	27.3	29.6	37.0	150	24.1	146.8	2.8
2002	23.4	14.6	102.9	50.1	−8.1	−48.5	38.3	20.6	44.5	34.5	6.4	20.3

续表

年份	运输服务	旅游服务	通信服务	建筑服务	保险服务	金融服务	计算机和信息服务	专有权利使用费和特许费	咨询	广告和宣传	电影和音像	其他商业服务
2003	38.2	-14.6	16.1	3.5	49.7	197.9	72.7	-19.5	46.7	30.4	12.7	71.8
2004	52.6	47.9	-31.0	13.8	21.7	-38.2	48.5	120.9	67.2	74.5	22.6	5.9
2005	27.8	13.8	10.2	76.7	44.3	54.6	12.4	-33.4	68.8	26.8	226.5	5.9
2006	36.2	15.9	52.1	6.2	-0.3	-0.2	60.7	30.2	47.2	34.3	2.3	16.6
2007	49.1	9.7	59.5	95.3	64.9	59.0	46.9	67.1	47.8	32.3	130.9	36.7
2008	22.6	9.7	33.7	92.1	53.0	36.7	43.9	66.7	56.7	15.2	32.2	-3.4
2009	-38.7	-2.9	-23.7	-8.4	15.4	38.7	4.2	-24.8	2.7	5.0	-76.7	-5.1
2010	45.2	15.5	1.8	53.2	8.2	204.6	42.1	93.4	22.3	24.8	26.4	44.1
2011	4.0	5.8	41.5	1.6	74.7	-36.2	31.6	-10.5	24.7	39.3	-0.1	-9.3
2012	9.4	3.2	3.7	-16.8	10.3	122.5	18.6	40.1	17.8	18.2	5.9	-12.0
2013	-3.2	3.3	-6.9	-13.0	20.0	54.2	6.8	-14.8	21.2	3.3	13.2	41.2
2014	1.7	10.2	8.9	44.6	14.1	57.8	19.0	-29.4	5.8	1.9	22.3	-7.1
年均	16.3	9.6	11.8	21.2	21.3	34.5	37.7	16.1	32.7	19.6	18.5	9.1

资料来源：《中国服务贸易统计 2015》

由此可见，在我国的服务贸易中，无论是出口还是进口，新兴行业的增长都快于传统行业，这一方面说明我国新兴服务产品市场在持续扩大，同时也表明我国对新兴服务产品的需求也在不断增强。新兴服务产品进出口的快速发展不仅有利于优化我国服务贸易进出口结构，同时还能带动国内资本、技术和知识密集型产业的发展，促进国内产业向更高一级演进。

二、我国服务贸易面临的问题

我国服务贸易在高速发展的背后出现了一系列问题，主要体现在以下几个方面。

（一）发展不平衡

1. 服务贸易与货物贸易发展不平衡

一国对外贸易由服务贸易与货物贸易共同构成，二者的比重既能反映国内产业的发展状况，又能衡量一国对外贸易结构是否均衡。我国服务贸易在对外贸易中的比重虽然从 1982 年的 9.6%上升至 2014 年的 12.3%，但比重依然较小，低于全球 20%的平均水平。从国际排名来看，我国既是货物贸易大国，也是服务贸易大国，但二者的相对值存在着较大差距（图 6-6）。从出口来看，2014 年我国货物贸易出口占全球比重为 12.3%，而服务贸易出口仅占全球的 4.6%；从进口方面来看，货物进口占全球比重为 10.3%，服务进口占全球比重为 8.1%，货物贸易和服务贸易出现明显的不对等（图 6-7）。这种不对等说明我国对外贸易结构不均衡，同时也反映出我国第三产业发展不充分。

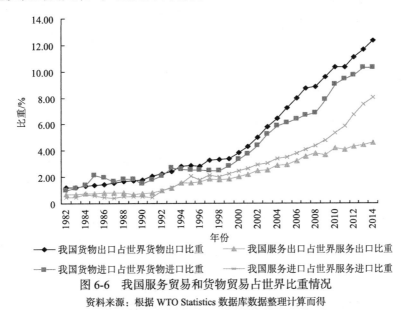

图 6-6　我国服务贸易和货物贸易占世界比重情况

资料来源：根据 WTO Statistics 数据库数据整理计算而得

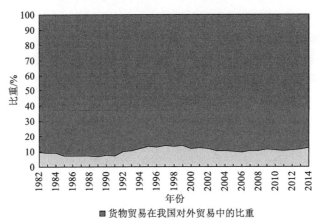

图 6-7　服务贸易和货物贸易在我国对外贸易中的占比

资料来源：根据历年《中国统计年鉴》的相关数据整理计算而得

2. 行业结构不平衡

一国服务贸易的发展受到要素禀赋、历史文化、资本和技术的影响，随着技术进步和资本积累，一国服务贸易结构将逐渐经历从劳动密集型到资本密集型再到技术密集型的演化。学术界一般认为旅游、运输属于劳动密集型服务，通信、建筑属于资本密集型服务，金融、保险、计算机和信息等其余 8 类服务属于技术和知识密集型产品。从结构上看，与发展初期相比，我国服务贸易结构有所优化，但劳动密集型行业仍然占据主导地位，资本密集型和技术密集型行业的上升有限。2014 年，旅游、运输行业在我国服务贸易进出口总额中的占比为 59.2%，其余 10 类行业的总占比约 40%。相对于资本和技术密集型行业而言，劳动密集型行业附加值小，技术含量不高，竞争力优势不足，且容易受到世界经济波动影响。因此，改善贸易结构对我国未来服务贸易和对外贸易的发展都至关重要。

3. 出口和进口不平衡

逆差问题是我国服务贸易发展过程中十分突出的问题。从 1992 年我国服务贸易首次出现逆差开始，到 2014 年，我国服务贸易逆差额已由 1 亿美元扩大至 1599 亿美元。从行业来看，2014 年出现贸易逆差的服务行业分别是旅游、运输、专有权利使用费和特许费、保险、通信、金融、电影和音像 7 个行业，逆差额分别为 1078 亿美元、579 亿美元、219.7 亿美元、179.4 亿美元、4.9 亿美元、9 亿美元和 7.2 亿美元（图 6-8）。值得注意的是，我国服务贸易逆差的绝大部分来源于旅游服务，其逆差值在总逆差值中的占比高达 67.4%。这种高额逆差形成的原因是近几年形成的"境外游"热潮，随着人民收入水平的提高，在选择旅游目的地时可以更多地考虑境外地区；运输服务是随着货物贸易的发展而发展起来的，虽然我国货物贸易发展势头强劲，但运输服务逆差值约占总逆差的 36.2%，这表明我国运输业，特别是跨境运输发展明显滞后，与之有关的保险、金融服务也难以发展起来；专有权利使用费和特许费逆差额的比重约为 13.7%，这也进一步反映出目前我国自主创新和研发能力不足，仍然需要向国外支付高昂的专利使用费用引进国外高端技术。

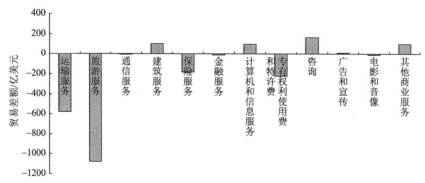

图 6-8　2014 年我国服务业（各细类行业）贸易差额

资料来源：《中国服务贸易统计 2015》

4. 发展地域不均衡

我国幅员辽阔，但受地缘、资源禀赋、政策、基础设施、教育水平等因素的影响，各地区之间发展出现了明显的不平衡。东部沿海地区是最早开放的地区，也是目前我国经济最发达的地区，东北和中部地区凭借良好的工业基础和地缘优势实现了较快的发展，西部地区地处内陆，基础设施薄弱，开放程度低。与之相对应，我国服务贸易的发展也表现出从东至西逐渐走弱的趋势[①]。2016 年 2 月，国务院批复同意在 15 个省区开展服务贸易创新发展试点，其中包括 9 个东部城市，1 个东北部城市，1 个中部城市和 4 个西部城市，东部城市比重明显偏高[②]。与此同时，同地区各省区之间的发展也存在着不平衡。据统计，2013 年，仅北京、上海两地的服务贸易进出口就分别达到了 1023.3 亿美元和 1725.4 亿美元，占全国服务贸易进出口总额的比重为 18.9%和 31.9%，而同属东部的河北服务贸易进出口总额只有 64.1 亿美元，仅占全国的 1.1%；西部地区同样表现出不均衡，2013 年，重庆服务贸易进出口总额达到了 105 亿美元，新疆却只有 16.77 亿美元[③]。这些不均衡现象不仅不利于我国服务贸易的全面发展，也将拉大地区之间的发展差距。

（二）开放程度不高

在世界贸易组织服务贸易 12 大类 160 个部门中，我国按照承诺已经逐渐开放了 110 多个部门（张娟，2014），高于世界平均水平，但低于发达国家水平。虽然我国已经开放了约 90%的服务部门，但并不意味着我国服务业的开放程度高。为了测度我国服务贸易的开放情况，本书采用贸易依存度系数来衡量我国服务贸易开放程度，一国对外贸易的依存度越高，那么对外开放程度则越高。但传统的贸易依存度指标可能存在较大偏差，因此，本书选择修正后的贸易依存度指标作为判断标准（许统生等，2007；李倩，2014）。

假设世界经济是由 N 个相对较小且完全相同的经济实体构成，不同数量的实体则构成了规模不相同的国家。设每个实体的生产总值为 G，与其他经济实体的交易额为 e，那么每个经济实体与其余 $(N-1)$ 个经济实体的进出口总额为 $E=e(N-1)$，记每个经济实体的贸易依存度记为 i，则 $i=E/G$。若一个国家由 $m(m<N)$ 个实体构成，则该国的贸易依存度为

---

① 东部地区包括北京、天津、河北、上海、江苏、浙江、福建、山东、广东、海南；中部地区包括山西、安徽、江西、河南、湖北、湖南；东北地区包括辽宁、吉林、黑龙江；西部地区包括内蒙古、广西、重庆、四川、贵州、云南、西藏、陕西、甘肃、青海、宁夏、新疆。

② 国务院关于同意开展服务贸易创新发展试点的批复，http://www.gov.cn/zhengce/content/2016-02/25/content_5046212.htm，2016-02-25。

③ 资料来源：各地区历年统计年鉴、统计公报。

$$I = 该国进出口总额 / 该国GDP$$

$$= \frac{(N-m) \times e \times m}{m \times G}$$

$$= \frac{(N-m) \times \left(\dfrac{E}{N-1}\right) \times m}{m \times G}$$

$$= \frac{N-m}{N-1} \times \frac{E}{G}$$

$$\approx (1 - m/N) \times i$$

式中，I 为修正后的贸易依存度，I 越大则说明一国的开放程度越高；$m/N = mG/NG$ 代表一国经济在世界经济中的比重；i 为传统贸易依存度系数，即一国进出口总额与 GDP 的比值。

表 6-10 显示了 1982 年以来我国服务贸易和货物贸易修正后的贸易依存度系数，由表可知，我国服务贸易的开放程度远远落后于货物贸易。1982 年，我国服务贸易开放度为 2.12%，而货物贸易高达 20.08%；虽然随着我国的进一步开放，服务贸易和货物贸易的开放度都有所提高，但二者之间的差距并未缩小。

表 6-10　1982～2014 年我国服务贸易和货物贸易依存度

年份	服务贸易依存度系数/%	货物贸易依存度系数/%	年份	服务贸易依存度系数/%	货物贸易依存度系数/%
1982	2.12	20.08	1999	5.07	31.99
1983	1.84	18.68	2000	5.28	37.93
1984	2.05	20.31	2001	5.18	36.72
1985	1.65	22.09	2002	5.60	40.66
1986	1.84	24.22	2003	5.88	49.38
1987	2.36	29.97	2004	6.58	56.81
1988	2.53	32.54	2005	6.59	59.66
1989	2.30	31.73	2006	6.65	61.04
1990	2.69	31.645	2007	6.69	58.00
1991	2.79	35.00	2008	6.20	52.17
1992	4.23	38.30	2009	5.19	39.94
1993	5.02	43.43	2010	5.45	44.71
1994	5.61	41.23	2011	5.02	43.61
1995	5.73	37.45	2012	4.93	40.51
1996	4.86	32.75	2013	4.98	38.38
1997	5.28	32.90	2014	5.06	36.05
1998	4.75	30.56			

资料来源：根据 WTO Statistics 数据库、世界银行数据库、各年国家统计数据整理计算而得

　　从横向上来看，我国服务贸易的开放程度与其他国家和地区之间也存在着差距。与全球服务贸易强国相比，我国 2014 年服务贸易依存度系数为 5.15%，仅高于美国的 5.11%，而远远低于新加坡、瑞士、韩国和加拿大等国家，与金砖国家相比，我国服务贸易的开放度也仅高于巴西，而低于印度、南非和俄罗斯。由此可见，我国服务贸易开放程度并不高（表 6-11）。

表 6-11　2014 年各国（地区）服务贸易依存度系数

国家	GDP/亿美元	服务贸易进出口总额/亿美元	修正后的依存度系数/%
新加坡	3 063.44	2 815	91.52
中国香港	2 912.30	1 816	62.12
荷兰	8 793.19	3 428	38.55
瑞士	7 010.37	2 059	29.11
法国	28 291.92	5 150	17.54
英国	29 902.01	5 341	17.18
韩国	14 113.33	2 197	15.29
德国	38 682.91	5 927	14.56
西班牙	13 813.42	2 033	14.45
印度	20 424.39	3 026	14.43
加拿大	17 837.76	1 909	10.46
意大利	21 385.41	2 290	10.42
南非	3 498.73	331	9.41
俄罗斯	20 309.73	1 838	8.82
日本	45 961.57	3 480	7.17
中国	103 511.12	6 140	5.15
美国	173 480.72	11 393	5.11
巴西	24 170.46	1 250	5.01

资料来源：根据 WTO Statistics 数据库、世界银行数据库整理计算而得

　　我国虽然已经按照承诺开放了建筑、法律、金融、保险等部门，但某些部门在市场准入、国民待遇等方面都还存在一些限制。例如，允许外国服务者提供增值电信服务，但外资比例不能超过 50%；允许设立外商独资建筑企业，但只能承揽 4 种类型的建筑服务；允许外国律师事务所在我国设立代表处，但所有代表每年在我国居住时间不得少于 6 个月等。因此，要想充分释放服务贸易发展潜力，还需进一步合理、稳步地提升其开放度。

（三）服务贸易法律制度与管理体制不完善

当前，我国涉及服务贸易方面的法律主要有《对外贸易法》《外资企业法》，以及针对行业发展的《商业银行法》《保险法》《律师法》《旅行社管理条例》《国际海运条例》《外商投资电信企业管理条例》等行政法规。除此之外，各地方政府也相继出台了各类地方性法规，以扶持服务贸易发展。但目前，我国尚没有一个关于国际服务贸易的一般性法律，某些服务领域的立法也处于空白状态（郭德香，2012）。与此同时，现有法律法规也存在内容重复繁杂不一致的问题，不同级别、不同部门之间的规则制度或是内容交叉或是难以统一，无法达到透明性原则的要求（陈彬，2011）。在服务贸易管理方面，我国也存在着各种问题。目前，我国服务贸易管理模式以直接型为主（赵雪，2013），即商务部统领我国服务贸易工作，具体管理工作则由所属服务贸易司执行，这种管理模式虽然提高了执行和管理效率，但缺乏灵活性，容易滋生管得过宽过死的问题。另外，服务贸易统计工作远远落后于货物贸易。除少数地区外，少有地方政府对本地的服务贸易进行单独统计；进行统计的省区也多以统计公报、官方新闻的形式对统计数据进行公布，缺少对具体行业、贸易对象的分类统计；此外，各地统计标准也不统一，少数省区采用 BPM6 为统计标准，而部分省区仍以 BPM5 为统计标准，得到的数据也就难以用于分析研究。

第三节　中美韩印服务贸易竞争力对比研究

由于服务贸易具有良好的经济拉动作用和结构调节作用，目前，各国都将服务贸易作为本国对外贸易发展的一大重点。但由于经济基础、发展的方式和资源禀赋各有不同，各国服务贸易的发展也都表现出各自的特点和差异。本章选取美国、韩国和印度分别作为发达国家、新兴工业经济体、发展中国家的代表，分析不同类型国家服务贸易发展情况，并与我国进行比较研究。由于 WTO 对服务贸易统计口径与我国不太一致，本章在对服务贸易结构进行分析时将服务产品分为运输、旅游、通信、建筑、保险、金融、计算机和信息、专利和特许权、个人文化娱乐、"其他商业服务" 10 个类别。同时，结合对传统服务和新兴服务的分类，本章将运输和旅游定义为传统服务，将通信、建筑、保险、金融、计算机和信息、专利和特许权、个人文化娱乐、"其他商业服务" 8 类服务归类为新兴服务。

贸易结构反映的是一国进出口商品构成的变化情况，而一国对某项商品的出口和进口在很大程度上取决于该商品在国际上的竞争力。因此，竞争力是导致各国贸易发展水平产生差异的重要因素之一。为了测度各国服务贸易争力状况，本章采用服务产品的国际市场占有率和净出口显示性比较优势指数来量化一国整体服务贸易国际竞争力，采用贸易竞争优势指数来衡量各服务部门的竞争力水平。

一、整体贸易竞争力测度

（1）国际市场占有率，是指一国的某类产品的出口额在世界市场该类产品出口额中的比重，是衡量一国某类产品整体竞争力的重要指标，用公式可表示为

$$M_{ij} = X_{ij} / X_{wj}$$

式中，M_{ij} 为 i 国 j 产品的国际市场占有率；X_{ij} 为 i 国 j 产品的出口额；X_{wj} 为 j 产品在世界范围内的出口额。当 M_{ij} 的值越高，则说明 i 国 j 产品的国际竞争力越强。

图 6-9 展示了 1980 年以来中美韩印四国服务产品国际市场占有率的变化情况。由图 6-9 可知，虽然美国服务产品的国际市场占有率在近几年出现了持续性的下降，但在四国之中仍然是遥遥领先。2013 年美国的国际市场占有率达到了 14.25%，比排名第二的中国高出约 10 个百分点。中国、印度和韩国服务产品的国际市场占有率都在不断提升，但提升速度明显不同。1982 年，中国和印度的占有率明显低于韩国，同时，中国还低于印度，但中国提升非常迅速，并先后于 1986 年和 2001 年超过了印度和韩国。2013 年中国占有率达到 4.4%，在四国之中排名第二。印度原本一直落后于韩国，但随着国内服务业的崛起，印度的国际市场占有率明显提升，并在 2005 年赶超韩国。2013 年，印度服务产品的占有率达到 3.25%，比韩国的 2.41% 高出约 0.8 个百分点，在四国中排名第三，韩国在四国中排名最低。

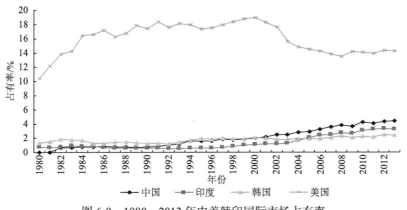

图 6-9　1980～2013 年中美韩印国际市场占有率

资料来源：WTO Statistics 数据库

注：由于数据缺失，无法算得中国服务产品在 1980 年和 1981 年的国际市场占有率

（2）净出口显示性比较优势指数，即 NRCA 指数，是由美国经济学家 Bela Balassa 于 1989 年在显示性比较优势（RCA）指数基础上进行改进而得到的。相比于 RCA 指数，NRCA 指数消除了产业内贸易或分工的影响，并考虑了进口因素对竞争力的影响，因此，它能更准确、真实地反映一国贸易竞争力情况（李亭亭，2013）。NRCA 指数用公式可表示为

$$\text{NRCA}_{ij} = X_{ij} / X_i - M_{ij} / M_i$$

式中，NRCA_{ij} 为 i 国 j 产品的净出口显示性比较优势指数；X_{ij} 为 i 国 j 产品的出口额；X_i 为同一时期该国的总出口额，包括服务出口和货物出口；M_{ij} 为 i 国 j 产品的进口额；M_i 为同期该国服务和货物的进口总额。当 $\text{NRCA}_{ij} < 0$，则说明该国产品具有国际竞争优势；$\text{NRCA}_{ij} < 0$，则说明该国产品不具备国际竞争优势。

表 6-12 显示了 1980 年以来中美韩印四国服务贸易净出口显示性比较优势指数。从表 6-12 中可以看出，中国和韩国服务贸易的 NRCA 指数经历了波动性下降，目前都为负值，这说明中国和韩国服务贸易的竞争力均出现下降，两国的服务产品在国际上都处于竞争劣势，并且中国的劣势更明显。美国服务贸易的 NRCA 指数在 1980～2013 年都大于 0，表明美国的服务产品具有很强的国际竞争力，这种竞争力也相对稳定。印度的 NRCA 指数曾一度出现了下降，并从 1991 年开始转为负值，但从 1998 年开始，印度服务贸易的 NRCA 指数由负转正，并开始逐渐上升，这说明印度服务产品的国际竞争力正在逐渐走强。就服务贸易而言，从 NRCA 值可以看出，美国的竞争力最强，印度次之，韩国和中国均处于竞争劣势，中国的情况更加不利。

表 6-12　　1980～2013 年中美韩印服务贸易 NRCA 指数

年份	中国	美国	印度	韩国	年份	中国	美国	印度	韩国
1980	—	0.0435	0.0860	0.0746	1991	0.0349	0.1009	−0.0041	−0.0031
1981	—	0.0568	0.0702	0.0839	1992	0.0013	0.1103	−0.0195	−0.0155
1982	0.0148	0.0631	0.0452	0.0981	1993	0.0171	0.1158	−0.0289	−0.0119
1983	0.0221	0.0709	0.0523	0.0740	1994	0.0047	0.1181	−0.0361	−0.0015
1984	0.0067	0.0800	0.0600	0.0574	1995	−0.0439	0.1151	−0.0439	−0.0032
1985	0.0459	0.0853	0.0705	0.0386	1996	−0.0155	0.1175	−0.0466	−0.0102
1986	0.0670	0.1096	0.0513	0.0331	1997	−0.0417	0.1127	−0.0254	−0.0058
1987	0.0470	0.1066	0.0111	0.0402	1998	−0.0353	0.1144	0.0004	−0.0439
1988	0.0344	0.0885	0.0064	0.0184	1999	−0.0329	0.1284	0.0157	−0.0283
1989	0.02115	0.0971	−0.0133	0.0048	2000	−0.0243	0.1253	0.0061	−0.0197
1990	0.0190	0.0987	0.0029	0.0037	2001	−0.0208	0.1253	−0.0028	−0.0254

续表

年份	中国	美国	印度	韩国	年份	中国	美国	印度	韩国
2002	−0.0175	0.1399	0.0109	−0.0400	2008	−0.0264	0.1399	0.1391	−0.0050
2003	−0.0148	0.1405	0.0323	−0.0356	2009	−0.0305	0.1381	0.1225	−0.0313
2004	−0.0110	0.1471	0.0697	−0.0367	2010	−0.0219	0.1372	0.0946	−0.0265
2005	−0.0172	0.1514	0.970	−0.0389	2011	−0.0296	0.1372	0.1027	−0.0152
2006	−0.0194	0.1447	0.1171	−0.0378	2012	−0.0690	0.1383	0.1218	−0.0003
2007	−0.0254	0.1477	0.1310	−0.0293	2013	−0.0841	0.1390	0.1128	−0.0039

资料来源：WTO Statistics 数据库

注：由于数据缺失，无法算得中国服务产品在 1980 年和 1981 年的 NRCA 指数值

二、分部门贸易竞争力测度

为了更清楚地了解各类服务产品的竞争力情况，本章引入贸易竞争优势指数，即 TC 指数，来衡量一国某项服务产品的竞争力状况，具体说明如下。

贸易竞争优势指数是指一国某类产品的净出口与进出口总额的比值，用公式表示为

$$TC = (X_{ij} - M_{ij}) \big/ (X_{ij} + M_{ij})$$

式中，TC 为贸易竞争优势指数，取值范围为[−1,1]；X_{ij} 为 i 国 j 类产品的出口额；M_{ij} 为 i 国 j 类产品的进口额。当 TC>0，则表明该项产品具备竞争优势，且越靠近 1 优势越大；当 TC＝0，则该项产品的进口和出口相当，比较优势接近平均水平；当 TC<0，则表明该项产品的竞争力较弱，且越靠近−1 竞争力越小。

美国是服务贸易大国，同时也是服务贸易强国。从美国服务贸易竞争力指数来看，旅游、建筑、金融、个人文化娱乐、专利和特许权及"其他商业服务"都处于优势地位，TC 指数几乎一直保持着正值；但运输和保险的竞争力一直较小，TC 指数长期为负；通信、计算机和信息服务变化较大，前者的 TC 指数值从负数转变成为正数，后者的变动则相反，这说明通信服务目前已具备国际竞争力，而计算机和信息服务竞争优势正在流失。从整体情况来看，具备竞争优势的行业大部分属于知识和技术密集型行业，这与美国本国科技发展和资本积累不无关系，也从侧面反映出贸易结构的成熟化和高级化（表 6-13）。

表 6-13　美国各部门贸易竞争力指数

年份	运输	旅游	通信	建筑	保险	金融	计算机和信息	个人文化娱乐	专利和特许权	其他商业服务
2000	−0.140	0.195	−0.179	0.156	−0.534	0.338	0.055	0.248	0.515	0.302
2001	−0.153	0.182	−0.062	0.157	−0.582	0.366	0.025	0.023	0.496	0.327

续表

年份	运输	旅游	通信	建筑	保险	金融	计算机和信息	个人文化娱乐	专利和特许权	其他商业服务
2002	−0.128	0.169	−0.054	0.070	−0.572	0.464	0.043	0.214	0.469	0.313
2003	−0.188	0.167	−0.001	0.081	−0.551	0.514	0.038	0.249	0.494	0.290
2004	−0.206	0.159	−0.025	−0.025	−0.587	0.531	0.003	0.286	0.478	0.312
2005	−0.202	0.174	−0.009	0.070	−0.505	0.534	−0.058	0.207	0.489	0.297
2006	−0.175	0.173	0.033	0.058	−0.568	0.529	−0.143	0.397	0.539	0.234
2007	−0.117	0.194	0.044	0.038	−0.560	0.523	−0.117	0.403	0.574	0.246
2008	−0.082	0.230	0.104	0.059	−0.603	0.571	−0.126	0.435	0.550	0.202
2009	−0.041	0.206	0.125	0.060	−0.632	0.634	−0.141	0.336	0.517	0.220
2010	−0.045	0.233	0.143	0.055	−0.609	0.647	−0.196	0.284	0.535	0.220
2011	−0.035	0.263	0.232	0.046	−0.553	0.633	−0.182	0.220	0.553	0.182
2012	−0.040	0.272	0.260	0.009	−0.541	0.637	−0.193	−0.044	0.514	0.210
2013	−0.051	0.286	0.266	—	−0.522	0.636	−0.182	—	0.529	0.196

资料来源：WTO Statistics 数据库

韩国虽然是"出口导向型"国家，但就服务贸易来看，韩国对服务产品的进口早已超过其出口，逆差状况持续了多年，这也从侧面反映出韩国的服务产品缺乏国际竞争力。分析不同行业的竞争力情况，由表 6-14 可知，运输、建筑、金融的 TC 指数一直为正，表明这三类服务具有很强的竞争优势；保险、计算机和信息、专利和特许权、"其他商业服务"的 TC 指数有所提高，其中计算机和信息、专利和特许权两项服务的 TC 指数在 2014 年实现了转负为正，表明这几项服务的竞争力状况有所好转；但韩国在旅游、通信、个人文化娱乐和"其他商业服务"方面一直处于劣势，这 4 类行业的 TC 指数已持续多年为负。

表 6-14　韩国各部门贸易竞争力指数

年份	运输	旅游	通信	建筑	保险	金融	计算机和信息	个人文化娱乐	专利和特许权	其他商业服务
2000	0.107	−0.021	−0.233	0.666	−0.363	0.573	−0.793	−0.648	−0.079	−0.178
2001	0.088	−0.088	−0.302	0.681	−0.723	0.731	−0.731	−0.536	−0.197	−0.182
2002	0.078	−0.276	−0.289	0.670	−0.879	0.818	−0.729	−0.565	−0.210	−0.231
2003	0.116	−0.307	−0.340	0.676	−0.840	0.747	−0.636	−0.463	−0.548	−0.246
2004	0.121	−0.341	−0.176	0.689	−0.538	0.791	−0.722	−0.410	−0.492	−0.237
2005	0.085	−0.453	−0.271	0.685	−0.626	0.751	−0.524	−0.410	−0.281	−0.245
2006	0.055	−0.530	−0.223	0.685	−0.515	0.646	−0.413	−0.389	−0.291	−0.254
2007	0.072	−0.563	−0.251	0.683	−0.414	0.704	−0.230	−0.495	−0.350	−0.204
2008	0.098	−0.322	−0.227	0.680	−0.229	0.691	−0.306	−0.407	−0.256	−0.355

续表

年份	运输	旅游	通信	建筑	保险	金融	计算机和信息	个人文化娱乐	专利和特许权	其他商业服务
2009	0.101	−0.210	−0.257	0.677	−0.367	0.526	−0.296	−0.384	−0.236	−0.383
2010	0.136	−0.289	−0.273	0.678	−0.263	0.529	−0.360	−0.483	−0.232	−0.288
2011	0.111	−0.228	−0.301	0.606	−0.139	0.582	−0.135	−0.254	−0.048	−0.305
2012	0.159	−0.209	−0.512	0.708	−0.237	0.532	−0.017	−0.380	0.027	−0.185
2013	0.123	−0.203	−0.332	0.661	−0.100	0.591	0.195	−0.401	0.060	−0.099

资料来源：WTO Statistics 数据库

从各部门竞争力情况分析，不难发现印度服务贸易成功的原因。由表 6-15 可知，计算机和信息服务的竞争力指数正在逐渐向 1 靠拢，在 2011 年甚至达到了 0.922，说明印度的计算机和信息服务具备非常强的国际竞争优势。除此之外，在新兴服务行业中，通信、个人文化娱乐和"其他商业服务"的 TC 指数也基本都为正；在传统行业中，旅游服务的 TC 指数为正，而运输服务的 TC 指数为负并有逐渐扩大的趋势，这也解释了长期以来旅游服务存在顺差，而运输服务存在逆差的原因；建筑、保险、金融、专利和特许权的 TC 指数为负，表明印度在这几方面的竞争优势不大。

表 6-15　印度各部门贸易竞争力指数

年份	运输	旅游	通信	建筑	保险	金融	计算机和信息	个人文化娱乐	专利和特许权	其他商业服务
2000	−0.630	0.125	0.702	0.596	−0.520	−0.645	0.751	—	−0.548	—
2001	−0.611	0.031	0.611	−0.757	−0.484	−0.707	0.734	—	−0.790	—
2002	−0.550	0.019	−0.125	−0.444	−0.458	−0.411	0.758	—	−0.890	—
2003	−0.510	0.109	0.227	−0.628	−0.481	−0.142	0.852	—	−0.916	—
2004	−0.503	0.123	0.308	−0.232	−0.350	−0.397	0.857	−0.143	−0.841	0.028
2005	−0.565	0.095	0.579	−0.270	−0.425	0.136	0.854	0.029	−0.531	0.151
2006	−0.534	0.116	0.565	−0.124	−0.412	0.095	0.832	0.494	−0.866	0.179
2007	−0.547	0.132	0.462	0.017	−0.359	0.022	0.769	0.502	−0.753	0.251
2008	−0.573	0.104	0.407	0.089	−0.470	0.095	0.809	0.370	−0.824	0.297
2009	−0.527	0.089	0.239	−0.143	−0.453	−0.019	0.869	0.169	−0.813	0.237
2010	−0.556	0.160	0.141	−0.307	−0.475	−0.076	0.878	−0.170	−0.901	0.150
2011	−0.532	0.128	0.083	−0.150	−0.411	−0.141	0.922	−0.001	−0.806	0.215
2012	−0.551	0.186	0.231	−0.085	−0.479	0.030	0.899	0.172	−0.851	0.233
2013	−0.543	0.228	0.319	−0.067	−0.469	0.035	0.898	0.259	−0.795	0.291

资料来源：WTO Statistics 数据库

表 6-16 展示了根据 WTO 数据计算的我国服务贸易竞争力指数，但由于我国在统计数据和统计口径方面与世界贸易组织略有不同，为更加清晰、详细分析我国服务贸易中各部门竞争力情况，现用我国统计数据再次对各部门的 TC 指数进行核算。由表 6-17 可知，我国在"其他商业服务"方面一直保持着优势，从 1997 年开始，"其他商业服务"的 TC 指数一直为正。建筑服务、计算机和信息服务、咨询服务的 TC 指数均已从负值转变为正值，表明这三项服务的竞争力出现了很大的提升，2014 年，建筑服务、计算机和信息服务、咨询服务 TC 指数分别达到 0.515、0.367 和 0.240。目前，这三项服务也是我国所有服务中最具有竞争力的。通信服务、广告和宣传服务的 TC 指数波动较大，平均接近于 0.1，表明这两项服务存在竞争优势但不太明显。运输、保险、金融、专有权利使用费和特许费、电影和音像的 TC 指数几乎一直为负，说明我国在这几项服务上不具备竞争优势。特别是专有权利使用费和特许费的 TC 指数值已经接近–1，表明我国对专利产品的进口大大超过出口，2014 年，我国专有权利使用费和特许费服务的进口额为 226 亿美元，而出口额仅为 6.3 亿美元，逆差额接近 220 亿美元，约占总逆差的 14%。更需注意的是旅游服务，1997 年，我国旅游服务的 TC 指数为 0.195，但到 2014 年已经下降至–0.487，TC 指数持续性下降并从正值转变为负值表明我国旅游服务的国际竞争力在急剧下降。

表 6-16　中国各服务部门贸易竞争力指数（1）

年份	运输	旅游	通信	建筑	保险	金融	计算机和信息	个人文化娱乐	专利和特许权	其他商业服务
2000	−0.478	0.106	0.695	−0.246	−0.916	−0.112	0.146	−0.536	−0.882	0.048
2001	−0.419	0.122	−0.092	−0.010	−0.845	0.125	0.144	−0.282	−0.893	0.059
2002	−0.408	0.139	0.078	0.128	−0.879	−0.276	−0.279	−0.528	−0.918	0.134
2003	−0.395	0.068	0.198	0.043	−0.862	−0.210	0.031	−0.350	−0.941	0.254
2004	−0.341	0.132	0.077	0.046	−0.883	−0.190	0.133	−0.622	−0.900	0.232
2005	−0.297	0.148	−0.109	0.231	−0.858	−0.047	0.064	−0.070	−0.943	0.172
2006	−0.241	0.165	−0.017	0.146	−0.882	−0.719	0.260	0.062	−0.940	0.169
2007	−0.160	0.111	0.041	0.298	−0.844	−0.415	0.326	0.346	−0.920	0.141
2008	−0.134	0.061	0.019	0.406	−0.804	−0.285	0.328	0.243	−0.895	0.091
2009	−0.328	−0.048	−0.005	0.235	−0.752	−0.286	0.337	−0.482	−0.925	0.144
2010	−0.298	−0.090	0.035	0.482	−0.802	−0.021	0.515	−0.502	−0.880	0.207
2011	−0.387	−0.199	0.184	0.596	−0.735	0.064	0.520	−0.530	−0.904	0.191
2012	−0.376	−0.342	0.042	0.544	−0.722	−0.010	0.580	−0.636	−0.889	0.223
2013	−0.430	−0.427	0.018	0.462	−0.691	−0.076	0.444	−0.653	−0.918	0.252

资料来源：WTO Statistics 数据库

表 6-17 中国各服务部门贸易竞争力指数（2）

年份	运输	旅游	通信	建筑	保险	金融	计算机和信息	专有权利使用费和特许费	咨询	广告和宣传	电影和音像	其他商业服务
1997	−0.542	0.195	−0.036	−0.344	−0.721	−0.829	−0.484	−0.831	−0.146	0.000	−0.600	0.188
1998	−0.492	0.155	0.592	−0.310	−0.645	−0.684	−0.435	−0.750	−0.188	−0.125	−0.333	0.066
1999	−0.531	0.129	0.513	−0.217	−0.811	−0.214	0.102	−0.837	−0.300	0.000	−0.500	0.024
2000	−0.478	0.106	0.698	−0.245	−0.915	−0.111	0.143	−0.882	−0.280	0.048	−0.600	0.073
2001	−0.419	0.122	−0.100	−0.012	−0.844	0.111	0.150	−0.893	−0.255	0.037	−0.250	0.118
2002	−0.408	0.139	0.078	0.131	−0.879	−0.286	−0.277	−0.920	−0.345	−0.026	−0.538	0.280
2003	−0.395	0.068	0.196	0.045	−0.873	−0.211	0.028	−0.940	−0.295	0.032	−0.400	0.400
2004	−0.341	0.147	−0.033	0.046	−0.883	−0.217	0.135	−0.899	−0.201	0.097	−0.636	0.306
2005	−0.297	0.148	−0.101	0.230	−0.858	−0.032	0.064	−0.942	−0.075	0.200	−0.071	0.285
2006	−0.241	0.165	−0.013	0.146	−0.883	−0.712	0.260	−0.939	−0.035	0.203	0.077	0.272
2007	−0.160	0.111	0.040	0.298	−0.844	−0.418	0.325	−0.920	0.032	0.175	0.362	0.192
2008	−0.134	0.061	0.019	0.406	−0.805	−0.281	0.327	−0.895	0.145	0.063	0.235	0.059
2009	−0.328	−0.048	−0.004	0.234	−0.752	−0.248	0.337	−0.925	0.162	0.085	−0.474	0.136
2010	−0.298	−0.090	0.034	0.482	−0.802	−0.022	0.514	−0.880	0.203	0.172	−0.510	0.349
2011	−0.387	−0.199	0.185	0.596	−0.735	0.063	0.521	−0.904	0.209	0.184	−0.538	0.277
2012	−0.376	−0.342	0.041	0.544	−0.722	−0.010	0.580	−0.889	0.251	0.263	−0.623	0.185
2013	−0.429	−0.427	0.009	0.465	−0.693	−0.079	0.441	−0.919	0.265	0.221	−0.677	0.322
2014	−0.430	−0.487	−0.119	0.515	−0.663	−0.089	0.367	−0.946	0.240	0.136	−0.667	0.170

资料来源：《中国服务贸易统计 2015》

三、中韩美印服务贸易竞争力水平比较

从国际市场占有率来看，美国的国际市场占有率在四国中排名第一，中国次之，印度第三，韩国排名最后。2013 年，四国的国际市场占有率分别为 14.3%、4.4%、3.2% 和 2.4%，这表明我国服务贸易市场占有率尚且靠前，但与美国的差距仍然较大。考虑到国际市场占有率指标仅考虑了一国出口的情况，缺乏进口因素，得到的结果也可能有失偏颇，因此，本章引入净出口显示性比较优势指数对我国服务贸易进出口竞争力情况进行进一步分析。引入进口变量之后，各国服务贸易竞争力水平发生了急剧的变化：美国仍然处于领先位置，印度排名第二，韩国排名上升至第三，而中国的国际竞争力跌至四国最低水平；并且中国和韩国的指数近年来持续为负，说明中国和韩国的服务产品不具备竞争力，而美国和印度均为正数，表明两国的服务产品具备很强的国际竞争优势，这一结果也从侧面反映出我国服务贸易进出口发展不均衡问题。从各部门来看，目前，我国具备国际竞争力的服务项目只有建筑、计算机和信息、咨询、广告和宣传，以及"其他商业服务"5 类，但我国的建筑服务与韩国相比、计算机和信息服务与印度相比都还有一定差距；与此同时，运输、旅游、保险等其余 6 类服务均处于竞争劣势，因此，提升我国服务产品的国际竞争力已成为当前迫切需要解决的问题。

第四节　我国服务贸易竞争力提升策略

1. 扩大服务贸易规模

2014 年，我国服务贸易进出口总额达到 6043 亿美元，占全球比重达到 6.2%，排名世界第二。现有成绩虽然可观，但与排名第一的美国相比仍然存在较大差距，服务贸易在我国对外贸易中的比重也小于世界平均水平，因此，我国应进一步加强服务贸易发展，扩大服务贸易规模。值得注意的是，我国服务贸易逆差问题严重，进口和出口的发展存在明显的不对称，增加服务贸易出口，提升服务出口在我国服务贸易中的比重。从进口来看，我国也应适度扩大重点领域的进口，通过引进国外先进的技术和经营方式，促进我国相关产业发展，提高我国服务贸易水平。

2. 优化服务贸易结构

近年来，以技术、资本和知识密集型为主要特征的新兴服务出口比重不断提升，我国服务贸易出口结构逐渐优化。未来，在巩固旅游、运输等传统行业出口优势的同时，还需进一步提高咨询服务、计算机和信息服务、金融服务、保险服务、专有权利使用费和特许费服务等新兴行业的出口比重，进一步优化出口结构。进口方面，运输和旅游两大传统服务仍然是我国服务贸易进口的主要来源，在服务贸易进口中的比重远远大于新兴服务，进口结构优化不明显。我国应提高通信、咨询、专有权使用费和特许费服务等服务的进口比重，优化服务贸易进口结构，以进一步优化我国服务业产业结构。

3. 提升传统服务业竞争优势

我国是物质资源大国，同时也是劳动人口大国，但旅游服务和运输服务两大劳动密集型和资源密集型服务产业并不具备竞争优势，因此，提升传统服务产品的竞争力是提升我国服务贸易整体竞争力水平的重要一环。旅游方面，我国应加快实现旅游产业现代化发展，引入系统的管理体制，建立多方位营销渠道，强化国际旅游形象，提高国际影响力；促进旅游、外交、金融、交通、文化等部门的协调联动发展，建立完善的旅游服务配套设施，提高旅游服务便利化水平；积极参与国际合作与竞争，提升国际地位和国际话语权。运输方面，要积极培育具有国际竞争力的运输企业，发挥企业在国际市场竞争中的主体地位，通过参与国际竞争创新经营理念、提高经营水平；加强对国内运输市场的监管，打造统一、开放、竞争、有序的运输市场；加强港口、码头等基础设施建设，完善国际运输保障体系；加强国际交流合作，参与双边、多边谈判，获得更多国家入境准入权，建立全球运输网络。

4. 培育新兴服务产业竞争力

在全球化时代，仅依靠初级生产要素形成的竞争力并不稳定，未来的竞争更多是知识、技术和人才的竞争，未来服务业竞争的重点也是技术和资本密集型服务产业。目前，我国缺乏高级生产要素，保险、金融、计算机和信息、专利和特许权、建筑等10类新兴服务行业的发展仍然处于初级阶段。建筑、计算机和信息服务、咨询服务的出口比重虽然有所提高，但份额仍然较小；而保险、金融、专有权利使用费和特许费的出口比重一直处于低水平，单项出口比重均不超过5%。因此，未来要提升我国服务贸易竞争力水平和质量，就应积极培育新兴服务产业，优化服务贸易结构。一方面，要加强自主研发和创新能力，另一方面，积极引进国外先进技术，形成"引进—消化—吸收"良性循环，提高计算机和信息、专有权利使用费和特许费服务等技术密集型产业的科技和知识含量；稳妥地推进金融、保险、广告和宣传等领域的进一步开放，通过外资引入和我国企业"走出去"培育企业竞争意识，引入现代化的企业治理体系，提高企业经营、管理水平；保持建筑、咨询、计算机和信息等服务的发展势头，树立品牌意识，打造一批具有国际知名度的企业和品牌，释放现代服务业的发展潜力。

5. 提升服务市场开放水平

改革开放以来，我国虽然逐渐放开了对服务部门的管制，但相对而言，服务部门的开放程度依然不高：对内，金融、电信、铁路、教育、医疗等服务部门长期处于垄断状态；对外，我国在市场准入、资本进入、国民待遇方面都设定了一定限制，有的部门甚至没有承诺开放。过度的垄断和封闭使得各部门创新能力不足、竞争力落后，坚持适度开放，打造开放、公平、竞争性市场是提升我国服务贸易竞争力的有效途径。我国应稳妥推进金融、保险、文化、教育、通信等领域的进一步开放，一方面要放宽外方进入我国服务领域的条件，引入外部优质资源，培育我国服务部门的竞争意识，提升我国服务产品质量和企业经营管理水平；另一方面应加快我国服务业"走出去"参与国际竞争，开拓国际市场，建立全球营销体系，实现竞争与发展的良性互动；加强双边、多边合作，通过建立自贸区、签订自贸协议加强与其他国家和地区的合作；打造服务贸易发展新平台，降低服务领域进入门槛，拓宽我国服务贸易发展空间，提升服务贸易发展水平。

6. 充分发展新型贸易形式

近年来，我国服务外包发展迅猛，年均增长速度在 50% 以上，不仅促进了我国服务贸易出口，也带动了服务行业就业。再借鉴邻国印度的发展经验，发达的服务外包产业带动了印度整体经济水平的提升，也形成了印度服务贸易独有的竞争优势。新形势下，新型贸易形式对经济的驱动作用不可小觑。我国应积极探索和发展新型服务贸易形式，对内积极承办国际赛事和博览活动，发展展会贸易，对外积极组织企业参与国外专业展会，推广国内优质的产品和服务，树立良好的品牌形象和业界口碑；加大对服务外包企业的扶持力度，积极承接离岸服务外包，特别是技术研发、工业设计、数据管理分析等具备高附加值的外包服务，加速服务外包与金融、咨询、广告等行业的深度融合，进一步扩大外包服务范围和国际外包市场；结合"互联网+"理念，搭建电子商务平台，利用互联网的开放性和共享性拓宽服务贸易发展渠道、提升贸易便利性，依托大数据、物联网等新技术开创服务贸易新模式。经验表明，转变发展方式是加速我国服务贸易发展的推进器，发展新型贸易形式，形成独有竞争力对我国服务贸易的发展具有重要意义。

7. 创新服务贸易新产品

2008 年金融危机之后，各国纷纷意识到制造业对经济的稳定作用，全球出现了制造业回流现象。为了在激烈的国际竞争中抢占先机，各国加快了对新技术的研发，这背后意味着一批采用新技术、新材料的产品将推出市场。当前，无人机、新能源汽车、3D 打印设备、虚拟现实设备接连面世，新产品的推出必然引起服务产品更新换代，服务贸易也面临着新的增长点。因此，我国应该抓住当前货物贸易发展新机遇，在货物贸易的结构性调整时期，适时地在金融、保险、计算机和信息、专有权利使用费和特许费、通信、咨询等方面加快推出新型服务贸易产品，满足货物贸易发展的需求，从而加速服务贸易产业升级和竞争力提升，实现货物贸易与服务贸易的良性互动，促进两类贸易的协调发展。

8. 积极发挥政府作用

纵观各国服务贸易发展历程，都离不开政府的支持和推动，我国也应积极发挥政府作用，促进我国服务贸易协调、有序发展。第一，政府应完善立法和管理制度，为服务贸易的发展提供法律和制度保障。美国曾先后颁布《贸易法》《贸易与关税法》《综合贸易竞争法》，为服务贸易发展奠定了基础。第二，加大对产业的扶持，提升产业整体水平。印度自 20 世纪 80 年代开始扶持本国计算机产业；韩国对本国的服务产业提供了税收优惠和金融支持；美国政府部门积极与服务企业合作，为其提供市场信息和咨询服务。第三，重视科技研发和人力资本的培育，促进技术密集型和知识密集型产业的发展。政府在服务贸易发展过程中的作用不可替代，我国应借鉴其他国家发展经验，从法律、政策、产业、研发、人才培养多方面入手，积极发挥政府作用，为我国服务贸易发展提供有力保障。

9. 推动服务业国际资本流动

当前，"商业存在"已成为全球服务贸易发展的主要模式，众多跨国公司通过在境外设立的服务机构向东道国输出服务产品。目前，服务业已成为我国吸引外资的主要领域，但受开放程度的影响，外资进入服务领域存在一定限制。我国应逐渐破除外资进入障碍，积极吸引外商投资，特别是吸引外资流向科学和技术研发领域，利用外资促进保险、金融、通信、法律咨询、教育等行业的良性发展。此外，我国企业也应积极"走出去"，通过跨国并购、绿地投资，以及在海外设立研发中心、运营中心等方式参与海外投资，建立国际供应链体系和营销网络，积极输出国内高质量的服务产品，打造我国服务产品的国际知名度；学习国外企业先进的管理理念和运营方式，提高我国服务产品品质和综合竞争力。

第七章　吸引外资：规模稳定与质量提升

当今世界经济全球化和区域经济一体化的进程不断加速，各国经济联系更为紧密，全球经济日益开放。贸易和投资作为开放型经济的两大重要推动力得到世界各国的广泛认同，各国纷纷签署双边、多边的贸易投资协定来提高自身的国际贸易和投资水平，积极融入世界开放型经济的进程中。我国自1978年以来实现经济的快速增长、人民生活水平的大幅改善、国际地位的迅速崛起得益于我国改革开放的基本国策。作为对外开放重要内容的引进外资，在弥补国内资金不足、促进经济增长、拉动就业、提升技术管理水平、促进制度改革等方面功不可没。

但长期以来，我国吸引外商投资主要依靠短期的土地、税收等政策优惠，重视外资数量而忽视外资质量，在吸引外商投资过程中累积的弊端也不断显现：吸引外资的数量大但质量不高、促进国内技术进步不明显、对我国的产业控制加深，威胁产业安全、环境资源约束大等。与此同时，受2008年金融危机影响，世界经济发生巨大的变化：全球经济下行和发达国家"再工业化"导致全球外资流入值大幅下降、以美国为主的发达国家重构世界贸易投资规则、各国要素禀赋发生变化导致吸引外资的竞争加剧、外资更为重视长期性的制度性保障等。这些都对我国吸引外商投资提出了严峻挑战。在新形势下，我国吸引外资应该如何把握方向？如何稳定引资数量？如何提升外资质量？本章就对这些问题进行梳理和探讨。

第一节　我国外商投资[①]的历程和特点

一、外商投资历程

我国从1979年开始引进外资，根据我国引进外资的国际国内环境变迁、政策调整和引进的数量变化，将外商投资的历程划为以下6个阶段。

[①] 根据商务部《外商投资统计制度》，外商投资是指国外及港澳台地区的法人和自然人在中国大陆地区以现金、实物、无形资产、股权等方式进行投资。

1. 初始阶段（1979～1986年）

1979年，为促进我国参与国际经济合作与交流，第五届全国人民代表大会第二次会议通过了《中华人民共和国中外合资经营企业法》，允许外国投资者与国内企业组建合资企业。为了便于《中华人民共和国中外合资经营企业法》的实施，1983年我国出台了《中华人民共和国中外合资经营企业法实施条例》。相关法律法规的出台拉开了我国利用外资的序幕。1986年第六届全国人民代表大会第四次会议通过了《中华人民共和国外资企业法》，标志着外资所有权的限制被打破，这更有利于吸引外资。除了相关法律法规的出台之外，我国还建立了与吸引外资相配套的经济开发区，凭借其特有的政策优势吸引外资。1984～1988年，我国先后在长江三角洲、珠江三角洲、闽东南厦漳泉地区、环渤海（包括山东半岛、辽东半岛）地区，以及秦皇岛、大连、青岛、天津、烟台、连云港、南通、宁波、福州、广州、湛江、上海12个沿海开放城市建立了经济开发区。

这一阶段，我国吸引外资政策的完善和开放度的提高奠定了我国利用外资的政策和环境基础，标志着我国利用外资进入了探索阶段。这个阶段吸收外商投资的主要特征是：吸引外资的企业少，规模小。1979～1982年作为吸引外资的开端，年均吸引外资企业仅230家，投资额为4.42亿美元[①]。1983～1986年，年均吸引外资企业1843家，投资额为16.34亿美元，年均增幅约为19%[①]（图7-1，图7-2）。资金来源上，主要来自香港、澳门两个地区，且主要集中在劳动密集型加工业和酒店服务业。由于利用外资渠道和主管部门有所不同，我国实际利用外资是按照地区和部门分别统计的。1988年之前，部门吸引外资比重较大，地区吸引外资的占比小。但随着改革开放的不断深入，一些行业主管部门先后撤销和合并，其经济管理权限逐渐缩小，地方政府管理权限不断增加，地区吸引外资的规模逐年攀升，在1988年之后占到近98%，并在以后保持了这种趋势。1983～1986年，各省区吸引外资平均占比为67.62%，且主要集中在东部地区，其占比高达61.65%，其次是西部地区（3.24%），再次是中部地区（2.73%）（魏后凯，2001）。

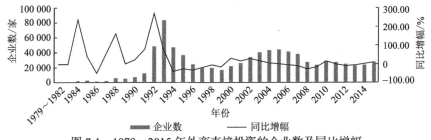

图7-1　1979～2015年外商直接投资的企业数及同比增幅

资料来源：根据商务部《中国外资统计2016》整理计算而得

---

① 根据商务部《中国外资统计2011》整理计算而得。

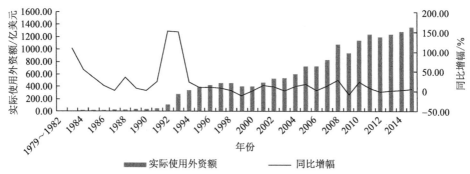

图 7-2　1979～2015 年外商直接投资的实际使用外资额及增幅

资料来源：根据商务部《中国外资统计 2016》整理计算而得

2. 缓慢增长阶段（1987～1991 年）

1986 年，国务院出台《关于鼓励外商投资的规定》，指出外资企业可在税收、土地使用费、劳务费、利润分配等方面享有优惠待遇。这一措施的出台，有力地促进了沿海经济技术开发区引进外资。1990 年上海设立的浦东开发区引领长江三角洲经济向更快更好方向发展。

1987～1991 年，我国吸引外资企业共 3.4 万家，实际使用外资额达 167.54 亿美元。其间，年均吸引外资数达 6841 家，吸引外资额达 33.51 亿美元。1991 年外资企业数首次突破 1 万家，实际使用外商投资额为 43.66 亿美元，约为 1987 年的两倍，超过 1979～1982 年的总和①。

这一阶段 FDI 的主要特征如下：投资区域主要是东部沿海的经济技术开发区，东部地区占比高达 86.23%，中部地区为 5%，西部地区为 4.14%，中部地区吸引外资的规模在 1988 年开始超过西部地区，且差距逐渐扩大（魏后凯，2001）。投资的区域从沿海走向内陆部分地区，资金主要来自香港地区，同时美国、日本和欧盟等发达国家（地区）也开始对我国进行投资。1987～1991 年，香港地区年均投资额约占 60%，美国约占 9.5%，日本约占 12.55%，欧盟约占 4.5%，台湾地区也从 1990 年开始对我国大陆进行投资，年均投资额约占 9%①。

3. 快速推进阶段（1992～1994 年）

20 世纪 90 年代初，我国处于旧的计划经济体制解体和新的市场经济体制建立的关键阶段。新旧体制下，利益格局的冲突和摩擦加剧，人们对改革的看法不一。这些困惑严重影响了改革开放和经济前行的步伐。1992 年，邓小平的南方谈话肯定了改革的方向，解决了人们思想上的困扰，掀起了经济发展的新高潮，吸

---

① 根据商务部《中国外资统计 2011》整理计算而得。

引外资的数量也大幅提高。

此阶段的主要特征如下：吸引外资的企业数目和投资规模呈现井喷式增长，1992～1994 年共吸引外资企业 17.97 万家，吸收外资额达 722.9 亿美元。年均吸引外资企业家近 6 万家，年均引资达 240 亿美元，年均增速高达 70%。其中，1993 年，吸引外资企业 8.3 万家，吸引外资额 275.15 亿美元。而且从 1993 年开始，中国成为世界第二大引资国。外资资金来源地仍然主要是我国香港、台湾地区，以及美国、日本、欧盟等国家（地区）。但来自香港地区的资金比重有下降趋势，从 1992 年的 68.2%下降到 1994 年 58.24%，并在以后的年份持续递减。美国为 6.5%，日本为 5.7%，欧盟为 3%，台湾地区约为 10%，台湾地区投资金额较为稳定，并超过欧盟、美国、日本的投资。投资方式形成了合资、合作和独资三种形式，且独资企业的比重不断提高[①]。地区分布上仍然是东部地区占绝对优势，年均占比高达 88.21%，而中部和西部地区仅分别为 7.79%和 3.29%（魏后凯，2001）。

4. 稳定增长阶段（1995～1999 年）

在此阶段，我国出台《外商投资产业指导目录》对外资进行政策性产业引导，利用外资的主要目的是出口贸易创造，也兼顾弥补技术的不足。1995 年，我国首次颁布了《外商投资产业指导目录》，对外资鼓励类、限制类、禁止类产业做出了划分，以引导外资的产业投资方向。1997 年又对《外商投资产业指导目录》进行修订，其中鼓励类的条目数从 165 增加到 185，且这一阶段引进外资的目的，不同的产业也有所不同，除第三产业是弥补技术不足外，第一、第二产业均为出口贸易创造。

在引导外资产业投向的同时，我国还出台相关政策引导外资的区域投向。1995 年颁布了《指导外商投资方向暂行规定》；1998 年 4 月，又颁布了《关于进一步扩大对外开放，提高利用外资水平的若干意见》，该意见提出引导和鼓励外资投向我国中西部地区；1999 年提出西部大开发战略，给予西部地区优惠政策。这些措施均有利于中西部地区吸引外资。

在此阶段，外商投资的主要特征如下：一是吸引外资企业数大幅下降，从 1995 年的 3.7 万家下降到 1999 年的 1.69 万家，但平均规模在逐步提高，达 420.57 亿美元，为 1992～1994 年的 1.75 倍，1987～1991 年的 12.5 倍。吸引外资的规模较为稳定，年均吸引外资的规模约为 400 亿美元[①]。

二是从利用外资的方式来看，合资、合作和独资的格局中，独资的占比提高，

---

① 根据商务部《中国外资统计 2011》整理计算而得。

1999 年合资企业的投资金额为 158 亿美元，独资企业的投资金额为 155 亿美元，独资企业占比与合资企业占比大致相等，约占 40%。而合作方式的外资占比较为稳定，约为 20%。另外，从 1997 年开始，出现了利用外商投资股份制企业，资金占比约为 0.6%[①]。

三是从行业分布来看，这一阶段外资集中投资的前五大行业依次是制造业（50% 以上），房地产业（约 12%），电力、燃气及水的生产及供应业（约 6%），居民服务和其他服务业（约 5%），交通运输、仓储和邮政业（约 4%）。可见，外商投资的行业范围较小，以制造业和房地产业为主。除这五大行业之外，外商投资还包括农业和采矿业，并在 1999 年涉足金融业。总体来看，在这一阶段的外资仍主要集中在制造业，第三产业的比重仅为 20%[①]。

四是从资金来源看，香港地区依旧是资金第一大来源地，但是企业数和利用资金额均明显下降，企业数占比从 1995 年的 46.34% 降到 1999 年的 34.89%。利用资金额也从 53.47% 降到 40.58%，年均占比 46%。台湾地区年均占比 7.4%，日本年均占比 8.3%，美国年均占比 8.5%，欧盟年均占比 8.3%。这一阶段的资金来源地出现分散化的趋势，资金来源地扩展至新加坡、韩国、英属维尔京群岛、开曼群岛、萨摩亚、澳大利亚等。但资金来源地仍主要集中在亚洲，占比约为 70.54%[②]。

五是从地区分布来看，主要集中在东部地区，中西部地区投资较少。东部地区占比为 88.14%，中部地区占比为 9.28%，西部地区占比为 2.58%。在此阶段，中部地区和西部地区的差距进一步扩大（魏后凯，2001）。

5. 稳定发展阶段（2000～2008 年）

随着我国 2001 年加入 WTO，吸引外资的政策和法规得到了进一步的修改和完善，并逐步与世界接轨。首先，根据产业发展需要多次调整外商投资的产业政策，我国于 2002 年、2004 年和 2007 年对《外商投资产业指导目录》进行修订。此外，在 2003 年颁布了《鼓励外商投资高新技术产品目录》，为进一步吸引和鼓励外商投资高新技术产业，利用国外的先进技术提供了政策支持。与此同时，外资投向的区域政策也进一步向中西部倾斜。2002 年新修订的《指导外商投资方向的规定》，继续鼓励外资流向中西部地区。由于制度更加透明，政策更加优惠，我国的投资环境得到进一步改善，加之我国经济增长势头强劲，吸引外资也进入了一个稳定发展阶段。

这一阶段外资的基本特征如下。

---

① 根据国家统计局资料计算整理。国家数据，http://data.stats.gov.cn/。
② 根据商务部《中国外资统计 2011》整理计算而得。

一是吸引外资的规模和单家企业平均规模稳定增长，分别从 2000 年的 407.15 亿美元和 182 万美元，增长到 2008 年的 1083.12 亿美元和 393 万美元，年平均增幅分别为 18%和 13%[1]。

二是从合作方式来看，从 2000 年开始，外商独资超过合资，成为利用外资的最主要方式。2000 年，合资、合作、独资占比分别为 35.23%、16.20%和 47.31%；2008 年，分别为 18.74%、2.06%和 78.27%。与此同时，股份制企业占比起伏波动，最高占比是 2005 年的 1.52%，最低占比是 2007 年的 0.66%。在这一阶段，合资、合作、独资和股份制年均占比分别为 26.63%、6.82%、65.18%和 0.94%[2]（注：此处还有外商股份制企业投资未计入，因此其总和不到 100%）。

三是从投资的行业分布来看，主要集中在制造业，房地产业，电力、燃气及水的生产和供应业，居民服务和其他服务业，交通运输、仓储和邮政业，租赁和商务服务业，批发和零售业，信息传输、计算机服务和软件业。房地产业作为第二大投资行业在 2000～2006 年的投资比重维持在 10%左右，但在 2007 年、2008 年却陡然上升到 20%。第三产业中的租赁和商务服务业，批发和零售业，信息传输、计算机服务和软件业增长幅度较快，其中，租赁和商务服务业吸引外资额仅在制造业和房地产业之后，排名第三。同时，科学研究、技术服务和地质勘探吸引外资额的数量增加， 2008 年占比达到 1.6%。从三次产业的划分来看，以 2005 年为分界点，在 2005 年前第二产业占有绝对优势，占比均在 70%以上。在 2005 年以后，第二产业占比下降，第三产业占比急剧提升，从 2005 年的 24.72%上升到 2008 年的 41.07%，而农业占比变化不大。此阶段，三次产业年均占比分别为 1.34%、61.27%和 21.75%[2]。

四是从外资的来源地来看，虽香港地区仍然稳居第一，但占比呈持续下降趋势，占比从最初的 60%降为 33%左右。台湾地区为 4.54%，日本为 7.34%，美国为 6.56%。欧盟为 7.26%。在这一阶段，美国和欧盟的投资占比也持续下降，日本从 2006 年也出现下降态势。从区域来看，亚洲的投资主要来自我国香港、台湾地区，以及日本、韩国、新加坡等国家和地区。其中，日本和韩国的资金额不相上下，新加坡从 2007 年开始超过日本。北美洲的投资主要来自美国、加拿大和百慕大群岛，其中美国占比约为 80%。大洋洲的投资主要来自萨摩亚、澳大利亚和新西兰，其中萨摩亚占比约为 70%。拉丁美洲的投资主要来自英属维尔京群岛、开曼群岛和巴哈马，其中英属维尔京群岛占比约 70%。欧洲的投资主要来自英国、德国、荷兰和法国。总体来看，占比最多的地区仍旧是亚洲，

---

① 根据商务部《中国外资统计 2011》整理计算而得。
② 根据国家统计局资料计算整理。国家数据，http://data.stats.gov.cn/。

高达 56%①。

五是从地域分布来看，外资投资的区域从东部地区扩散到中西部地区。从东部地区内部来看，江苏、浙江、山东、辽宁等地利用外资的增幅迅猛，但是广东、福建等地呈现下降趋势，外商投资呈现"北扩"和"西进"趋势。在此阶段，东部地区仍然占绝对优势，年均占比为 87.27%，中部地区为 8.84%，西部地区约为4%。值得一提的是，自 2007 年起，西部地区外商投资呈现较大幅度增长，增幅超过 40%，逼近中部地区的外商投资规模，2008 年中部地区的投资额为 8.03 亿美元，西部地区为 7.16 亿美元（余玲，2011）。

6. 恢复阶段（2009～2015 年）

2008 年爆发的金融危机及 2009 年爆发的欧债危机重创全球经济，在此之后全球经济普遍下行。外商母国经济不景气和推行再工业化吸引资金回流，导致全球对外投资锐减。根据联合国贸易和发展组织公布的《2012 年世界投资报告》数据显示，2008 年全球外商投资额急剧下降，降幅达 15.3%，金额为 1.74 万亿美元。2009 年继续下降，降幅高达 36.9%。2010 年开始回升，增幅为 17.3%，金额为 1.29万亿美元。为抑制我国经济下行，充分利用外资来抵消国内经济不景气和对外出口贸易额大幅下挫的影响，同时避免外资大量减少可能给我国经济带来的不利冲击，国务院于 2010 年 4 月颁布了《关于进一步做好利用外资工作的若干意见》，指出继续鼓励外资流向中西部地区，从而指导外资进行区域转移和投资。2010 年6 月，我国发布《关于下放外商投资审批权限有关问题的通知》，将鼓励类、允许类总投资额在 3 亿美元以下和限制类中总投资额在 5000 万美元以下的外商企业设立及审批事项等六大类权限下放至各省，从而从制度上进行简政放权，提高行政效率，起到促进外商投资的作用。另外，我国于 2011 年、2015 年对《外商投资产业指导目录》再次进行修订，增加其鼓励条目，起到促进外商投资的作用。虽这个阶段受到世界经济下行的影响，但由于出台了相关举措，我国的外商投资总体比较稳定，未出现较大波动。

这一阶段外资的主要特征如下：一是吸引外资的企业数较上一个阶段有明显的下降，年均吸引外资企业数为 2.52 万家，但是单家规模稳步上升，达 471 万美元。吸引外资总额在 2009 年有短暂的下降，降幅为 13.15%，2010 年之后稳步回升，且高于金融危机前的水平，年均吸引外资额达 1189.34 亿美元。2015 年，我国实际使用外资额为 1355.77 亿美元，同比增长 5.51%；共有 2.66 万家企业来我国投资，同比增长 11.73%。截至 2015 年 12 月底，我国引进 FDI 高达 17 409.06

---

① 根据商务部《中国外资统计 2011》整理计算而得。

亿美元，外商投资企业 836 595 家[①]。

二是从合作方式来看，独资企业占比依然最高，占有绝对优势，其次是合资方式，再次是合作方式和股份制企业。股份制企业的比重在 2013 年首次超过合作方式，并一直保持这种态势。2015 年，外商投资股份制企业投资额为 32.51 亿美元，占比 2.4%，而中外合作企业投资额仅为 18.45 亿美元，占比 1.36%[①]。

三是从投资的行业来看，投资的主要行业的排序发生变化，排名第一、第二位的依旧是制造业和房地产业，其次是租赁和商务服务业，批发和零售业，交通运输、仓储和邮政业，金融业，科学研究、技术服务和地质勘探业。金融业在 2009 年之后的引资额迅猛增长，从 4.56 亿美元、占比 0.5% 分别增加到 2014 年的 41.82 亿美元和 3.5%。另外，农业引资额也在稳定增长，年均达 17.89 亿美元。从三次产业划分来看，以 2011 年为分界点，2011 年第三产业占比首次超过第二产业[②]。2015 年，三次产业占比依次为 1.13%、32.16%、66.71%[①]。

四是从投资来源地来看，香港地区仍为第一大资金来源地，占比相较于前一阶段提升迅速，年均占比近 57%，回升到 1987~1994 年的水平。台湾地区和日本的投资额占比持续下降，分别从 2009 年的 2%、4.36% 下降到 2015 年的 1.13% 和 2.36%[①]。

五是从投资的区域来看，东部地区吸引外资仍占有绝对优势，吸引外资额占比均在 75% 以上，2009 年甚至高达 86.17%，随后迅速下降，2015 年为 83.84%。中部、西部地区占比逐渐提升，分别从 2009 年的 5.93%、7.9% 升至 2014 年的 9.08%、9.02%。由此可以看出，东部地区的引资能力在减弱，而中部、西部地区在增强，这表明中部、西部地区正日益受到外商的青睐。2015 年的数据显示东部地区吸引力又有所回升，这可能与全球经济回暖有关（表 7-1）。

表 7-1　2009~2015 年外商投资我国不同区域的占比

年份	东部地区		中部地区		西部地区	
	金额/亿美元	比重/%	金额/亿美元	比重/%	金额/亿美元	比重/%
2009	810.46	86.17	55.78	5.93	74.31	7.90
2010	898.55	84.98	68.58	6.49	90.22	8.53
2011	966.04	83.27	78.36	6.75	115.71	9.97
2012	925.13	82.81	92.87	8.31	99.16	8.88

① 根据商务部《中国外资统计 2016》整理计算而得。

② 根据国家统计局资料计算整理。国家数据，http://data.stats.gov.cn/。

续表

年份	东部地区		中部地区		西部地区	
	金额/亿美元	比重/%	金额/亿美元	比重/%	金额/亿美元	比重/%
2013	968.78	82.36	101.03	8.59	106.50	9.05
2014	979.22	81.90	108.61	9.08	107.79	9.02
2015	1058.68	83.84	104.44	8.27	99.55	7.88

资料来源：根据商务部《中国外资统计 2010》《中国外资统计 2011》《中国外资统计 2012》《中国外资统计 2013》《中国外资统计 2014》《中国外资统计 2015》《中国外资统计 2016》的相关数据整理计算而得

二、外商投资特点

从外商投资的历程变化，我们可以看出外商投资呈现出以下几个特点。

1. 吸引外资规模逐年提高，成为吸引世界外资前列的国家

一是外商投资总额逐年提高，单家规模稳步提升。我国吸引外资从 1979～1982 年的年均 4.42 亿美元增加到 2015 年的 1355.77 亿美元，是 1979～1982 年的 306.74 倍。吸引外资企业数虽在 2009 年出现较大幅度的下降，但单个规模稳步提升，从 1979～1982 年的 192.28 万美元增加至 2015 年的 510 万美元，是 1979～1982 年年均值的 2.65 倍[①]。

我国在 2003 年之后成为发展中国家中吸引外资最多的国家。由表 7-2 可知，2015 年，我国共吸引外资 1355.77 亿美元，占全球吸引外资的 7.69%，位居全球第三。我国吸引外资占全球外资的比重在 1991～2015 年呈不断波动的态势，2009 年之后占比较为稳定，占全球 FDI 流入值的 8%左右。虽然 2008 年后全球 FDI 流入值相比于 2007 年金融危机前有大幅下降，但我国吸引外资额比较稳定，主要在于我国出台了鼓励外商投资的若干政策和我国的区域性差异为外资提供了产业转移的机会。

表 7-2　我国吸引 FDI 额及占全球 FDI 流入值比重

年份	全球 FDI 流入值/亿美元	我国吸引 FDI 额/亿美元	我国吸引 FDI 占全球比重/%
1991～1999 年平均值	4 213.26	318.82	7.57
2000	13 879.53	407.15	2.93
2001	8 175.74	468.78	5.73
2002	6 787.51	527.43	7.77

---

① 根据商务部《中国外资统计 2016》整理计算而得。

续表

年份	全球 FDI 流入值/亿美元	我国吸引 FDI 额/亿美元	我国吸引 FDI 占全球比重/%
2003	5 595.76	535.05	9.56
2004	6 481.46	606.3	9.35
2005	9 586.97	724.06	7.55
2006	14 110.18	727.15	5.15
2007	20 999.73	835.21	3.98
2008	17 708.73	1 083.12	6.12
2009	11 141.89	940.65	8.44
2010	13 281.02	1 147.34	8.64
2011	15 637.49	1 239.85	7.93
2012	14 028.87	1 210.73	8.63
2013	14 672.33	1 239.11	8.45
2014	12 282.63	1 285.02	10.46
2015	17 621.55	1 355.77	7.69

资料来源：1991～2009 年数据来自联合国贸易和发展会议网站（UNCTADStat），2010～2015 年数据根据联合国贸易和发展会议的《世界投资报告 2016》，以及《中国外资统计 2011》《中国外资统计 2016》数据整理计算而得

2. 东部仍然是吸引外资主要区域，但呈现出向中西部地区扩张的趋势

外商投资最开始主要集中在我国东部沿海的经济技术开发区及深圳、厦门等城市，2000～2008 年则主要集中的长江三角洲、环渤海地区。2009 年后又呈现出西进的态势。从表 7-1 可以看出，东部地区各年度占比均在 75% 以上，具有绝对优势。因为改革开放的政策优惠和临近世界市场的区位优势，东部地区率先发展起来。伴随着我国 1999 年西部大开发战略、2003 年中部崛起战略的出台和一系列鼓励性政策措施的颁布和实施，如 1998 年的《关于进一步扩大对外开放，提高利用外资水平的若干意见》、2002 年新修订的《指导外商投资方向的规定》和 2010 年《关于进一步做好利用外资工作的若干意见》等，再加上 2009 年之后东部地区要素成本上升和世界市场萎靡，促使外资向生产要素成本低廉、内需市场大和资源丰富的地区转移，中西部地区吸引外资出现小幅增长。

3. 吸引外资的产业结构优化升级，第三产业占比大幅提升并占绝对优势，农业和金融业逐渐受到青睐

在我国刚开始引进外资时，主要集中在第二产业，1999 年之前，外资投向第二产业的占比约 70%。2000～2003 年，小幅升至 73% 左右；而服务业比重逐年下降，从 2000 年的 19.48% 下降到 2003 年的 11.84%。不过以 2005 年为分界点，服

务业的比重开始攀升，并在 2011 年首次超过第二产业[①]。2015 年三次产业的占比依次为 1.13%、32.16%和 66.71%[②]，服务业占比大幅提升。除了服务业占比提高之外，农业、金融业吸引外资额也有较小幅增长。外商投资从传统制造业向服务业转移的原因，一是我国为履行加入 WTO 的承诺，加大了对服务业的开放；二是我国指导外资产业流向的《外商投资产业指导目录》对服务业进行了倾斜；三是全球的产业升级已经转向服务业，尤其是知识密集型服务业已成为各国集中投资的行业。

4. 外资利用方式上，独资成为最主要方式

我国外商的投资方式，独资占有绝对优势，外商投资股份制企业比重有所增加，而合作、合资方式逐渐减少。自 2000 年开始，外资独资企业的比重超过合作方式，2000~2008 年独资占比已达 65.18%，合资方式仅 26.63%。2009~2015 年，外资独资占比更高达 76.19%，合资为 19.29%，合作和股份制方式仅 2%左右。与此同时，2013 年股份制的比重开始超过合作方式[①]。2015 年，合资、合作、外商独资、股份制占比分别为 19.09%、1.36%、70.28%和 2.4%[②]。外资利用方式的转变，体现了我国改革开放后对外资股权比例限制的放松和外资对我国投资环境的青睐。同时，对于外商来讲，采用独资方式更有利于保护先进技术和垄断市场。另外，收购股权的方式在资金、法律限制相较其他方式更为宽松，外资更愿采用兼并收购的方式，从而导致股份制投资方式占比逐年上升。

5. 资金来源上，香港地区占绝对优势，且主要集中在亚洲地区

从 2015 年实际使用外资额的前十位来源地来看，依次是中国香港地区、英属维尔京群岛、新加坡、韩国、日本、美国、萨摩亚、德国、中国台湾地区和开曼群岛。其中，香港地区占比为 63.72%，亚洲总计 75.28%。再从截至 2015 年的外商来源地来看，仍是这些国家和地区位居前十[②]。在资金来源地上，中国香港地区所占比重以 2007 年为分界点，经历了先下降后上升的变化。美国、欧盟的投资比重在 2000 年开始逐渐下降，日本也在 2009 年之后下降，中国台湾地区在 2009 年之后也逐渐下降。中国香港地区是我国资金的主要来源地，主要在于香港与内地具有地缘优势、文化传统、乡土人情、生活习惯等有共同之处，且香港熟悉内地的制度环境，所以金融危机爆发后香港对内地的投资不降反升。不过，港资多为劳动密集型产业，相比于欧美等发达国家技术水平、管理经验水平较低。此外，发达国家减少对中国投资很可能是中国对外资优惠政策减弱及其本国经济不景气所致。

---

① 根据国家统计局资料计算整理。国家数据，http://data.stats.gov.cn/。
② 根据商务部《中国外资统计 2016》整理计算而得。

第二节　我国引进外资的成绩与问题

一、引进外资的成绩

1. 弥补资金和外汇不足

改革开放之初，我国缺乏相应的资金进行经济建设，也缺少外汇从国外进口原材料和机器设备。1994 年之前，我国的存款总额小于贷款总额，需要外部资金进行经济建设。在 1979～1994 年，外商投资确实起到了弥补国内资金不足和外汇短缺的作用。在此阶段，我国共吸收外商投资 973.48 亿美元。自 1994 年我国存款总额大于贷款总额 0.33 万亿元之后，国内的存款已经能满足贷款需求，实际利用外商直接投资仍保持了年均 11.3%增长[①]。1994 年之后，实际使用外资额占固定资产投资的比重持续降低，说明此时利用外资已不仅仅是单纯的弥补资金，更重要的是外资带来的技术和管理经验扩散和促进制度改革。

2. 促进经济增长

外商投资促进经济增长可以从以下四个方面来体现。

一是增加了我国的税收收入。2001 年以后，外商企业的纳税额一直占全国工商企业纳税额的 20%左右。2015 年全国工商税收总额为 12.49 万亿元，而外商企业纳税为 2.48 万亿元，占全国的比重为 19.87%[①]。

二是促进我国资本形成。以实际使用外资占全国固定资产投资的比重来看，虽然外资占全国固定资产投资的比重逐渐降低，从 1994 年的 17.08%下降到 2015 年的 1.5%，但在我国经济起飞的早期其作用是非常显著的[①]。

三是创造工业产值。外资企业的工业增加值增速普遍大于国内规模以上企业，其在一定程度上起到了制造竞争环境、带动内资企业发展的作用。在 2009 年之前，外资企业的工业增加值一直大于国内规模以上企业，2009 年之后经济不景气而导致制造业向母国回流，增幅有所下降（表 7-3）。

表 7-3　全国工业增加值及规模以上外商投资企业工业增加值增幅

年份	全国工业增加值/亿元	增幅/%	规模以上外商投资企业工业增加值增幅/%
1992	10 116	20.8	48.8
1993	14 140	21.1	46.2

① 根据商务部《中国外资统计 2016》整理计算而得。

续表

年份	全国工业增加值/亿元	增幅/%	规模以上外商投资企业工业增加值增幅/%
1994	18 359	18.0	28.0
1995	24 718	14.0	19.0
1996	28 580	12.7	13.1
1997	31 752	11.1	13.4
1998	33 541	8.9	12.7
1999	35 357	8.5	12.9
2000	39 570	9.9	14.6
2001	42 607	8.9	11.9
2002	45 935	10.2	13.3
2003	53 612	12.6	20.0
2004	62 815	11.5	18.8
2005	76 190	11.4	16.6
2006	90 351	12.5	16.9
2007	107 367	13.5	17.5
2008	129 112	9.5	9.9
2009	134 625	8.3	6.2
2010	160 030	12.1	14.5
2011	188 572	10.7	10.4
2012	199 860	7.9	6.3
2013	210 689	7.6	8.3
2014	227 991	7.0	6.3
2015	228 974	5.9	3.7

资料来源：历年《国民经济和社会发展统计公报》，其中，工业增加值绝对数按现价计算，增长速度按可比价格计算

　　四是促进进出口贸易。外商直接投资带动我国进出口贸易的增长，2015年，我国进出口贸易总额为3.96万亿美元，其中外商的进出口为1.83万亿美元，占比高达46.34%（表7-4）。同时，实际使用的外资国别与进出口贸易国别、外商投资行业和进出口贸易主要行业、实际使用外资地区和进出口贸易额集中地区都吻合，这说明外资促进了我国对外贸易的发展，进而拉动了经济增长。外资中有相当一部分是加工贸易，从国外进口原材料在我国加工组装再出口至国外，这必然导致进出口贸易的大幅增加。但随着外商对原材料、中间产品等就地取材，以及我国国内消费水平的提高，一部分产品转向内销，加工贸易的进出口贸易额也随之下降。外商投资企业进出口商品总值及比重见表7-5。

表 7-4　1986～2015 年外商投资企业贸易金额及比重

年份	全国/亿美元	外商投资企业/亿美元	比重/%
1986	738.46	29.85	4.04
1987	826.53	45.84	5.55
1988	1 027.84	83.43	8.12
1989	1 116.78	137.10	12.28
1990	1 154.36	201.15	17.43
1991	1 357.01	289.55	21.34
1992	1 655.25	437.47	26.43
1993	1 957.03	670.70	34.27
1994	2 366.21	876.47	37.04
1995	2 808.48	1 098.19	39.10
1996	2 899.04	1 371.10	47.29
1997	3 250.60	1 526.20	46.95
1998	3 239.23	1 576.79	48.68
1999	3 606.49	1 745.12	48.39
2000	4 743.09	2 367.14	49.91
2001	5 097.68	2 590.98	50.83
2002	6 207.85	3 302.23	53.19
2003	8 512.10	4 722.55	55.48
2004	11 547.93	6 631.63	57.43
2005	14 221.18	8 317.22	58.48
2006	17 606.86	10 364.44	58.87
2007	21 744.35	12 568.44	57.80
2008	25 616.32	14 105.76	55.07
2009	22 072.66	12 174.37	55.16
2010	29 727.62	16 003.07	53.83
2011	36 419.35	18 601.56	51.08
2012	38 675.08	18 939.97	48.97
2013	41 603.31	19 190.93	46.13
2014	43 030.00	19 840.00	46.11
2015	39 568.44	18 346.00	46.37

资料来源：根据商务部《中国外资统计 2016》整理计算而得

表 7-5　1986～2015 年外商投资企业进出口商品总值及比重

年份	进口			出口		
	全国/亿美元	外商投资企业/亿美元	比重/%	全国/亿美元	外商投资企业/亿美元	比重/%
1986	429.04	24.03	5.60	309.42	5.82	1.88
1987	432.16	33.74	7.81	394.37	12.10	3.07
1988	552.68	58.82	10.64	475.16	24.61	5.18
1989	591.40	87.96	14.87	525.38	49.14	9.35
1990	533.45	123.02	23.06	620.91	78.13	12.58
1991	637.91	169.08	26.51	719.10	120.47	16.75
1992	805.85	263.87	32.74	849.40	173.60	20.44
1993	1 039.59	418.33	40.24	917.44	252.37	27.51
1994	1 156.15	529.34	45.78	1 210.06	347.13	28.69
1995	1 320.78	629.43	47.66	1 487.70	468.76	31.51
1996	1 388.38	756.04	54.45	1 510.66	615.06	40.71
1997	1 423.60	777.20	54.59	1 827.00	749.00	41.00
1998	1 401.66	767.17	54.73	1 837.57	809.62	44.06
1999	1 657.18	858.84	51.83	1 949.31	886.28	45.47
2000	2 250.97	1 172.73	52.10	2 492.12	1 194.41	47.93
2001	2 436.13	1 258.63	51.67	2 661.55	1 332.35	50.06
2002	2 952.16	1 602.86	54.29	3 255.69	1 699.37	52.20
2003	4 128.36	2 319.14	56.18	4 383.74	2 403.41	54.83
2004	5 614.24	3 245.57	57.81	5 933.68	3 386.06	57.07
2005	6 601.19	3 875.13	58.70	7 619.99	4 442.09	58.30
2006	7 916.14	4 726.16	59.70	9 690.73	5 638.28	58.18
2007	9 562.84	5 609.54	58.66	12 181.51	6 958.98	57.13
2008	11 330.86	6 199.56	54.71	14 285.46	7 906.20	55.34
2009	10 056.03	5 452.07	54.22	12 016.63	6 722.30	55.94
2010	13 948.30	7 380.01	52.91	15 779.32	8 623.06	54.65
2011	17 460.42	8 648.26	49.53	18 985.97	9 953.30	52.42
2012	18 173.98	8 712.49	47.94	20 501.10	10 227.48	49.89
2013	19 502.89	8 748.20	44.86	22 100.42	10 442.73	47.25
2014	19 603.00	9 093.00	46.39	23 427.00	10 747.00	45.87
2015	16 820.70	8 299.00	49.34	22 765.74	10 047.00	44.13

资料来源：根据商务部《中国外资统计 2016》整理计算而得

3. 拉动就业

外商在进行直接投资时，还吸纳了我国过剩的劳动力，提高了我国的就业水平。据《中国统计年鉴2015》，2014年外资就业人数为1562万人，港澳台资企业就业人数为1393万人，即共有2955万人在外资企业就业，占我国城镇就业人口的7.52%，占总就业人口的3.83%。其中，港澳台资的就业人数约占外资就业总人数的一半。这说明港澳台资在拉动就业方面起到了重要的作用。从表7-6可以看出，从2000年开始，总外商（包括港澳台商）就业人数逐年增加，且占我国就业人数的比重呈上升态势，表明外商在吸纳就业方面的作用越来越明显。

表7-6　外资就业人数占我国就业总人数的比重

年份	外商投资单位/万人	港澳台商投资单位/万人	就业人员总数/万人	总外资占比重/%	港澳台资占比重/%
2000	332	310	72 085	0.89	0.43
2001	345	326	72 797	0.92	0.45
2002	391	367	73 280	1.03	0.50
2003	454	409	73 736	1.17	0.55
2004	563	470	74 264	1.39	0.63
2005	688	557	74 647	1.67	0.75
2006	796	611	74 978	1.88	0.81
2007	903	680	75 321	2.10	0.90
2008	943	679	75 564	2.15	0.90
2009	978	721	75 828	2.24	0.95
2010	1 053	770	76 105	2.40	1.01
2011	1 217	932	76 420	2.81	1.22
2012	1 246	969	76 704	2.89	1.26
2013	1 566	1 397	76 977	3.85	1.81
2014	1 562	1 393	77 253	3.83	1.80

资料来源：根据国家统计局资料整理计算而得。国家数据，http://data.stats.gov.cn/easyquery.htm?cn=C01&zb=A060A&sj=2015

4. 提高我国的技术水平和管理水平

外商投资主要通过以下几个方面来提高我国的技术水平：一是通过形成和内资企业的竞争关系，迫使内资企业学习和提高，从而产生技术扩散效应带动我国技术水平提高。二是通过我国的《外商投资产业指导目录》政策性文件的引导，将相应的技术投向我国鼓励的高新技术产业，改造产能过剩的行业。三是我国的其他企业和组织通过与外资合作，建立的研发中心、营销中心，直接获得技术扩散效应。四是通过在产业链上贴牌和代工，国内企业通过学习提升了技术水平。但目前外商独资企业占比仍高达70%左右，通过合资、合作获得技术有限。

外资还有利于提高我国的管理水平：一是通过合作建立的研发中心、营销中心的日常运作来获得先进的管理水平。二是外资实施人才本地化战略，提供更多的培训、学习机会，人才的流动会使外资企业的管理经验得以扩散，从而最终从总体上提升了我国的管理水平。

5. 推进制度上的改革

由以上分析可知，外商投资可以弥补资金不足、拉动就业、促进经济增长、提升技术和管理水平。除此之外，外资还推进了制度上的变革。改革和开放是分不开的，在我国的改革开放实践中，对外开放需要和世界接轨，建立同世界其他国家相一致的制度、规则，这将促进国内经济、政治体制等变革。国内改革促使国内投资环境优化，又反过来进一步促进对外开放。外商投资推进国内制度的改革，主要通过以下几个途径来体现。

一是加速了我国由计划经济体制向市场经济体制的转轨。外商投资作为一种外部冲击，强化了我国对制度创新的需求，改变了制度供给的成本和收益，促使我国经济制度发生重大变迁。由于存在贫困均衡陷阱，贫穷的国家无力或无意改变现状，贫困长期存在。所以，发展中国家落后的关键在于制度落后。而要想吸引外商投资，就必须建立与外商投资要求相匹配的制度环境，从而激发了我国深化改革的需求。同时，外商投资带来的资金、就业、经济增长、技术和管理水平，提高了变革经济体制的收益，使制度变革的收益远大于成本，这极大地推进了我国市场经济体制改革。

二是外商投资促进了市场经济体制的建立。一方面是促进了竞争意识的形成。外资作为一种新的经济成分，搞活了经济，带动了经济体制内的竞争，促使优胜劣汰。另一方面是促进市场发育，完善各种市场和配套措施。为吸引外资，必须建立良好的外商投资环境。为此，国家推行了由点到面，即从沿海经济技术开发区的试点区域到东部沿海、中西部地区的对外开放策略，各省区也出台了相关税收、土地优惠政策吸引外资。中央和地方不断完善引进外资的法律法规，加强基础设施建设，完善市场主体，同时完善商品市场、生产要素市场、金融市场的相关配套，这都极大地促进了我国相关方面的变革。

二、引进外资存在的问题

1. 对我国内生技术进步的促进作用不明显，核心技术存在垄断

外商投资的主体是跨国公司，其对我国的技术进步有着潜在的负面抑制作用。跨国公司存在技术优势，可能迫使与之合资的国内公司放弃已有一定基础的技术研发能力，进而形成技术依赖。而在我国的跨国公司往往是母公司的技术接受者

和应用者，不是新技术的研发者，所以不能有效和我国的研发机构、大学、企业等协同进行技术创新与应用，技术扩散作用弱。另外，跨国公司往往对核心技术转移有严格规定，一般通过与跨国公司合作建立研发中心或者通过跨国公司的示范效应获得，然而这两条途径均可能受阻。跨国公司的研发中心基本是独资的，核心技术一般需要到产业生命周期的标准化阶段进行转移，因此我国无法获得关键技术。此外，由于形成了对国外先进技术的依赖，我国自主研发能力被削弱，内生的技术进步不明显。

2. 对产业控制加深，威胁国家产业安全

外资对产业的控制加深，主要通过两种途径实现。一是外商凭借资金、技术、人才、品牌等优势，对某一行业进行垄断，挤压国内企业。或者通过品牌收购，大量的民族品牌消失或者沦为低端品牌。例如，乐百氏被达能收购，大宝被强生收购，丝宝被拜尔斯道夫收购，美即被欧莱雅收购。在洗涤剂领域，美国宝洁、联合利华、日本花王、德国汉高占据了大部分市场份额。二是通过对技术的控制，挤压国内企业。在与国内企业建立合资、合作关系之后，取消国内企业的研发部门，转而依靠外商的技术，形成技术依赖，阻碍我国自主研发能力的形成，对关键技术控制后进而实现对产业的控制。

《中国产业外资控制报告（2011-2012）》指出，除钢铁、石化、建材等原材料行业外资进入程度相对较低外，机械、汽车等装备制造业，纺织、轻工等消费品工业，电子信息、高新技术等技术密集型产业的外资控制较高。其中，纺织、轻工等消费品工业属于劳动密集型行业，国际需求大幅下降或者外资撤资将会对我国的产业发展和就业产生较为深远的影响。而电子信息、高新技术等技术密集型产业一旦外资撤离，加之我国的自主研发能力不足，产业发展会陷入停滞，进而影响我国的经济发展和社会进步。

另外，由于外资并购成为一种新的利用外资方式，且通过跨国并购的途径逐渐增多，在实际使用外资中并购占比也逐年提高。从表7-7可以看出，2004～2015年，外资并购增长幅度较大。企业从482家提高到1466家，是2004年的3.04倍，年均增幅达到11%。实际使用外资额也从3.3亿美元增长到177.7亿美元，是2004年的53.85倍，年均增幅高达44%。从占我国实际使用外资的比重来看，从2004年的0.54%上升到2015年的13.11%。针对当前我国并购政策尚不够规范的局限，亟待完善相关措施，以遏制跨国企业通过并购在我国市场上形成垄断格局，维护产业安全。另外，还需建立外商投资的国家产业安全管理与预警机制。对关系民生和国家安全的产业及幼稚产业建立预警指标体系、监控体系和快速反应机制，一旦出现相关指标的偏离，国家及产业调控部门要及时做出应对。

表 7-7　2004～2015 年通过并购方式的外资企业数及金额

年份	企业数/家	同比增幅/%	实际使用外资额/亿美元	同比增幅/%
2004	482	—	3.3	—
2005	1009	109.34	9.4	184.85
2006	1272	26.07	14.2	51.06
2007	1264	−0.63	20.8	46.48
2008	847	−32.99	20.8	0.00
2009	863	1.89	21.6	3.85
2010	1134	31.40	32.5	50.46
2011	1340	18.17	49	50.77
2012	1213	−9.48	45.6	−6.94
2013	1254	3.38	62	35.96
2014	1281	2.15	74.95	20.89
2015	1466	14.44	177.7	137.09

资料来源：张晓静，2015

3. 对环境、资源的影响较大

1999 年之前，外商投资主要集中在制造业，对环境的破坏和资源的消耗较大。而在 2005 年之后低能耗的服务业比重才开始较快攀升，并在 2011 年之后占据主要地位。外商将高能耗、高污染的产业转移至我国的原因有两方面：一是我国各个省市在引进外资时互相竞争，只重视外资的数量而忽视其质量；二是西方发达国家严格的环境保护标准和较高的环境保护费用使一些污染严重、能耗高的产业在本国无法立足，被迫转移至他国。而一些发展中国家的国内环境立法不完善，又急需引进外资，导致污染企业的引进，这些国家和地区就成为"污染的天堂"。

外商投资的高污染、高能耗产业对我国环境保护、资源的可持续利用及人民的健康都带来严峻的挑战。

4. 资金来源地集中在亚洲，外资质量不高

1992～2015 年，外商投资的主要来源地是亚洲，且主要集中在香港地区。2015年对我国投资前十位国家（地区）中，亚洲国家（地区）占比高达 75.28%，其中香港地区投资额为 863.87 亿美元，占 63.72%。新加坡、韩国对我国，以及台湾对大陆的投资占其对外投资的比重分别为 19.46%、14.59% 和 10.4%。而日本、美国、德国对中国投资占其对外投资的比重较低，仅为 2.48%、0.7% 和 1.65%[①]。而来自中国香港等亚洲地区的资金多投资到加工装配业，属于劳动密集型产业，带来的技术和管理经验不高。相反，来自发达国家的资金多投资到技术、资金密集型行业，外资质量较高。

---

① 根据商务部《中国外资统计 2011》《中国外资统计 2016》整理计算而得。

5. 资金分布的地区、产业不均衡

外资主要集中在东部沿海地区，2011～2015 年《中国外资统计》显示，东部地区年均占比为 77.41%，中部地区为 7.31%、西部地区为 8.45%。因此，外商投资主要集中在市场发育完善、基础设施优良、人才储备充分、临近世界市场的东部地区，对中部、西部地区的投资则较少。可见，外商投资进一步拉大了我国东西部的差距，导致我国经济增长的地区差异呈扩大态势。

从产业分布来看，虽然 2011 年之后，外资投资服务业的比重超过第二产业，改变了以往外商投资以制造业为主的格局，但是外商投资的主要行业仍为制造业、房地产业。以 2015 年为例，两者分别吸收外资 395.43 亿美元、289.95 亿美元，占比分别为 29.17% 和 21.39%。农业作为基础产业，投入占比仅为 1.13%，科学研究、技术服务和地质勘探占比虽有增加，但仅为 3.34%，金融业提升较快，从 2014 年的 41.8 亿美元、占比 3.5% 提升到 2015 年的 131.22 万亿美元、占比 10.21%[①]。

6. 部分地区外资占比逐年下降

《中国外资统计 2016》的资料显示，日本、美国、欧盟占我国，以及台湾地区占大陆吸引外资的比重自 2003 年左右开始大幅下降。日本、美国、欧盟、台湾地区在 2000～2008 年的占比分别为 7.34%、6.56%、7.26% 和 4.54%。而在 2009～2015 年占比下降至 4.36%、2.15%、4.84% 和 1.81%。日本、欧盟投资下降主要是我国吸引外资的总体增速超过其投资增速，但从投资额度来看，欧盟在 2003 年之后增长明显；美国、台湾地区的投资下降还在于本身投资额的下降。台湾地区对大陆投资的减少，原因是台商多以中小企业为主，大陆经营成本的增加大大挤压其盈利空间。而美国因自身经济受金融危机影响严重和国内"再工业化"吸引制造业回归，从而减少了对我国的投资。

第三节　吸引外商投资的机遇与挑战

一、当前我国吸引外商投资的机遇

1. 规模庞大和持续增长的国内市场吸引力强

我国的国内市场规模庞大，1978～2015 年，我国人口总数和就业人数不断增

---

① 根据商务部《中国外资统计 2016》，以及国家统计局国家数据（http://data.stats.gov.cn/）整理计算而得。

加，截至 2015 年年末，我国人口数为 13.74 亿人，虽然人口自然增长率在 1997
年之后降至 10‰以下的水平，并在 2009 年以来维持 5‰的增速，但是巨大的人口
基数还是带来广阔的消费空间。

除了庞大的人口数奠定的市场规模外，消费能力也在持续不断增长，消费结
构也出现转型升级。消费能力的提高主要体现在消费水平上，《2015 年国民经济
和社会发展统计公报》数据显示，2015 年，我国 GDP 达 67.67 万亿元，人均 GDP
为 4.93 万元，全国居民人均可支配收入 21 966 元，实际增速为 7.4%。全国居民
人均消费支出 15 712 元，实际增速为 6.9%。其中，城镇居民消费支出为 21 392
元，农村居民消费水平为 9233 元，实际增速分别为 5.5%和 8.6%。除了消费能力
的提高外，消费的结构也出现升级，以反映食物支出占总支出的比重的恩格尔系
数为例，城镇居民、农村居民从 1978 年的 57.5、67.7 降低到 2012 年的 36.2 和
39.3，食物支出在日常消费支出的比重分别下降了 21.3 个和 28.4 个百分点。

虽受 2008 年金融危机的影响，全球 FDI 流入值下降，我国吸引外资的比重
却保持了稳定增长的态势。从表 7-8 中可以看出，2007 年之后，全球 FDI 的流入
大幅下降，2008 年降幅为 15.67%，2009 年降幅高达 37.08%。我国吸引 FDI 虽在
2009 年出现 13.15%的降幅，但在 2010 年就止跌回升，且超过 2007 年的水平，
年均吸引外资额保持在 1200 亿美元左右，呈现低速增长的态势。与此同时，我国
吸引外资占全球 FDI 流入值的比重不断攀升，2015 年达到 7.69%。

表 7-8 2007～2015 年中国吸收 FDI 增幅和全球 FDI 流入增幅的比较

年份	全球 FDI 流入值/亿美元	中国吸引 FDI 额/亿美元	中国吸引 FDI 占全球比重/%	全球流入 FDI 同比增幅/%	中国吸收 FDI 同比增幅/%
2007	20 999.73	835.21	3.98	48.83	14.86
2008	17 708.73	1 083.12	6.12	−15.67	29.68
2009	11 141.89	940.65	8.44	−37.08	−13.15
2010	13 281.02	1 147.34	8.64	19.20	21.97
2011	15 637.49	1 239.85	7.93	17.74	8.06
2012	14 028.87	1 210.73	8.63	−10.29	−2.35
2013	14 672.33	1 239.11	8.45	4.59	2.34
2014	12 282.63	1 285.02	10.46	−16.29	3.71
2015	17 621.55	1 355.77	7.69	43.47	5.51

资料来源：根据商务部《中国外资统计 2016》整理计算而得

2. 产业结构升级和第三次工业革命有利于提升利用外资水平

2015 年我国提出供给侧改革，对资本、技术、土地、创新等生产要素和产品
的供给方面进行改革，从提高供给质量出发进行结构调整，使要素配置更为合理，

扩大有效供给以满足需求，达到促进经济发展的目的。我国目前处于经济结构转型时期，产业结构、区域结构等都有待调整。在产业结构方面，过去以房地产业为主导的经济增长不可持续，同时钢铁、水泥等产业产能过剩，而作为经济引擎的新兴产业和附加值高的服务业却发展缓慢。因此我国在"十三五"规划中指出了未来需要着重优先发展的行业，提出"支持新一代信息技术、新能源汽车、生物技术……新兴前沿领域创新和产业化，形成一批新增长点"，同时，"加强前瞻布局，在空天海洋、信息网络、生命科学、核技术等领域，培育一批战略性产业"。

金融危机后，西方发达国家也面临着产业结构调整，欧美等发达国家纷纷投资新兴产业，淘汰落后产业。发达国家较我国存在着技术优势，因而具备向我国进行产业转移的基础。目前，跨国公司正在我国加强总部建设，提高技术研发力量，以延长产业生命周期。据统计，截至 2015 年 9 月底，外商在上海设立跨国公司地区总部为 525 家，其中亚太区总部 38 家，投资性公司 307 家，研发中心 391 家①。这给我国提升外资利用的技术水平带来了契机。

与此同时，金融危机之后，美国、英国、德国等发达国家纷纷受到"制造业对于国民经济的贡献在于制造业所蕴含的生产性知识的复杂性，其解释了长期间国家收入差距的主要原因"的思潮影响，重新认识到制造业在经济中的重要地位，提出"再工业化"。各国纷纷寻找经济的新增长点和产业支撑，从而引发了第三次工业革命。由此，我国可将外资建设的应用基地作为先进制造技术突破和应用的示范场所，进而带动我国制造业整体素质的提高。

3. 区域结构调整和金融危机给中西部地区注入活力

我国自 2000 年推行西部大开发战略和 2003 年推行中部崛起战略以来，通过出台各种政策鼓励外资向我国中西部进行投资，如 2002 年的《指导外商投资方向的规定》和 2010 年的《关于进一步做好利用外资工作的若干意见》等。同时，我国于 2000 年出台《中西部地区外商投资优势产业目录》，指引外资在中西部地区的产业流向，并在 2004 年、2008 年、2013 年、2017 年进行修订。中西部地区各省区也出台土地、财税等优惠政策。尽管政策的实施效果在 2009 年之前不明显，但在 2009 年之后，受金融危机的影响，东部地区紧邻世界市场的优势不再显著，又伴随着劳动力、土地成本的攀升和资源、环境压力的增大，中西部地区凭借其广阔的内陆市场、廉价的劳动力和土地资源、日渐完善的基础设施获得外商的青睐。2011 年西部地区吸引外商投资为 115.71 亿美元，同比增幅为 28.25%，占全国比重攀升到 9.33%，中部地区吸引外资额为 78.36 亿美元，同比增幅为 14.26%，

---

① 外商在沪已设立跨国公司总部 525 家，http://news.hexun.com/2015-10-26/180095241.html，2015-10-26。

占全国比重升至 6.32%。与此同时，东部地区吸引外资额同比下降 0.05%[①]。并在 2011～2015 年维持这种态势，中西部地区吸引外资的占比缓慢提升。

4. 利用外资进入转型期，政策指引从重数量向重质量转变

2008 年金融危机之后，我国过去依靠外向型经济的发展方式将不可持续，在积极进行经济结构调整的同时，吸引外资的政策从重数量向重质量转变。相比于短期的税收土地等优惠政策，先进管理方式带来措施的便利化、制度的稳定性和透明性等更有利于吸引外资。

为吸引高质量的外资，我国先后将上海自由贸易试验区、济南新区、两江新区等开放型经济试点区域作为外资管理模式的试验田。2013 年，我国设立上海自由贸易试验区作为开放型经济的试点区域，试行准入前国民待遇和负面清单等新的外资管理措施。2014 年，试点区域扩大范围至广东、天津、福建等新一批自由贸易试验区。2016 年 5 月，我国又将济南市、南昌市、两江新区等 12 个城市、区域列为开展构建开放型经济新体制综合试点试验地区，试点围绕开放型经济中的包括如何进一步做好利用外资等重难点问题展开，解决利用外资的重难点问题。2016 年 10 月 1 日起，准入前国民待遇和负面清单管理模式推广至全国实施，负面清单也从最初的 190 项缩减至 122 项。准入前国民待遇和负面清单管理模式将大幅提高外商投资的便利性和规范化水平，为其提供稳定、透明和可预期的政策环境，在全球外资流入减速的情况下为吸引外资增加了筹码。

同时，商务部公布的《外商投资企业设立及变更备案管理暂行办法》及商务部与国家发改委共同发布 2016 年第 22 号公告规定从 2016 年 10 月 8 日起，我国负面清单以外的外资企业设立及变更，由审批制改为备案制，以减少交易的不确定性、精简申报材料和流程，提高外资企业设立及变更的效率，降低外商成本，提升外资投资的便利化。

5. 中美、中欧双边投资协定的达成将有效提高吸引美国、欧盟的外资空间

我国分别在 2008 年签署中新自由贸易协定、2010 年建成了中国-东盟自由贸易区，2015 年建立了中韩自由贸易区，中国与新加坡、东盟、韩国签署贸易投资协定之后，通过制度上的优惠和透明大幅促进了双方的投资。2015 年，新加坡对我国投资额达 69.04 亿美元，占我国吸引外资额的 5.09%，占其对外投资总额的 19.46%。东盟对外直接投资达 666.68 亿美元，其中，对我国投资额为 76.68 亿美元，占我国吸引外资额的 5.65%，占其对外投资额的 11.49%。韩国对我国投资额

---

① 根据商务部《中国外资统计 2012》的相关数据整理计算而得。

为 40.34 亿美元，占我国吸引外资额的 3.09%，占其对外投资额的 14.59%[①]。

中美投资协定于 2008 中美战略经济对话正式启动，2013 年 7 月开始以准入前国民待遇和负面清单为基础进行谈判，截至 2016 年 9 月双边谈判已经进行了 28 轮，进入了三次交换负面清单改进出价的阶段。与此同时，我国于 2013 年启动中欧双边投资谈判，截至 2016 年 9 月已经进行了 12 轮，谈判已经进入文本谈判阶段，准入前国民待遇、负面清单管理、国有企业的竞争中立、高端服务业的开放等核心问题被提上议程。

中国是美国的最大贸易伙伴、欧洲的第二大贸易伙伴，但双边的投资合作相对滞后。2015 年，美国对我国投资额为 20.89 亿美元，占我国吸引外资的 1.54%，仅占其对外投资的 0.7%；欧盟为 65.13 亿美元，占我国吸引外资的 4.8%，仅占其对外投资的 1.34%[②]。在国际投资额锐减的情况下，积极推进中美、中欧投资谈判并达成全面的投资协定将有利于推动双向投资，加强双边的经贸合作，进一步深化中美、中欧战略合作伙伴关系，极大地拓展我国吸引美国、欧盟资金的空间。

二、当前吸引外资的风险和挑战

在全球经济复苏、国内市场需求巨大、中西部地区承接东部地区的外商投资和我国出台一系列政策提升吸引外资质量的同时，吸引外商投资也面临着国内、国际的诸多挑战。

1. 东部地区吸引外资优势不在，需要探索新的优势

由表 7-1 数据可知，东部地区的外商直接投资从 2010 年起出现明显下降，而中部地区、西部地区则呈现增长态势，2011 年中部、西部地区吸引外商直接投资增幅分别高达 14.26% 和 28.25%，占比也提高到 6.32% 和 9.33%。东部地区从 2010 年在全国的占比 78.32% 降到 2014 年的 76.2%。东部地区的劳动力、土地等要素的成本优势不再，能源资源和生态环境的约束强化。再加上世界市场恢复缓慢，东部地区更接近国际市场的优势也大打折扣。因此，东部地区的成本优势和市场优势在新的经济形势下难以为继，需要探索新的增长优势来吸引外资。

2. 市场环境不完善，影响外资进入战略性新兴产业

发展战略性新兴产业是我国进行产业结构升级，引领经济新增长点的重要举

---

① 根据联合国贸易和发展会议《世界投资报告 2016》，以及商务部《中国外资统计 2016》的相关数据整理计算而得。

② 根据商务部《中国外资统计 2016》的相关数据整理计算而得。

措，但金融支持力度较弱，增大了外商投资的风险。国外主要靠风险资金进行投资，而我国主要靠各级政府的推动，而各级政府资金有限，因而资金的不充裕降低了此领域外商投资的积极性。同时，我国市场经济中诚信缺失，假冒伪劣泛滥，技术专利的保护不足，外商出于对产品未来收益的顾虑也会降低对战略性新兴产业的投资。

3. 世界经济增长放缓，吸引外资的竞争更加激烈

当前，我国吸引外资的竞争主要来自欧美等发达经济体和生产要素更为低廉的东南亚、南亚国家。由于全球经济复苏乏力，各国经济增长放缓，本国经济的振兴需要更多资金。从表 7-9 可以看出，全球 FDI 流入值在 2009 年初受金融危机的影响大幅下降，降幅高达 37.08%，并在 2010 年之后呈窄幅波动。而发达国家吸引外资的数量自 2012 年起开始大幅回调，2015 年受美国加息和欧元区经济逐步复苏的影响，发达国家吸引外资达 9325 亿美元，同比增幅约 84%，占全球外资流量的 55%。

南亚、东南亚的越南、柬埔寨、缅甸、泰国、老挝等国家由于土地、劳动力价格低廉，政府政策优惠力度加大，而且地处东盟，紧邻中印市场，吸引了加工装配型制造业的外资，"中国制造"的份额在减少。由表 7-9 可知，东亚、东南亚、南亚吸收 FDI 的同比增幅普遍均高于发达经济体、发展中经济体的同比增幅。这说明南亚、东南亚国家依靠其成本优势和市场优势吸引外资势头强劲，这和我国中西部地区形成了明显的竞争关系。

表 7-9　2009～2014 年全球部分地区吸收 FDI 值及增速

年份	2009	2010	2011	2012	2013	2014	2015
发达经济体/亿美元	5 658.92	6 185.86	7 478.6	8 119.83	8 574.54	4 987.62	9 624.96
占全球比重/%	50.79	47.26	49.06	60.29	60.78	40.61	54.62
同比/%	−44.43	2.04	20.9	8.57	0.56	−28.43	84.37
发展中经济体/亿美元	4 783.49	6 166.61	6 843.99	4 401.58	4 540.67	6 813.87	7 646.70
占全球比重/%	42.93	47.11	44.9	32.68	32.19	55.48	43.39
同比/%	−24.07	18.77	10.98	−35.68	3.16	1.58	9.47
东亚、南亚、东南亚/亿美元	2 330.5	3 258.7	3 744.75	2 831.58	2 949.09	4 222.39	4 983.61
占全球比重/%	20.92	24.89	24.57	21.03	20.91	34.38	28.28
同比/%	−17.49	30.89	14.92	−24.38	4.15	10.2	17.36
全球总值/亿美元	11 141.89	13 090.01	15 244.22	13 467.26	14 106.96	12 282.63	17 621.55
同比/%	−37.08	9.28	16.46	−11.66	4.75	−16.29	37.99

资料来源：联合国贸易和发展会议历年《世界投资报告》

4. 发达国家主导金融危机后新的国际贸易投资规则

金融危机之后，国际贸易投资协定迅速发展，如 TPP、TTIP 等，其在为促进贸易和投资自由化与便利化、加强投资者保护、优化投资环境和化解投资争端等方面提供了重要的制度性保障。而在这些协定中，我国的缺席将不利于吸引外资。

美国正在重建国际贸易投资规则，力求重构金融危机后全球的经济秩序。2016年2月美国、日本、加拿大、澳大利亚、新加坡等12个国家签署了美国主导的TPP 协定。"该协定采用严格的市场准入标准和原产地规则，实现成员国间贸易和投资的高度自由化。通过此协定美国将建立其主导的亚太经济圈，在成员国之间建立更为紧密的贸易投资伙伴关系。而这一协定与我国的亚太自贸区、东盟10+3、中新、中韩自贸区等高度重合，形成了强有力的竞争关系，不利于我国贸易和吸引外资"[1]。

另外，2013年美国还主导 TTIP 协定，通过此协定欧美将达成较高层次的经济合作伙伴关系，双方将消除非关税壁垒，形成统一市场。"欧美将在知识产权保护、贸易与可持续发展（环境、劳工标准）、海关与贸易便利化等方面建立新标准，并通过欧美影响力推广实施，最终达到重塑世界贸易规则的目的"[1]。另外，欧美均是我国重要的贸易投资伙伴，两者的经贸投资加强，将冲击我国的出口贸易和吸引外资。

贸易和投资是相互影响的，贸易发展到一定阶段外商就会就地投资以接近市场。中新、中韩自贸区协议签订后带来投资额的大幅增长都是对此的有力证明。在此情形下，美国主导的国际贸易投资多边协定对我国引进外资提出了新的挑战，如果处理不当，会被现有的规则排除在外，导致边缘化，无法融入世界经济发展的风险。

第四节　稳定引资规模，提升外资质量的路径和对策

一、优化利用外商投资的路径

1. 营造良好的外商投资环境，提升利用外资的质量

投资环境不仅决定吸引外资的数量，也决定利用外资的质量。首先，投资环

---

[1] 美国正在臆想全球新经贸规则，http://finance.sina.com.cn/zl/china/20150527/144022279683.shtml。

境决定吸引外资的规模、结构。同时，只有投资环境符合外资的要求，与外资形成匹配，才能提高利用外资的质量。否则，虽然吸引外资的数量很高，但是自身的投资环境不尽如人意，利用外资的质量也会大打折扣。良好的投资环境是吸引外商投资的重要因素，而外商投资又会反过来进一步促进当地投资环境的改善。

营造良好的外资投资环境，可从硬环境和软环境着手。提升硬环境水平，需加快和优化铁路、公路、空港等交通基础设施的建设，建设综合的交通运输体系，形成全国范围内的立体交通网络；加快天然气、风力、新能源等能源基础设施建设，形成有效的能源供应体系；建立产业链的完整配套，培育引进外资的新优势，推动我国从世界制造基地向研发、营销和服务基地转变。提高软环境水平，需简化政府审批的项目和程序，提高引进外资措施的便利化和制度的透明性；健全现有外商投资的法律法规，确保外商投资法律保障的稳定可靠；完善鼓励外商投资的优惠贷款、政府担保等金融政策和投资抵减税收等税收政策，提供有效的金融和税收支持；加快具有研发、营销能力、兼具理论和技能的复合型应用人才培养，为外资提供智力支持；加快并完善外商企业人员的住房、养老及子女教育等生活配套措施，满足外资人员对适宜生活环境的需求。

2. 优化外资区域布局，促进区域协调发展

配合国家建设"京津冀协调发展""一带一路""长江经济带"，把吸引外资和区域协调发展有机结合起来，推动沿海、内地、沿边形成优势互补、分工协作的区域开放格局，优化外资区域布局，促进区域协调发展。

对于东部发达地区，继续发挥自身的技术、人才、制度和改革开放的先发优势，依靠自身的历史积淀并依托自贸区、开放型经济转型的试点城市等新的机遇和原有的沿海开放城市等平台，提高吸引外资的质量和水平，更多地吸引技术、资本密集型外资和服务业 FDI、提升参与全球分工的层次，实现利用外资从量到质的转变。对于中西部地区，要发挥自身的劳动力、土地、能源等优势，建立健全立体的交通网络体系和物流体系，承接国际和东部的产业转移，同时通过政策优惠，促使劳动密集型外资向中西部地区转移。对于沿边地区，发挥自身的地理、地缘等优势，吸引邻近国家的外资，促使自身经济的发展。

同时，对外资的来源地要加以区分。东部发达地区的引资重点，应以欧美等发达国家为主，因其外资多属于资金和技术密集型，以及新兴国家和地区的高技术产业。中西部地区重点引进香港、台湾地区等外资，其多属于劳动密集型产业。

3. 引导外资产业投向，推动结构优化升级

通过国家和各省市制定的外商投资产业指导目录，引导外资产业投向。同时，

强化引进外资政策和我国产业政策的协同一致，推动我国产业结构优化升级。

重点引导外资投向农业、传统制造业和战略性新兴制造业、生产性服务业。农业是基础产业，且随着城市化进程的加快，我国尤其是中部地区出现了土地闲置、产出率不高的情况。条件适宜地区如中部地区可在自身土地资源丰富、气候条件优良的基础上，引进外资发展集约化和现代化农业。

2008年的全球金融危机导致各国经济受到不同程度的影响，经济结构需要进行转型升级。经济结构调整的同时伴随着产业结构调整，传统的制造业需要改造，新兴产业蓄势待发。结合发达国家产业结构转型升级经验，积极鼓励外资参与传统工业项目的技术改造和战略性新兴产业的投资。积极鼓励我国服务业稳步有序对外资开放，加大对生产性服务业的外资引进。生产性服务业可为制造业提供直接相关的配套服务，在促进经济增长和经济结构转型，提高居民收入和就业，创造企业利润方面发挥着重要的作用，有利于促进我国产业结构转型升级。

4. 激发开放平台发展活力，释放对外开放新能级

上海、广东、天津、福建等自由贸易试验区是对内改革和对外开放双重压力下的产物。对内的改革促进对外的开放，对外的开放又进一步促进对内的改革。自贸区通过对贸易、投资、金融和事中事后监管四方面改革推出了很多外商投资便利化措施，这有助于释放对外开放的新能级。通过试行负面清单制度，变负面清单以外的外资设立由审批制变备案制，大大减少外资企业投资设立需要的程序和时间。与此同时，"一行三会"围绕人民币国际化、利率市场化、人民币跨境交易和外汇管理制度创新四个方面进行的金融创新，吸引有金融牌照的机构和金融服务企业入驻，这些机构和企业实施了大量有利于投资贸易便利化的措施，大大提高了外资在我国设立总部的积极性，有利于我国依靠跨国公司总部设立的研发中心、销售中心来获取外资的技术和管理经验。与此同时，依托济南、两江新区等12个城市、区域开放型经济新体制综合试点试验地区，解决开放型经济运行管理、推进国际投资合作新方式等开放型经济中的重点难点问题，也有利于进一步释放对外开放的潜能。

另外，通过我国现有的国家、省级经济技术开发区、高新技术开发区、保税区、出口加工区等具备较为完善的基础设施、较强的项目承载能力、各具特色的产业集群和产业发展经验的工业园区，发挥平台的主体作用和具有的集聚效应和辐射效应，围绕其主导产业引进外资，再次发挥其吸引外资的重要平台作用，激发对外开放新能级。

5. "引资"与"引智"相结合，培育创新发展优势

引进外资时，除了引进国外的资金外，还要吸引国外的先进技术、管理经验和高素质人才,实现"引资"和"引智"相结合,培育创新发展优势。

积极引进改造我国传统产业的关键技术和高端制造、高新技术、节能环保、生态建设、新能源等新兴产业的先进技术,通过出资购买、兼并收购、共同建立研发中心等获得跨国公司的核心和关键技术。通过合资、引进人才,以及共同建立研发、营销中心等方式获得跨国公司的管理经验。另外,人才是先进技术和管理经验的重要载体,通过完善的人才集聚机制,实施与国际接轨的人才政策,营造鼓励创新、尊重和保护创新的政策制度环境,集聚国际化创新人才。

二、稳定引资规模、提升外资质量的对策

1. 引进来和走出去相结合,充分利用两个市场、两种资源

统筹引进外资和境外投资,实现引进来和走出去相结合,充分利用国际国内两个市场、两种资源,实现我国产业结构转型升级的目标。

统筹吸引外资的《外商投资产业指导目录》和境外投资的《境外投资产业指导目录》《对外投资国别指导目录》等文件,将我国急需发展的高新技术、战略性新兴产业纳入目录,一方面利用我国的投资环境吸引外资独资建立研发中心、营销中心或者与我国企业、研发机构、名牌院校共同建立研发中心、营销中心,或者通过产业链上下游获得国外先进的技术和管理经验。另一方面,通过境外投资到科技密集型地区建立企业,依托当地丰富的科研资源、优秀的科研人才获得先进的技术和管理经验。

对于我国的传统优势产业如轻工、纺织、机械等行业也需要统筹引进外资和境外投资。一方面可利用外资的资金和技术改造和提升传统产业,另一方面还可以将我国传统优势产业的生产转移至具有比较优势的国家或地区,国内则进行技术的研发和生产性服务,从而实现产业结构转型升级。

此外,还需鼓励境内中资企业与外资企业、境外企业、国际组织在科技创新、引进外资与境外投资等重点领域开展交流合作,实现优势互补。积极融入国际多边双边投资谈判,并在谈判时追求利益诉求的平衡,实现合作共赢。

2. 加强引进外资平台建设,建立长效稳定机制

依托国家级国际性会展平台,如"中国国际投资贸易洽谈会""中国国际高新技术成果交易会""中国进出口商品交易会(广交会)"等,以及省级国际性会展平台,如"中国兰州投资贸易洽谈会""中国天津投资贸易洽谈会""中国(重庆)国际投资暨全球采购会"等,利用平台进行招商引资,克服不定期招商带来的不稳定因素,构建长效的引资保障机制。另外,利用会展的平台,举办针对

性强的产业洽谈、项目对接、专题论坛等活动，提高平台效率。同时，建立并完善展会的海外分会场，进一步促进双方的深化合作，全面推进双方的投资贸易关系。还应建立健全我国国家级及省级投资促进机构体系，与国外投资促进机构建立合作机制，促进信息和资源共享，保障投资关系的稳定性。

还应加快吸引外资的技术平台建设，构筑长效稳定技术合作机制。通过国家、企业加大科研经费投入、我国科研机构与跨国公司科研机构建立合作联系、建立国际化的科研中心平台，形成与外资的技术合作和配套，从而建立与外资稳定的技术关系。

此外，参与签订双边多边的投资协定，也是我国和其他国家及地区之间构建长效稳定的投资合作机制的重要举措之一。

3. 完善外商投资政策法规，创新利用外资体制机制

目前，外资更为看重的是能带来长期保障的健全的法律法规体系、良好的政府服务等，之前短期性的税费优惠等激励措施的作用正在下降。我国可从完善外商投资法律法规、深化外资管理体制改革、强化政府公共服务职能、建立完善的金融制度等方面着手，创新利用外资的体制机制。

完善外商投资的法律法规。构建新形势下统一的外商投资法律法规体系，逐步推动外商投资企业在设立、经营、财务、监管、清算等方面适用统一的法律。同时针对国家产业安全问题，建立和完善外商投资项目的产业安全和反垄断审查的监管机制，研究制定关于国家安全、幼稚产业和高新技术产业的相关保护政策。

深化管理体制改革。继续实施简政放权，简化外资的审批手续和流程。各地区切实贯彻自贸区投资领域内的改革事项。同时，建立统一的部门进行管理外资，目前很多部门都设有外资管理部门，多头管理导致很难实现合力，难以有效监管。

强化政府公共服务职能，完善对引进外资项目的配套服务。加快并完善国家及省市级投资推介平台建设，对地区的政策法规、投资环境、优势产业、融资支持等做重点推介。加强事中事后监管并切实贯彻自贸区推广的事中事后监管举措，及时协调解决项目进程中的问题。完善外商投诉处理的机制，配合有序、高效的外商投诉处理措施，妥善处理外商投诉案件，切实保护外商投资者的合法权益。支持并加快服务于外资的法律、财务、知识产权、商事调解、管理咨询的中介服务机构的发展。加强对知识产权和专利的保护力度，并加大对侵犯知识产权和专利、制假售假的打击和惩处力度。

规范和适度放宽外资、民营企业进入金融市场的准入门槛，促进民营金融机构的发展和多层次的资本市场建设，提高吸引外资和其关联企业融资的便利性和有效性。同时，我国政府及地方政府可为外商投资企业提供信用担保和成立专门

的政策性金融机构为其提供融资服务，并对其进行研发、吸收先进技术的贷款进行适当倾斜，以促进其加大对技术的研发和转化。

4. 加强外商投资引导，促进产业结构转型升级

在制定外商投资指导目录时，需注意引进外资和我国产业结构调整相匹配，推动我国产业结构转型升级。在第一产业中，可着重引进来自发达农业国家的资金和技术，引导投向农业技术研发、农业生物制品和农业综合开发等领域，促进农业科技和现代化农业大力发展，提高农业产业化和规模化水平；在第二产业中，积极鼓励参与传统工业项目的技术改造，大力引导投向"十三五"规划中提出的新兴产业和战略性产业。通过吸引外资建立第三次工业革命的试验和应用基地，推进我国先进制造技术的突破和应用，从而带动我国制造业整体素质的提高。限制或禁止"三高"产业名单中的项目引进。在第三产业中，进一步放宽对外资的市场准入条件，加大服务业开发力度，稳步推进金融业及电信、燃气等公共事业的对外开放。同时，鼓励外资参与跨境服务外包、创意设计等文化领域，逐步开放教育、体育等领域。引导外资参与医疗、文化、旅游、家庭服务等我国发展相对薄弱的产业。加强生产性服务业的外资引进，着重引进现代物流、软件开发、工程设计、职业技能培训、信息咨询、科技服务和知识产权服务，形成生产性服务业与制造业协调发展格局。

5. 健全人才培养体系，打造国际化人才队伍

随着以个性化和智能制造为范式的第三次工业革命的推进，劳动力成本的重要性在逐渐降低。少量具备"现代机械和知识的劳动力"将替代大量的"传统机械和简单的劳动力"。除了需要高素质的劳动者之外，我们还需要一批通晓国际惯例、会外语、懂管理、有专业知识的复合型国际人才队伍，为吸引外资和国外投资提供智力支持和保障。

依托职业教育和培训，提升劳动力对现代机械和知识的掌握。依托国内知名院校，大力培养与我国开放型经济发展相适应的具有国际视野和眼光、通晓国际规则和惯例、具有国际商务知识和技能的国际化人才。同时，完善企业现有管理人才、研发人才、营销人才的培训、深造和交流学习，以适应我国开放经济的人才所需。此外，还需要健全引进国外人才的制度，完善外国人居留制度，营造引进海外高层次人才的良好工作、生活环境。

第八章　对外投资：拓展我国开放型经济的新空间

对外投资是中国"走出去"战略的重要组成部分，加快企业对外投资合作步伐，有利于我国企业参与国际竞争与合作，从而提高自身国际竞争力，促进国民经济的快速、可持续发展。虽然我国对外投资起步晚，但是 21 世纪后开始发展迅速，并呈现出投资规模扩大、区域分布广泛等特点。本章首先回顾了中国对外投资的发展历程，总结了当前对外直接投资的规模、区域分布、行业分布、投资主体及投资方式的现状和特点。然后从企业国际化水平、投资结构、国家政策体系、国际规则变化等方面指出中国对外投资存在的问题和挑战。最后结合中国对外投资面临的机遇和挑战，提出转型升级的对策建议及路径。

第一节　中国对外投资发展历程及现状

世界对外直接投资从 20 世纪 70 年代起增长迅速，90 年代初世界直接投资累计已超过 2 万亿美元，发展到今天已经达到了 25.33 万亿美元的规模。中国的对外直接投资自改革开放后不断发展，2001 年加入世界贸易组织以来，我国与世界各国的经济合作日益紧密，激发了国内企业对国际合作的积极性，当前我国已将"走出去"战略放在国家层面。"十二五"期间，中国对外直接投资净额（简称流量）达 5070.2 亿美元，年均增长率为 13.1%，2016 年中国海外投资达 2172 亿美元，同比增长了 25%，首次超过外商直接投资额，成为"净对外投资国"。

一、中国对外投资发展历程

中国对外直接投资在 1979～2016 年，从无到有、从小到大发展，潜力惊人，根据中国对外直接投资的特点，大致将其分为四个阶段。

1. 第一阶段（1979～1985 年）：对外直接投资的初始阶段

1949 年至 20 世纪 70 年代，我国忙于恢复国内经济，经济水平相对落后，对外直接投资基本属于空白，直到改革开放后，对外直接投资才有了零的突破。1979年国务院颁布的《关于经济改革的十五项措施》规定"允许我国企业到国外创办企业"，这一措施标志着我国对外直接投资开始走上历史舞台。改革开放之初，我国经济发展水平相对落后，对外投资规模小。1979～1985 年，海外的企业有 189家，总投资达到 2.98 亿美元，中方投资 1.97 亿美元（表 8-1），合作的地区以伊拉克、也门、科威特、墨西哥等发展中国家和香港等地区为主，与发达国家的合作较少。1985 年年末，我国与 71 个国家、地区签订了对外承包工程和劳务合作合同，尤其是 1984 年和 1985 年两年的企业数、投资额增加幅度较大，两年中方投资就达到 1.37 亿美元，是这一阶段中方总投资的 70%。投资的行业主要分布在土木建筑、金融保险、资源开发等，机械加工制造业较少。参与海外活动的公司主要是国务院直接管理的公司及中国部分省市的国际经济技术合作公司，每个项目的授权审批严格，如 1979 年公布的《中华人民共和国中外合资经营企业法》，1985 年对外贸易部发布的《在国外开设非贸易性合资经营企业的审批程序和管理办法》等有关政策都规定中外合资企业必须在中国政府批准后，方可合资经营，企业投资与否与政府意愿有很大关联。这一阶段对外投资相对有限，处于我国对外直接投资的起步阶段。

表 8-1　1979～1985 年中国批准海外投资企业情况

年份	当年批准		截至当年批准			
	总投资/亿美元	企业数量/家	总投资/亿美元	中方投资/亿美元	占比/%	企业数量/家
1979	0.012	4	0.012	0.005	41.67	4
1980	0.68	13	0.692	0.317	45.81	17
1981	0.07	13	0.76	0.32	42.11	30
1982	0.06	13	0.82	0.37	45.12	43
1983	0.19	33	1.01	0.46	45.54	76
1984	1.03	37	2.1	1.5	71.43	113
1985	0.88	76	2.98	1.97	66.11	189

资料来源：根据 1984～1986 年《中国对外经济贸易年鉴》的相关数据整理计算而得

注：新办的企业为非贸易性海外投资企业

2. 第二阶段（1986～1991 年）：初步发展阶段

1986 年后，中国的对外开放已经具有良好的发展势头，为了促进国际经济合作，国家外汇管理局于 1989 年和 1990 年颁布了《境外投资外汇管理办法》，国家计划委员会（现国家发改委）于 1991 年颁布了《关于加强境外投资项目管理的意见》等政策措施，这些政策措施为我国企业提供了初步的法律依据，但是还不够完善。此阶段政府对一些企业在海外的直接投资活动逐渐取消限制，除了国有企业以外，有更多类型的企业能够参与海外投资活动。截至 1991 年年底，中国批准的海外投资企业有 1008 家，分布在 105 个国家和地区，投资总额达 31.54 亿美元，中方投资 13.96 亿美元，占 44.3%，是前一阶段的 7 倍（表 8-2）。其中，1990 年由于一些国家和地区形势动荡，影响我国对外经济合作，对外投资总额相比上一年减少了一半。海外投资的国家和地区主要集中在西亚、非洲、东南亚、南太平洋等，以及香港、澳门等地区，在不断巩固老市场的同时，开拓了美国、苏联、泰国、澳大利亚、日本、加拿大、联邦德国、新加坡、毛里求斯、葡萄牙等新市场，劳务合作开始向东西欧发展。中国国际经济合作投资公司为提升企业活力，开展多种经营，从建筑、土木工程向提供成套设备、供应原材料、工业和高技术项目转移，如电站、石油、化工、输送管线、采矿、地质勘探、发射卫星等项目不断增多，经济效益较好。境外非贸易企业逐渐以中小型项目为主，行业以资源开发、工农业生产为重点，中方以技术、设备投资为主，直接投入外汇资金的占比较小。

表 8-2　1986～1991 年中国批准海外投资企业情况

年份	当年批准				截至当年批准			
	总投资/亿美元	中方投资/亿美元	占比/%	企业数量/家	总投资/亿美元	中方投资/亿美元	占比/%	企业数量/家
1986	1.58	0.76	47.79	92	4.07	2.3	56.51	277
1987	13	3.5	26.92	124	17.8	6.4	35.96	385
1988	1.18	0.65	55.08	169	18.98	7.15	37.67	526
1989	3.2	2.3	71.88	119	22.23	9.51	42.78	645
1990	1.64	0.75	45.55	157	23.95	10.28	42.92	801
1991	7.59	3.67	48.35	207	31.54	13.96	44.26	1008

资料来源：根据历年《中国对外经济贸易年鉴》的相关数据整理计算而得

注：新办的企业为非贸易性海外投资企业

3. 第三阶段（1992～2003 年）：逐步发展阶段

1992 年我国提出了市场经济体制改革，对外开放步伐不断加快，对外直接投资额度开始不断增加。大型的专业性企业，尤其是中央专业性公司得以进一步发展，优势越来越明显，大多数国际经济合作公司的经济状况良好，经营效益不断提高。与此同时，我国加强了国外经济合作业务的协调管理，管理工作进一步制度化、规范化，相关法律法规更加完善。例如，2003 年商务部发布的《关于做好境外投资审批试点工作有关问题的通知》，规定在我国 12 个省市开展下放境外投资审批权、简化审批手续的改革试点，但此阶段海外企业的审批仍然严格谨慎。

1992～2003 年，中国设立了 2943 个海外投资企业（表 8-3）。2003 年，中国净对外直接投资额为 28.55 亿美元，同比增长 5.5%，截至 2003 年年底，对外直接投资净额为 332 亿美元，投资的范围和区域不断扩大，中国 31 个省区在境外均设有对外投资企业（中华人民共和国商务部，2004）。从投资行业来看，相比前一阶段以建筑、咨询、服务业为主，该阶段以制造业、批发零售业、采矿业、商务服务业为主。随着此时太平洋地区的崛起，中国的国际地缘优势日益凸显，亚太经济合作组织的成立也为我国对外开放提供了有利平台。20 世纪 90 年代以后世界经济不景气，但是亚太地区尤其是东亚地区经济仍然保持强劲的增长势头，亚太地区的资本转移活跃，逐步成为投资的重要场所，相比之下我国在非洲、美洲和大洋洲地区的投资减少。截至 2003 年，中国累计对外直接投资（简称存量）80%集中在亚洲，其中香港地区 246 亿美元，约占总存量的 74%。虽然此阶段对外投资的数量和成效有一定程度的提高，但 2003 年中国对外直接投资流量仅占全球对外直接投资流量的 0.45%，存量仅为 0.48%，从世界水平来看，仍存在较大差距（中华人民共和国商务部，2004）。

表 8-3　1992～2003 年中国批准海外投资企业情况

年份	当年批准				截至当年批准			
	总投资/亿美元	中方投资/亿美元	占比/%	企业数量/家	总投资/亿美元	中方投资/亿美元	占比/%	企业数量/家
1992	3.52	1.95	55.4	355	35.05	15.91	45.39	1363
1993	1.87	0.96	51.33	294	36.92	16.87	45.69	1657
1994	1.24	0.71	56.73	106	38.17	17.58	46.05	1763
1995	2	1.06	53.24	119	40.24	18.58	46.19	1882
1996	4.94	2.94	59.46	103	45.18	21.52	47.64	1985
1997	3.25	1.96	60.34	158	48.43	23.49	48.49	2143
1998	—	2.59	—	253	—	25.84	—	2396
1999	—	17.74	—	220	—	31.75	—	2616
2000	—	5.51	—	243	—	37.25	—	2859
2001	—	7.08	—	232	—	44.33	—	3091
2002	—	9.83	—	350	—	93.4	—	6960
2003	—	20.87	—	510	—	114.27	—	7470

资料来源：根据历年《中国对外经济贸易年鉴》整理计算而得

注：①2001 年以前统计的企业为非贸易性海外投资企业，2002 年以后统计的为非金融类海外投资企业；②《中国对外经济贸易年鉴》1999 开始没有总投资额的统计，只有中方投资；③受数据收集零散性的影响，表中数据仅作参考使用，部分加和存在偏差

4. 第四阶段（2004 年以来）：快速增长阶段

此阶段我国经济实力的增强使我国对外直接投资呈现快速发展的势头，企业"走出去"步伐加快。2004 年《国务院关于投资体制改革的决定》中规定，对企业不使用政府投资建设的项目不再实行审批制，转变为以管理和监督为主的核准和备案进行管理，地方政府获得更多的审批权，开展境外投资意愿取决于企业的个体需要。2015 年我国对外直接投资流量达 1456.7 亿美元，从 2004 年的全球第20 上升至全球第 2，仅次于美国，并超过同期中国实际使用外资，成为资本净输出国。同时 2015 年我国对外直接投资存量首次过万亿，为 10 978.65 亿美元，排全球第 8，对外直接投资企业（简称境外企业）3.08 万家（表 8-4），资产总额超过 4 万亿美元，遍布全球 188 个国家、地区[①]。对外投资流向的主要国家和地区有中国香港、荷兰、开曼群岛，2015 年对上述三地共投资 1134.66 亿美元，占当年流量总额的 77.9%。由此可见，我国对外直接投资的地区 70% 集中在亚洲，其中以中国香港、印度尼西亚、新加坡最为突出，香港一个地区就占亚洲存量的 85.4%。自 2013 年"一带一路"倡议提出后，我国与沿线国家的合作日益密切，对其基础设施、资源开发、农业、渔业等方面的直接投资快速增加，2015 年，我国企业对相关 49 个国家投资了 189.3 亿美元，占当年流量总额的 13%，同比增长 38.6%，是对全球投资增幅的 2 倍，主要流向新加坡、俄罗斯、巴基斯坦、缅甸、老挝、印度尼西亚和阿联酋等国家和地区[②]。地方投资占比达八成，以广东、北京、上海为前三（中华人民共和国商务部，2016）。从投资的行业来看，我国对外直接投资涉及国民经济的所有行业，其中租赁和商业服务业、金融业占 51.8%，采矿业、批发和零售业占 24.1%。境内投资的国有企业占比一再下降，从 2006 年的 81% 下降到 2014 年的 50.4%，非国有企业占比逐渐增大，包括有限责任公司、股份有限公司、股份合作企业、私营企业、外商投资企业等企业类型（中华人民共和国商务部，2016）。

表 8-4　2004～2016 年中国对外直接投资增长情况

年份	流量/亿美元	增长率/%	全球排名	存量/亿美元	增长率/%	全球排名	截至当年境外企业数/万个
2004	54.98	92.6	20	447.77	34.8	27	0.52
2005	122.61	123	17	572.06	27.8	24	0.64
2006	176.34	43.8	13	750.26	31.2	23	0.9

① 国新办举行《2015 年度中国对外直接投资统计公报》发布会，http://www.scio.gov.cn/xwfbh/xwbfbh/wqfbh/33978/35181/index.htm，2016-09-22。商务部、国家统计局、国家外汇管理局联合发布《2015 年度中国对外直接投资统计公报》，http://www.mofcom. gov.cn/article/tongjiziliao/dgzz/201609/20160901399201.shtml，2016-09-22。

② 商务部合作司，2015 年与"一带一路"相关国家经贸合作情况，http://fec.mofcom.gov.cn/article/fwydyl/tjsj/201601/20160101239838.shtml，2016-01-21。

续表

年份	流量/亿美元	增长率/%	全球排名	存量/亿美元	增长率/%	全球排名	截至当年境外企业数/万个
2007	265.06	50.3	17	1 179.11	57.2	22	1
2008	559.07	110.9	12	1 839.71	56	18	1.2
2009	565.29	1.1	5	2 457.55	33.6	16	1.3
2010	688.11	21.7	5	3 172.11	29.1	17	1.6
2011	746.54	8.5	6	4 247.81	33.9	13	1.8
2012	878.04	17.6	3	5 319.41	25.2	13	2.2
2013	1 078.44	22.8	3	6 604.78	24.2	11	2.54
2014	1 231.2	14.2	3	8 826.42	33.6	8	2.97
2015	1 456.67	18.3	2	10 978.65	24.4	8	3.08
2016	1 961.5	34.7	2	13 573.9	23.64	6	3.7

资料来源：根据历年《中国对外直接投资统计公报》整理计算而得

注：2004～2005 年数据为中国对外非金融类直接投资数据，2006～2015 年为全行业对外直接投资数据

二、中国对外直接投资的现状及特点

1. 中国对外直接投资规模发展状况

1）对外直接投资增长快速

随着改革开放的发展，中国海外投资已经初具规模，自 20 世纪 90 年代以来，随着国家对外开放的进一步扩大和深入，对外直接投资的增速逐渐加快（表 8-5）。尤其是从 2004 年以后就进入了快速增长的态势，2005～2014 年，对外直接投资流量年均 620.6 亿美元，年均增长率达 35.7%，远远高于 4.7% 的世界水平。截至 2015 年年底，中国境内投资企业共在 188 个国家（地区）设立了 3.08 万家海外企业，年末境外企业资产总额超 4 万亿美元[①]。

表 8-5　中国对外直接投资增长率（流量）　　　　（单位：%）

年份	1982	1983	1984	1985	1986	1987	1988	1989	1990
增长率	—	111.4	44.1	369.4	−28.5	43.3	31.8	−8.2	6.4

年份	1991	1992	1993	1994	1995	1996	1997	1998	1999
增长率	10.0	338.1	10.0	−54.5	0.0	5.7	21.2	2.8	−32.6

---

① 参考《2015 年度中国对外直接投资统计公报》。

续表

年份	2000	2001	2002	2003	2004	2005	2006	2007	2008
增长率	−48.4	651.9	−63.4	13.4	92.6	123.0	72.6	25.3	110.9

年份	2009	2010	2011	2012	2013	2014	2015
增长率	1.1	21.7	8.5	17.6	15.0	14.9	18.3

资料来源：联合国贸易和发展会议 FDI 数据库；2015 年数据参考自《2015 年度中国对外直接投资统计公报》

2）对外直接投资绝对规模不断增大，但相对规模仍小

根据联合国贸易和发展会议《2016 世界投资报告》及我国商务部公布的数据显示（表 8-6 和表 8-7），2015 年我国对外直接投资流量为 1456.67 亿美元，同比增长 18.35%，世界排名第 2，仅次于美国。2015 年对外直接投资存量约为 10 978.65亿美元，是 2005 年 572.06 亿美元的 19 倍之多，全球排名第 8，相比 2005 年的排名 24 上升了 16 位。虽然对外直接投资的绝对规模在不断增大、世界排名在不断提升，但是相对规模仍然较小，2004～2014 年我国存量占全球总量的比重仅在0.4%～2.88%，2015 年年末我国存量仅为美国的 18.35%，德国的 60.57%，可见我国对外直接投资与发达国家相比仍有一定差距。

表 8-6 2015 年世界对外直接投资排名情况

国家（地区）	排名	流量/亿美元	国家（地区）	排名	存量/亿美元	中国存量占该国（地区）比重/%
美国	1	2 999.7	美国	1	59 828	18.35
中国内地	2	1 456.7	德国	2	18 125	60.57
日本	3	1 286.5	英国	3	15 381	71.38
荷兰	4	1 134.3	中国香港	4	14 857	73.90
爱尔兰	5	1 016.2	法国	5	13 142	83.54
德国	6	943.1	日本	6	12 266	89.51
加拿大	7	671.8	瑞士	7	11 382	96.46
英国	8	614.4	中国内地	8	10 979	100.00
中国香港	9	551.4	加拿大	9	10 783	101.82
新加坡	10	354.9	荷兰	10	10 743	102.20
韩国	11	276.4	新加坡	11	6 253	175.58

资料来源：中国对外直接投资数据来源于《2015 年中国对外直接投资公报》；其他国家、地区数据来源于联合国贸易和发展会议《2016 世界投资报告》

表 8-7　中国对外直接投资规模及占全球比重情况

年份	流量/亿美元	占全球总量比重/%	存量/亿美元	占全球总量比重/%	年份	流量/亿美元	占全球总量比重/%	存量/亿美元	占全球总量比重/%
1981	0.00	0.00	0.39	0.01	1998	26.34	0.38	250.78	0.40
1982	0.44	0.16	0.44	0.01	1999	17.74	0.16	268.53	0.37
1983	0.93	0.25	1.37	0.02	2000	9.16	0.08	277.68	0.38
1984	1.34	0.27	2.71	0.04	2001	68.85	1.12	346.54	0.49
1985	6.29	1.01	9.00	0.10	2002	25.18	0.51	371.72	0.50
1986	4.50	0.46	13.50	0.12	2003	28.55	0.53	332.22	0.36
1987	6.45	0.45	19.95	0.15	2004	54.98	0.61	447.77	0.41
1988	8.50	0.47	28.45	0.18	2005	122.61	1.50	572.06	0.48
1989	7.80	0.33	36.25	0.19	2006	211.60	1.53	750.26	0.50
1990	8.30	0.34	44.55	0.20	2007	265.10	1.21	1179.11	0.64
1991	9.13	0.45	53.68	0.21	2008	559.10	3.19	1839.71	1.14
1992	40.00	1.96	93.68	0.37	2009	565.30	4.95	2457.55	1.29
1993	44.00	1.82	137.68	0.47	2010	688.11	4.80	3172.11	1.52
1994	20.00	0.70	157.68	0.48	2011	746.54	4.50	4247.81	1.97
1995	20.00	0.56	177.68	0.44	2012	878.04	6.51	5125.85	2.22
1996	21.14	0.53	198.82	0.43	2013	1010.00	7.20	6135.85	2.43
1997	25.62	0.54	224.44	0.42	2014	1160.00	8.15	7295.85	2.88

资料来源：联合国贸易和发展会议 FDI 数据库

3）对外直接投资流量与我国吸引外资逐渐接近

中国的利用外资比对外直接投资起步早，尤其是 20 世纪 90 年代以来发展迅速，经过几十年的发展，外商直接投资成为中国经济发展的重要源泉之一，加速了资本积累，从而为我国对外直接投资奠定了基础。据联合国贸易和发展会议《2016 年世界投资报告》显示，2015 年中国实际利用外资为 1356 亿美元，同比增长 6%，全球排名第 3。中国对外直接投资与吸引外资之间的差距逐年缩小，2015年对外直接投资首次超出吸引外资 100.6 亿美元，中国开始步入资本净输出阶段（图 8-1）。约翰·哈里·邓宁的国际直接发展阶段理论[1]认为一个国家的投资发展状态与吸引外资和对外投资有关，目前我国企业对外直接投资正处于大幅上升时期，我国投资处于第三阶段，距离下个阶段还有一定的距离。

---

① 约翰·哈里·邓宁的国际直接投资理论将一国的投资发展分为四个阶段：第一阶段是没有对外直接投资，以少量外资流入为主；第二阶段开始有对外直接投资，但流量很少，只是在周边国家进行投资活动，同时外资流入增多；第三阶段为对外直接投资大幅上升阶段，与吸引外资水平相当；第四阶段为对外直接投资大于吸引外资阶段。

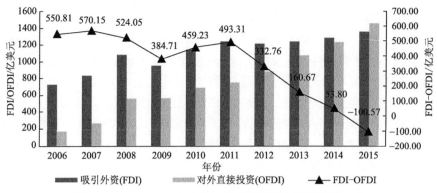

图 8-1　2006～2015 年中国对外直接投资与吸引外资对比

资料来源：联合国贸易和发展会议《2016 世界投资报告》

2. 中国对外直接投资的区域分布情况

1）区域分布广泛

自 20 世纪 90 年代起，中国企业对外直接投资的地区越来越广泛。早期，我国对外投资以非洲和香港地区为主，1991 年我国境外投资企业分布于 105 个国家（地区），2015 年年底，我国境外投资企业共计 3.08 万家，分布在 188 个国家和地区，占全球国家（地区）的 80.3%，全球五大洲都有来自中国企业的投资。其中亚洲地区的境外覆盖率达 97.9%，仅剩不丹一个国家未涉及（表 8-8）。

表 8-8　2015 年中国境外企业在各洲分布情况

地区	2015 年年末国家（地区）总数/个	中国境外企业覆盖国家（地区）/个	未涉及国家（地区）/个	中国境外企业覆盖率/%
亚洲	48	46	1	97.9
欧洲	49	43	6	87.8
拉丁美洲	49	33	16	67.3
北美洲	4	3	1	75.0
大洋洲	24	12	12	50.0
非洲	60	51	9	85
总计	234	188	45	80.3

资料来源：中华人民共和国商务部，2016

注：覆盖率为中国境外企业覆盖国家（地区）数量与国家（地区）总数的比率；其中，亚洲国家（地区）数量包含中国大陆，覆盖率计算基数未包括

2）区域分布高度集中，主要流向发展中经济体

我国对外直接投资的分布呈现出高度集中的特点，且主要集中于发展中国家和地区（表 8-9）。2015 年我国对外直接投资流量、存量超过 70% 分布于亚洲地区，亚洲地区的境外企业覆盖率也高达 97.9%，其次是对拉丁美洲投资的流量、

存量比例分别为 8.6%、11.5%[①]。从国别来看，2015 年排名前十的国家（地区）为中国香港、荷兰、新加坡、开曼群岛、美国、澳大利亚、俄罗斯、英属维尔京群岛、英国、加拿大，吸收了我国 98.6% 的直接投资（表 8-10）。仅对中国香港、新加坡、开曼群岛的投资就占了流量总量的近八成。香港地区作为中国对外直接投资最早、也是最主要的地区，2015 年的直接投资的流量和存量分别为 897.9 亿美元、6568.55 亿美元，占亚洲地区的 82.9% 和 83.9%，2007～2015 年香港地区的年均增长率为 33.7%，一直保持着高水平增长[①]。截至 2015 年，我国对外直接投资存量超过 80% 分布在发展中经济体，在中国香港、开曼群岛、英属维尔京群岛投资的总和为 7709.3 亿美元，约占 2015 年存量的 70%。

表 8-9　2009～2015 年中国境外企业在各洲分布情况　　　　（单位：%）

	年份	2009	2010	2011	2012	2013	2014	2015
亚洲	境外企业覆盖率	89	90.0	90.0	95.7	97.9	97.9	97.9
	境外企业占比	52.7	53.3	53.6	54.5	55.6	57.1	55.5
	投资比例	71.5	65.2	60.9	73.8	70.1	69	74.4
欧洲	境外企业覆盖率	77	71.2	71.2	85.7	85.7	85.7	87.8
	境外企业占比	5.9	9.8	11.1	8	5.5	8.8	11.5
	投资比例	8.8	8.8	8.8	8.8	8.8	8.8	4.9
拉丁美洲	境外企业覆盖率	57	57.1	57.1	56.3	60.4	64.6	67.3
	境外企业占比	4.9	4.9	4.6	5	5.2	5.3	5.7
	投资比例	13	15.3	16	7	13.3	8.6	8.6
北美洲	境外企业覆盖率	75	75	75	75	75	75	75
	境外企业占比	11.2	11.6	13.7	12	12.1	12.7	14.4
	投资比例	2.7	3.8	3.3	5.6	4.5	7.5	7.4
大洋洲	境外企业覆盖率	40	44	40	45.8	50	50	50
	境外企业占比	3.3	3.2	3.1	3.1	3.1	3.1	3.3
	投资比例	4.4	2.7	4.4	2.8	3.4	3.5	2.7
非洲	境外企业覆盖率	83	84.7	85	85	86.7	86.7	85
	境外企业占比	12.5	12.1	11.4	11.6	11.6	10.6	9.6
	投资比例	2.5	3.1	4.3	2.9	3.1	2.6	2
总计	境外企业覆盖率	72.8	72.7	72.4	76.8	79	79.8	80.3
	境外企业占比	100	100	100	100	100	100	100
	投资比例	100	100	100	100	100	100	100

资料来源：根据历年《中国对外直接投资统计公报》整理而得

注：①覆盖率为中国境外企业覆盖国家（地区）数量与国家（地区）总数的比率；其中，亚洲国家（地区）数量包括中国，覆盖率计算基数未包括；②投资比例为中国对外直接投资流量在各大洲的比例

---

① 根据商务部《2015 年度中国对外直接投资统计公报》整理而得。

表 8-10 2009 年、2014 年、2015 年我国对外直接投资流量前十的国家（地区）

排名	2015 年		2014 年		2009 年	
	国家（地区）	比重/%	国家（地区）	比重/%	国家（地区）	比重/%
1	中国香港	61.6	中国香港	57.6	中国香港	63.0
2	荷兰*	9.2	美国*	6.2	开曼群岛	9.5
3	新加坡	7.2	卢森堡*	3.7	澳大利亚*	4.3
4	开曼群岛	7.0	英属维尔京群岛	3.7	卢森堡*	4.0
5	美国*	5.5	开曼群岛	3.4	英属维尔京群岛	2.9
6	澳大利亚*	2.3	澳大利亚*	3.3	新加坡	2.5
7	俄罗斯	2.0	新加坡	2.3	美国*	1.6
8	英属维尔京群岛	1.3	英国*	1.2	加拿大*	1.1
9	英国*	1.3	德国*	1.2	中国澳门	0.8
10	加拿大*	1.1	印度尼西亚	1	缅甸	0.7
	总计	98.6	总计	83.6	总计	90.3

资料来源：中华人民共和国商务部，2016

注：带"*"为发达经济体，其余为发展中经济体和转型经济体；受四舍五入的影响，表中数据稍有偏差

3）发达经济体逐渐成为投资热点

我国对发达经济体直接投资的比重相对比较小，但是近年来增速较快，逐渐成为我国企业对外直接投资的热点。2014 年我国对发达经济体直接投资额为 238.3 亿美元，同比增长 72.3%，为全球对发达经济体直接投资的 4.8%，在全球对发达经济体投资总流量下降 28% 的情况下（联合国贸易和发展会议，2015），增长 72.3% 是一个相对较高的水平。2014 年我国对欧盟投资创历史新高，为 97.87 亿美元，对百慕大群岛、以色列的投资增速高达 3638% 和 2682% 左右，投资额相当于 2013 年的 36 和 26 倍。虽然目前对发达经济体的投资不到我国对外直接投资的五分之一，但是发达经济体已经成为投资新热点，未来对发达经济体的投资将会不断增加（表 8-11）。

表 8-11 2014 年中国对不同经济体直接投资流量情况

经济体	金额/亿美元	同比增长/%	比重/%
发达经济体	238.30	72.30	14
欧盟	97.87	116.30	7.95
美国	75.96	96.11	6.17
澳大利亚	40.49	17.09	3.29
日本	3.94	−9.12	0.32
新西兰	2.50	31.31	0.20
挪威	0.59	−70.15	0.05
百慕大群岛	7.08	3638.46	0.57
以色列	0.53	2682.01	0.04

续表

经济体	金额/亿美元	同比增长/%	比重/%
发展中经济体	976.80	6.50	83.9
中国香港	708.67	12.80	57.56
东盟	78.09	7.50	6.34
转型经济体	16.10	−29.10	2.1
俄罗斯	6.34	−38.02	0.51
白俄罗斯	0.64	134.44	0.05
塔吉克斯坦	1.07	48.21	0.09
乌兹别克斯坦	1.81	308.85	0.15

资料来源：中华人民共和国商务部，2016

注：经济体划分标准见联合国贸易和发展会议《2016 世界投资报告》

4）境外经贸合作区成为我国对外投资的亮点

我国对外合作方式一直在不断创新，随着双边贸易意愿的增加及中国政府的支持，2006 年起我国企业开始在境外投资建设经贸合作区，以此吸引更多有实力的企业到东道国投资建厂，输出我国企业的发展理念、管理模式、企业文化价值等软实力。建设境外经贸合作区，需要企业根据市场情况、优惠政策、东道国资源环境等多方面因素进行投资决策，以商业运作为基础，围绕企业发展，达成我国与东道国互利共赢、共同前进的目标。经过不断与所在国经济、政治、文化、社会等领域的深入合作，境外经贸合作区得以顺利推进，并在我国对外投资中获得早期收获。

2006 年商务部文件《境外中国经济贸易合作区的基本要求和申办程序》公布要建设 50 个国家级境外经贸合作区。截至 2015 年年底，我国企业在 34 个国家进行 75 个合作区的建设，其中通过确认考核的有 13 个。75 个合作区的建设创造了180 亿美元的投资，共有 1151 家企业入驻园区，其中中资控股的企业有 723 家，占总入区企业的六成。这些在建的企业为当地创造了 15.3 万个就业岗位，累计上缴东道国税费 14.1 亿美元（表 8-12）。目前主要是国家级和省市级的合作区，类型主要包括加工制造型、农业产业型、资源利用型、科技产业型、商贸物流型。表现较为突出的园区有柬埔寨西哈努克港经济特区，其安全的投资环境、独特的地理优势、较低的成本、完善的基础设施，以及优惠的税收政策等投资优势吸引了中国超过 50 家纺织和轻工企业入驻，该区已成为柬埔寨重要的纺织出口基地，为当地民众提供了上万个就业岗位。

表 8-12 我国境外经贸合作区的主要情况

序号	名称	分布	产业定位	园区主要成果
1	柬埔寨西哈努克港经济特区	柬埔寨西哈努克省	纺织服装、五金机械、轻工家电等	102 家企业入驻，84 家已生产经营，区内从业 1.6 万人
2	泰国泰中罗勇工业园	泰国罗勇府	汽配、机械、建材、家电、电子等	截至 2016 年年初，工业园区已开发两期，入驻企业超 70 家，累计投资超 12 亿美元
3	越南龙江工业园	越南前江省	轻工、纺织、建材、化工、食品等	截至 2016 年 8 月，31 家企业入园投资 107.76 亿美元，实现工业产值 4087 万美元，8400 人从业
4	巴基斯坦海尔-鲁巴经济区	巴基斯坦拉合尔市	家电、纺织、建材、化工等	计划投资 1.29 亿美元
5	赞比亚中国经济贸易合作区	赞比亚铜带省	谦比希园区以铜钴开采、冶炼、加工为主；卢萨卡园区以商贸服务、现代物流、房地产、加工制造、新技术为主	28 家企业进入园区，实际完成投资 12 亿美元
6	埃及苏伊士经贸合作区	埃及苏伊士湾	纺织服装、通用机械、汽车、高低压电器、配套服务等	计划投资 4.6 亿美元，截至 2014 年 5 月，累计投资 9066 万美元，32 家企业入驻
7	尼日利亚莱基自由贸易区（中尼经贸合作区）	尼日利亚拉各斯州	加工制造、商贸物流、石油仓储等	截至 2016 年 9 月，已有 50 家企业进行投资，实际完成投资 1.5 亿美元
8	俄罗斯乌苏里斯克经贸合作区	俄罗斯乌苏里斯克市	轻工、机电、木业等	计划投资 20 亿美元，园区有 27 家企业，截至 2014 年 5 月，实际完成投资 1.66 亿美元
9	俄罗斯中俄托木斯克木材工贸合作区	俄罗斯托木斯克州、克麦罗沃州	木材加工、销售，建筑材料销售服务等	截至 2015 年年底，该地区 3000 人从业，有企业 20 多家，投资完成 4.3 亿美元
10	埃塞俄比亚东方工业园	埃塞俄比亚奥罗莫州	轻工、纺织、冶金、建材、机电等	园区现有企业 50 家，投资总额超 4 亿美元，当地从业 8000 人
11	中俄（滨海边疆区）农业产业合作区	俄罗斯滨海边疆区	农产品生产加工、仓储服务、农业生产配套等	已入驻企业 6 家，带动国内农场进园合作
12	俄罗斯龙跃林业经贸合作区	俄罗斯犹太自治州、滨海边疆区	森林采伐、木材加工等	计划投资 13 亿美元，已有 14 家企业入驻，2014 年年产值超 20 亿人民币
13	匈牙利中欧商贸物流园	匈牙利布达佩斯市	商贸、物流等	总投资 2.64 亿美元，目前 134 家企业入驻并生产运营，区内从业人数约 650 人

资料来源：商务部境外经贸合作区专题网站及各境外合作区官网收集整理

这些境外经贸合作区的开发区模式受到当地政府与人民的认可，一方面促进了东道国的就业和税收，扩大出口创汇，深化了双边经贸合作关系；另一方面，也有利于推动国内企业集群出海、形成产业集聚、维护合法权益，降低中小企业国际合作的风险。因此，这些经贸合作区是我国进行产业结构调整和全球布局产业的重要平台，并为国内经济结构升级和产能调整腾出了发展空间，是促进中国和东道国经贸合作双赢的重要载体。

3. 中国对外直接投资的行业分布情况

1）行业分布广泛，且相对集中

我国对外直接投资开始之初，以建筑工程和金融保险业为主，到现在扩展到能源、矿产、森林等资源开发行业，汽车、电子设备、纺织、食品等加工贸易，以及咨询服务、零售、技术研发等服务行业，呈现出全方位经营、多元化投资的特点。不过行业分布也相对集中，2015 年主要分布于租赁和商务服务业（24.93%）、金融业（16.62%）、制造业（13.74%）、批发零售业（13.19%），这四个行业就占了对外直接投资流量的 68.48%（表 8-13），其他领域占比较小。其中租赁和商务服务业无论是流量还是存量的比重一直最大，2015 年对该行业的直接投资流量为 363 亿美元，占比为 24.93%，存量为 4096 亿美元，占 37.31%。信息传输、软件和信息技术等高科技领域的投资逐年增加，2015 年对该行业的直接投资为 68 亿美元，同比增长 115.2%。

表 8-13　2015 年中国对外直接投资行业分布情况

行业	存量		流量	
	金额/亿美元	比重/%	金额/亿美元	比重/%
租赁和商务服务业	4096	37.31	363	24.93
金融业	1597	14.55	242	16.62
采矿业	1424	12.97	113	7.76
批发零售业	1219	11.10	192	13.19
制造业	785	7.15	200	13.74
交通运输	399	3.63	27	1.85
房地产业	335	3.05	78	5.36
建筑业	271	2.47	37	2.54
信息传输/软件和信息技术服务业	209	1.90	68	4.67
电、热、气、水	157	1.43	21	1.44
科学研究和技术服务业	144	1.31	33	2.27
居民服务	143	1.30	16	1.10
农林牧渔业	115	1.05	26	1.79

续表

行业	存量		流量	
	金额/亿美元	比重/%	金额/亿美元	比重/%
文化体育	33	0.30	17	1.17
住宿餐饮	22	0.20	7	0.48
教育	3	0.03	1	0.07
卫生和社会工作	2	0.02	1	0.07
其他	24	0.22	14	0.96

资料来源：根据商务部《2015 年度中国对外直接投资统计公报》整理计算而得

注：受四舍五入的影响，表中的比重相加并不等于 100%

　　表 8-14 列出了我国对中国香港地区、欧盟、东盟、美国、澳大利亚及俄罗斯这几个主要经济体的行业投资情况，在中国香港、东盟地区投资于租赁和商务服务业的比例分别为 47.7%、25.7%，在美国的投资 26.3% 为制造业、25.3% 为金融业，在澳大利亚和俄罗斯的投资集中于采矿业，其中对澳大利亚资源开发的采矿业的投资比例达 59.3%，可以看出我国对经济体的投资行业分布也呈现出比较集中的特点。

表 8-14　2015 年中国对主要经济体的行业投资情况

国家（地区）	主要行业及存量占比
中国香港	租赁和商务服务业（47.7%），批发零售业（13.7%），金融业（13.7%），采矿业（7.8%），交通运输仓储和邮政业（4.4%）
欧盟	采矿业（23.9%），金融业（23.3%），制造业（19.7%），租赁和商务服务业（9.8%），批发零售业（8.2%）
东盟	租赁和商务服务业（25.7%），制造业（14.9%），电、热、气、水（12.5%），批发与零售业（12%），采矿业（10%）
美国	制造业（26.3%），金融业（25.3%），租赁和商务服务业（9.1%），批发零售（8.4%），房地产业（8.3%），采矿业（7.1%）
澳大利亚	采矿业（59.3%），房地产业（10%），金融业（8.6%），租赁和商务服务业（7.6%），制造业（4%）
俄罗斯	采矿业（39.9%），制造业（22.2%），农、林、牧、渔业（17.6%），租赁和商务服务业（9.4%），批发零售业（3.0%）

资料来源：中华人民共和国商务部，2016

2）结构不断优化

　　自 21 世纪以来，我国对外投资不断发展，三次产业构成也不断优化。2003～2014 年第二产业和第三产业发生明显变化，对第二产业的投资比重不断下降，从 2003 年的 72.2% 下降到 2014 年的 25.4%，第三产业的比重从 25.2% 上升到 72.9%，已经成为投资者青睐的产业。从 2014 年第二产业的构成来看，采矿业占第二产业的 52.8%，制造业、建筑业分别占第二产业的 30.7% 和 11%，近年来这几个行业均未呈现增长势头。从第三产业的构成来看，2014 年流向租赁和商务服务业占比最大，其次分别为批发零售业、金融业、房地产业、交通运输业、信息服务业，其中除交通运输业以外的其他行业 2007～2014 年的平均增速均达 30% 以上。

3）境外基础设施合作成绩斐然

金融危机后，全球经济复苏乏力，基础设施建设与投资成为拉动世界经济走出困境的重要举措之一。美国、英国、土耳其、非洲等多个国家（地区）不断推出大规模的基建计划，新型国家基建市场发展迅猛，城市化进程持续推进，发达国家老旧的基础设施更新换代也在加快，各国急需引进外国资本进入基建市场，因此国际基础设施市场存在巨大的潜力。据 OECD 预测，2013～2030 年的全球包括港口、机场、铁路等在内的基础设施投资需求将达 55 万亿美元，相当于全球每年有 2.5% 的 GDP 投资其中。在迫切需要资金振兴经济的压力下，借助引进外商投资加强基础设施建设，成为许多国家的普遍选择。

我国企业依托"一带一路"倡议，中非"三网一化"战略，中韩、中澳等自贸区建设，抓住各国建设基础设施的机遇，实现对外承包工程新增长、新突破，项目数量、规模、档次及市场份额进一步提升。我国对外承包工程自 2006 年的一次大规模增长后一直保持平稳增长，2015 年实现营业额 1540.7 亿美元，同比增长 8.2%，新签合同额更是突破 2000 亿美元大关，达 2100.7 亿美元。且 2014 年在基础设施合作领域的单项合同金额取得历史性突破，中国铁建股份有限公司获得尼日利亚沿海铁路项目合同，总金额达 119.7 亿美元，是中国对外承包有史以来金额最大的单体合同。从合作区域来看，亚洲和非洲仍是我国基础设施合作的重点地区，在我国对外承包工程中占比分别达 43% 和 39%。同时在拉丁美洲市场及美、欧等发达地区的市场发展也取得新的突破。

由于我国国内基础设施建设有着多年的经验和卓越成效，不仅为国内经济的高速增长做出突出贡献，而且培养了一支过硬的基础设施建设队伍。随着我国对外承包工程企业参与国外基础设施市场的实践积累，为我国未来进一步参与包括发达国家在内的境外基础设施建设奠定了坚实基础。截至 2015 年，我国的对外承包工程基本上涉及了国际工程承包市场的全部行业，并且在房建、交通运输、水利电力、石油化工、制造加工、通信、矿山建设等方面积累了一定的专业优势和工程技术人员优势。

4）中国对外投资主体持续优化，投资方式多样化

截至 2015 年，中国对外直接投资的主体依然以国有企业为主，其仅占所有境内投资者（按中国工商行政管理部门登记注册的企业）的 5.8%，但覆盖了非金融类投资存量的 50.4%。虽然国有企业的占比依然居高，但是近几年呈现出持

续下降趋势，在这一过程中伴随着某些国有独资企业转制为有限责任公司或者股份有限公司。同时一些有活力的民营企业开始在跨国并购案中崭露头角，如联想集团收购摩托罗拉移动，房地产巨头绿地集团收购伦敦兰姆（RAM）啤酒厂住宅项目，万达收购瑞士盈方体育传媒，中国化工收购倍耐力，复兴国际全资收购美保险商 Ironshore，宁波鼎亮汇通全资收购高程开发有限责任公司等。从境外企业的归属地来看，中央企业开始逐渐减少对外直接投资，而地方企业投资不断增加，2015 年投资额达 936.04 亿美元，同比增长 71.04%，占全国非金融类流量的 64.26%，从 2014 年开始一直领先于中央企业和单位的对外直接投资规模（中华人民共和国商务部，2016）。地方企业和民营企业已逐渐成为海外投资的新兴力量。

我国对外直接投资初期以合资方式为主，近年来，我国企业对外投资模式开始不断创新，呈现出绿地投资、跨国并购、股权收益再投资、债务工具投资、构建海外营销网络、兴建生产加工基地等多种方式并存的特点。其中跨境并购俨然成为当下企业发展的流行趋势，2014 年、2015 年我国海外并购项目均接近 600 起，分别为 595 起和 579 起，这两年的并购交易额中直接投资均超过总直接投资额的四分之一，分别为 324.8 亿美元和 372.8 亿美元，主要涉及采矿业，制造业，以及电、热、气、水的生产和供应业，信息技术服务业等 18 个行业大类。

第二节　中国对外投资存在问题、挑战及机遇

一、中国对外投资存在的问题及挑战

1. 企业国际化水平偏低

虽然中国企业的国际化水平在不断提高，但是跨国公司在海外平均资产水平及市场占有率等方面与全球顶尖跨国公司相比还有一定的差距。《2015 中国对外投资合作发展报告》显示，我国排名前 100 非金融类跨国企业平均海外资产为 89.3 亿美元，平均海外收入为 82.1 亿美元，平均跨国指数[①]为 15.6%，而世界前 100 的跨国公司平均跨国指数为 60%，相比之下，我国企业海外经营活动的强度与世界优秀的跨国企业仍然有较大差距。2014 年中国有 65 家企业进入 ENR 国际 250

---

① 跨国指数是以下三个比率的平均数：国外资产与总资产比率、国外销量与总销量比率、国外雇员与总雇员比率。

家最大承包商，其市场占有率为 17.2%，内地上榜企业平均完成国际市场营业额 13.8 亿美元，与 250 强的平均营业额 20.8 亿美元相差了 7 亿美元（表 8-15）。

表 8-15　2014 年中国跨国公司与全球跨国公司国际化水平对比

非金融类跨国公司	平均海外资产/亿美元	平均海外收入/亿美元	平均跨国指数/%
全球前 100	826.6	613.2	60
中国前 10	569.7	550.9	27.1

资料来源：根据联合国贸易和发展会议《2015 世界投资报告》、商务部《2015 中国对外投资合作发展报告》整理计算而得

2. 缺乏高素质国际经营管理人才

我国跨国公司的绝对规模很大，但是国际化水平不高，国际化经验不足，高素质的国际经营管理人才显得尤为重要。国际投资环境风云变幻，海外企业经营不比国内经营，国家之间的争端及民族之间的仇恨都会成为管理海外子公司的阻碍，管理人员正确地协调处理好母国、东道国和第三国员工之间的关系是企业能够持续性跨国发展的重要因素。而这要求管理人员拥有较高的职业素质且要具备一些特殊能力，如通晓国际法律法规、敏锐的国际形势洞悉能力、良好的外语能力和跨文化沟通能力、创新及应变能力及决策能力等。而我国一些海外并购失败案例就是缺少有经验的高素质人才所导致。例如，2008 年中国平安缺少对富通净资产的判断，以及低估了金融危机对西方金融机构的影响而导致严重亏损。又如中国黄金与非洲巴里克黄金的收购谈判失败，汉龙集团无法满足被收购方澳洲铁矿企业 Sundance Resource 的要求而导致收购终止等，以上都显示这些跨国企业缺少海外投资经验及有能力的国际管理人才。我国跨国企业中拥有上述能力的管理者较少，其原因是我国跨国企业相比发达国家发展较晚，体制不够健全，在激烈的国际人才竞争市场中，难以吸引全球优秀的管理人才，而且一些优秀人才还从本土流失。

3. 对外直接投资结构不合理

我国对外直接投资地区长期存在不均衡的状况，对周边国家的投资一直高度集中。数据显示[①]，我国在亚洲地区的投资保持在总流量的 40%～80%，其中对香港地区的投资保持在 40%～70%，而对非洲、欧洲、北美洲、大洋洲的投资总和不足 10%，在拉丁美洲的投资有 83% 都集中于开曼群岛和英属维尔京群岛等避税地。投资的地理分布高度集中，不利于投资风险的分散，也不利于以对外投资进一步扩张市场（图 8-2）。

---

① 经济合作与发展组织（OECD）将香港、英属维尔京群岛等地定义为避税地，其主要特征为税率较低、银行或商业保密程度高、金融业占主导地位、通信设施现代化、不实行货币管制、无须向监管或同级部门提交财务报表等。

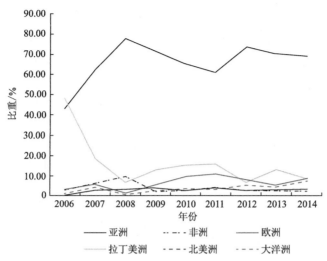

图 8-2　中国对外直接投资（流量）地区占总量比值情况

资料来源：根据商务部《2015 年度中国对外直接投资统计公报》整理计算而得

　　另外，产业结构布局不尽合理。中国的企业技术水平普遍偏低，在国际上缺乏竞争力。从中国对外投资的发展历程可以看出，我国在境外投资主要集中于一些科技含量和附加值低下的行业，如传统服务业、传统制造业等劳动密集型产业，对信息、软件等高技术行业的投资较少。这种低层次的产业结构不利于我国国内产业升级、企业技术进步，也不利于境外子公司的持续性发展。

　　4. 国家政策体系不够完善，经济保障机制匮乏

　　对外直接投资是我国开放型经济的重要组成部分，我国政府部门在其中主要起服务和指导作用，但是从各项对外投资法规中难以找到国家对企业的明确性指导，政府的作用在促进对外直接投资中尚未完全发挥。国家开发银行对合作区的融资服务重点主要在一些我国与东道国共同关注的在建合作项目[①]，而中小民营企业在境外开展项目时遇到的融资难、渠道少等问题难以解决，加之企业海外投资审批程序复杂，审批过程耗费时间精力，审批结果不尽如人意，使得我国缺少企业国际竞争力。对未知、复杂的领域投资是一件高风险的资本运营行为，对投资公司的资产评估、相关法律的了解程度、国际形势判断、是否有能力保障企业正常运行、国际战略匹配与否、人力资源协调等因素都直接影响着一个投资项目的成功与否。而我国企业在进行并购时对国际市场不同行业或公司的估值不准确，遇见合适的项目下手过快，反观一些顶尖跨国公司在进行投资之前，进行全面的风险考察、评估，从而

---

① 商务部、国家开发银行关于支持境外经济贸易合作区建设发展有关问题的通知，http://www.mofcom.gov.cn/article/h/redht/201312/20131200430374.shtml,2013-12-19。

保证了投资的顺利进行。目前，商务部已印发《对外投资合作境外安全风险预警和信息通报制度》等相关政策来提醒企业提高防范安全措施。但我国对企业的经济保障机制仍然不够完善，缺少一些对外投资保险等金融衍生工具的保障。

5. 海外投资给东道国带来的生态环境影响与可持续发展将受到高度关注

国际投资对东道国的经济发展起着极其重要的作用，但是对东道国生态环境的破坏也不容忽视，以破坏环境、浪费资源为基础的投资是不可持续的，如今国际社会更加关注经济的可持续发展。环境社会问题的积累往往会对投资项目的存续、人员的安全带来隐患，甚至会使中国面临人权与政治的挑战。例如，2011 年非洲国家赞比亚总统候选人萨塔因利用中国投资在当地造成的环境问题赢得了选举（全球环境研究所，2013）；又如，在缅甸投资 2200 亿元的"密松大坝"项目因破坏当地自然景观而被缅甸政府叫停。中国的"走出去"强调的是"互利共赢""惠及当地"的原则，企业在东道国开展境外合作项目时要履行好社会责任，树立环保意识，依法履行环保责任，尊重和遵守东道国环保法规，塑造中国企业的良好形象，造福当地人民，实现互利共赢。环境保护将长期成为我国企业海外投资面临的挑战，中国急需借鉴国际经验，制定一套适合国情的境外投资环境保护机制来应对日渐复杂的国际投资形势。

6. 国际规则变化为中国对外直接投资带来挑战

近年来双边投资条约的数量逐年减少，在区域和次区域层面的国际投资协定增加，如《国际投资共同原则》《跨太平洋伙伴关系协定》《跨大西洋贸易和投资伙伴关系协定》，以及区域全面经济伙伴关系、三方和关于加强经济关系的太平洋补充协定的谈判等，国际投资协定的领域持续扩大。目前的国际投资规则具有以下特征：一是新的投资规则涉及面广，除了货物、服务贸易以外，还包含了知识产权、卫生和环境保护、政府采购等，投资规则的谈判与签订内容不再围绕单一方面进行，不再具备过去的独立性。二是偏向东道国和跨国企业的权利和义务，许多国家在制定国际投资规则时强调明确资产、保证国家安全、环境保护、国际收支平衡等措施，以扩大东道国的监管权力和发挥跨国公司在环境保护、促进人权发展等方面的作用。三是强调投资的自由化、便利化。联合国贸易和发展会议的数据表明，2014 年 37 个国家和经济体采取的影响外国投资的政策措施中，有 75% 涉及投资的自由化、促进便利化，如 2012 年美式双边投资协定（Bilateral Ivestment Treaty，BIT）范本确立了"准入前国民待遇+负面清单"模式，即在投资发生和企业建立时给予外国投资者的待遇并列出了不能自由进入的行业，其余领域都是可以自由进入的（吴其胜，2014）。联合国贸易和发展会议在《2015 世界投资报告》中提出改革国际投资制度，共有五个目的：推行可持续发展目标保障监管权；改革投资争端解决机制；投资促进和便利化；确保负责任的投资；加强系统一致性。

国际投资规则呈现的以上趋势给中国甚至更多发展中国家带来了极大的挑战，我国对外投资将投入更多的资源，并且还会面临国内外投资监管体制的改革与调整，中国应选择并制定适合国情的改革措施与路径，系统地完善国内投资体制，如果应对不当，将会面临被新的重构规则排斥的风险。

二、中国对外投资转型升级的机遇

1. 我国具备较强的对外直接投资实力

自改革开放以来，我国的国民经济在不断发展，国家综合实力得到大幅提升，经济实力的增强是对外直接投资的内生动力。我国对外直接投资开始于 1979 年，当时我国 GDP 为 1768.6 亿美元，世界排名第 15，2015 年我国的 GDP 达到 10.87 万亿美元，排名上升到世界第 2，仅次于美国。观察我国与世界主要国家的经济增速，除个别年份，都保持了 6.9%～12% 的增长速度，且均高于世界水平。值得注意的是，2008 年世界金融危机以后，全球经济遭到沉重打击，2009 年在世界大部分国家负增长的情况下，中国仍保持了 9.2% 的增长水平，成为世界经济复苏的中坚力量。2015 年全球经济低迷，中国以 6.9% 的中高速水平继续增长，2016 年为 6.7%。尽管中国处于经济的重大转型期，但其经济中长期的前景仍被看好。

1979 年我国的外汇储备仅为 8.4 亿美元，进入 21 世纪后外汇储备开始迅速增长，到 2015 年已经达到 33 303.6 亿美元的规模，居世界第一。由图 8-3 可以看出，我国外汇储备的增长与对外直接投资成正比，其直接关系到我国对外直接投资的增加。外汇储备的充足为我国金融体系带来了安全保障，也是支持我国资本流出的重要动力源。

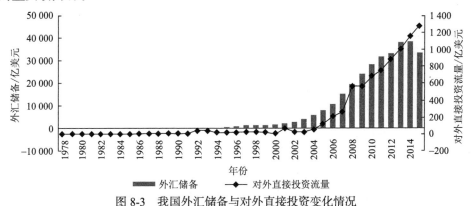

图 8-3　我国外汇储备与对外直接投资变化情况

资料来源：根据国家外汇管理局和国家统计局"国家数据"的相关数据整理而得

2. 我国具有良好政治环境优势及政策支持

中国的政治稳定和经济开放是保证经济和社会的发展不断前进的重要前提，也是中国对外投资过程中的独特优势。同时，我国相关政策也给予对外直接投资大力支持。从 2002 年开始，商务部、国家统计局、国家外汇管理局就建立开通了对外直接投资统计系统，先后 4 次修改完善《对外直接投资统计制度》，大大方便了我国企业开展境外投资活动，为各级政府掌握投资情况提供了充分的依据。国家"十三五"规划提出，支持企业扩大对外投资，促进走出去的设备、技术、标准、服务提升，提高海外投资管理水平，完善促进政策和服务体系。2015 年 5月中共中央、国务院发布的《关于构建开放性经济新体制的若干意见》中明确提出要推进境外投资便利化，简化境外投资管理，加强境外投资合作信息平台建设；鼓励有实力的企业创新投资方式，发挥企业自身优势到海外承揽工程及劳务合作，多开展境外基础设施和能源资源方面的合作。商务部 2014 年 10 月实施的《境外投资管理办法》及同年国家发改委印发的《境外投资项目核准和备案管理办法》把提高境外投资便利化水平作为一项重要的政策目标，大幅下放境外投资项目管理权限，提高了我国经营决策效率和政府的管理效率。我国的对外投资政策体系虽然不够完善，但是纵观我国对外直接投资的相关政策，可以看出对外直接投资在中国实行"走出去"战略中的重要性不断提高。

3. "一带一路"倡议推动对外直接投资发展

"一带一路"倡议的提出加深了我国与沿线国家的经济合作，提高了我国国际地缘政治地位，同时也为我国对外直接投资带来新的机遇。目前"一带一路"倡议已经得到了沿线大多数国家的支持，有 49 个沿线国家接受了中国 189.3 亿美元的直接投资，占当年流量的 13%。未来中国将与更多国家进行多领域的投资合作，包括交通、能源、通信基础设施建设，以及新兴产业合作。"一带一路"建设秉承共商、共享、共建的原则，有利于我国与沿线国家互通友谊，与世界各国构建一个互惠互利的命运共同体。在国家加快"一带一路"建设的趋势下，我国企业可抓住时机顺势而上，制定符合形势的发展战略，将对外直接投资提升到更高层次。

4. 利用对外投资转移我国过剩产能，促进产业结构升级

国内生产成本的提高及产能过剩使得企业有了转移生产能力的需求，通过扩大对外投资可以将国内过剩的产能转移到海外，从而促进产业结构升级。随着我国经济的高速增长，人民生活水平大幅提高，企业的生产经营成本逐渐加大，其主要原因是我国劳动力工资不断上升，广东、浙江、福建等地的沿海城市已经不再具有成本优势；土地成本也在不断增加，2008 年以来房价、租金上涨迅速；负

税重，我国财政收入占 GDP 比重从 2003 年（15%）到 2015 年（23%）上涨了 8 个百分点；环境保护严格，自中国强调可持续发展后，不断加强环保、能耗问题的管理，中国企业需承担一定的环境污染成本。根据美国波士顿咨询公司的调查显示，2014 年我国的制造业成本高于泰国、印度、墨西哥等"竞争对手"国家。生产成本的上升使得中国企业必须不断寻求国外市场。

如今化解产能过剩已成为政府的一项重点工作，而对外直接投资能够在一定程度上将国内过剩的产能转移出去。我国在钢铁、电解铝、水泥、钛合金、焦炭、铜冶炼、汽车、纺织、煤炭等传统行业，以及一些新兴的光伏、风电等行业出现了产能过剩，中国在这些行业的直接投资比重也比较小。过剩产能在一定程度上会制约我国国内经济发展，但对一些周围国家及一些发展中国家却是一种重要的资源。目前东南亚已形成由发展中国家组成的东盟自由贸易区，和中国也形成中国-东盟"10+1"自由贸易区，这对我国的制造业转移起着重要作用。同时像非洲、南美、东欧等一些发展中地区急需发展，将过剩的产能转移到这些国家能够有效解决东道国就业困难、资金短缺等问题。另外我国的"一带一路"倡议涉及沿线国家也具有巨大的市场需求，有潜力将我国钢铁、水泥等固化产能转变为新的投资。

第三节 我国对外投资转型升级路径与对策建议

一、我国对外投资转型升级路径

1. 创新境外经济贸易合作区建设

境外经济贸易合作区是中国一种新的对外直接投资模式，是中国实施"走出去"战略的一项重点工程。目前我国已有 75 个区正在建设，但目前在区域布局和产业定位方面都还需进一步统筹规划。例如，我国在柬埔寨、越南、泰国等都建立了合作区，但这几个南亚国家地理位置相近、面积不大、人口不多，且合作区的产业定位雷同，造成重复建设和资源浪费，并容易导致园区之间恶性竞争。因此，政府在未来应进一步发挥在境外合作区建设中的引导作用，加强对境外合作区的科学规划和统筹安排，做好境外合作区的功能定位和项目配套，优化境外合作区的国别布局，使得合作区的建设功能齐备、产业类型多样，避免出现重复建园。尤其应重点选择区位交通比较优越的地区，可逐渐从欠发达地区和贸易友好国向距离较远、政治贸易关系一般的较发达国家和地区延伸，最终形成产业链完整、辐射和带动能力强、影响力大的加工区、工业园区、科技产业园区等各类经济贸易合作区域（洪联英和张云，2011）。

在产业定位上，既要结合东道国的经济社会发展需要和资源优势、产业特色，也要进一步发挥我国轻纺、家电、通信、电子、工程机械、化学工业等发面的制造优势和技术优势，建立海外生产基地，从而既改善东道国产业结构单一，制造业发展薄弱的现状，使其资源优势转化为发展优势；同时也为我国产业结构的转型升级提供空间。

引导企业实施当地化策略。境外经贸合作区都主要是由中方建设，入驻企业也是以中方为主，但这种"独来独往"的投资行为方式容易导致与东道国的隔阂。因此，在交通、水、电、电信等经济基础设施建设和完善的基础上，加大地方人力资源开发和培训，以增强所在地的居民对发展合作区的沟通和理解，改善当地居民的态度，建立良好的互信和友谊。

2. 深化国际产能合作

我国是世界制造业的第一大国，在产能规模、技术水平、人才队伍等方面具有一定的国际竞争力，已具备进行国际产能合作的基本条件。特别是在轻工、家用电器、纺织服装为主的传统行业，电力设备、建筑机械、通信设备、高铁运输的设备制造业，以及钢铁、电解铝、水泥、平板玻璃为基础的产能过剩行业，积累了强大的"走出去"实力。再加上一些发展中国家加快工业化和城镇化进程，为中国主导产业不断推进国际产能合作提供了大量的机遇。

但全球经济的复苏乏力，金融市场波动，部分地区的地缘政治冲突加剧，再加上不同产业处于不同的生命成长阶段，导致产能合作的市场容量、技术标准、合作条件都不尽相同，我们必须根据国际国内政治经济形势，在进行国际产能合作时需审时度势、因地制宜，不能盲从。未来可从以下几方面来提升产能合作成效。

一是根据产业特性有选择地推进国际产能合作。例如，钢铁冶炼、电解铝冶炼、船舶制造等生产资料产业均总体上表现出全球供给过剩，且我国占据了相当高的国际市场，通过海外投资规模性地实现国际产能合作的压力较大；家电、纺织服装、电信设备等消费品，我国在国际市场上已占有一席之地，但这些产品在发展中国家仍有较大的市场空间，可引导企业走出去，以进一步强化品牌效应，提升市场占有率；与此同时，还要在政府的引导下，筛选并确定经济社会效益好，发挥两国优势，且与国家行动部署一致的重点项目，引导国内设备、技术、服务"走出去"；尤其要加大装备制造业、施工机械行业、建材工业发展力度，利用国内关联设备带动本国生产设备出口，提高关联生产设备生产产业的产能利用率。

二是根据不同区域的经济发展特点有选择性地推进国际产能合作。①钢铁产业：虽然钢铁冶炼全球产能过剩相对严重，但印度尼西亚、马来西亚等东南亚国家，哈萨克斯坦、吉尔吉斯斯坦等独立国家联合体国家，沙特阿拉伯、阿联酋等中东国家和部分非洲国家其钢铁需求量仍然较大。钢铁企业建立海外基地要选择矿源丰富的国家和地区，如中非、西非、澳大利亚、哈萨克斯坦、蒙古国、巴西、秘鲁等，同时要注重产业链的延伸，适度向中游的冶炼和下游的加工环节发展。②水泥产业属市场指向型，其销售半径比较小，因此企业选址时要接近销售市场。一些发展中国家和地区由于经济恢复和发展的需要及城镇化进程加快，对水泥的需求旺盛，如印度尼西亚、缅甸正在大力建设基础设施而催生巨大市场；尼日利亚、埃及、南非、埃塞俄比亚等非洲国家水泥消费量大，自身产能难以满足需求；传统市场如沙特阿拉伯、伊拉克等需求稳定；俄罗斯、白俄罗斯等独立国家联合体国家及巴西、委内瑞拉等南美国家的市场开发已具备一定基础，可鼓励企业加快走出去与这些国家进行产能合作。同时，还可探索通过并购方式进入被跨国集团一定程度垄断的东南亚国家和地区。

三是以"一带一路"倡议实施为契机，加强与"一带一路"沿线国家产能合作，共同研究编制产能合作规划或指南，积极推动境外工业园区建设。根据我国当前的产能优势和特性，确定对外合作的区域指向、产业指向、资源指向、市场指向，引导由投资方、金融机构、工程施工单位、生产企业、配套厂家等企业抱团"走出去"。在资源条件好、生产要素丰裕、配套能力强、市场前景广阔的国家建设生产基地和加工配送中心，并且向上下游产业链延伸。尤其是铁路、电力、通信、工程机械、汽车、航空航天、船舶和海洋工程装备等装备制造业要发挥竞争优势，推动国内设备、技术、标准和服务"走出去"，提升在全球产业链和价值链中的地位。与此同时，还要加大境外销售渠道和售后服务投资力度，完善运营维护服务网络和维修网点，以带动相关装备、技术、管理出口。

3. 推进基础设施合作

在全球经济不平稳复苏的背景下，吸引外资建设基础设施成为各国恢复经济的重要引擎，全球基础设施行业温和扩张，长期前景良好。未来，我国的境外基础设施建设还需从以下几方面进一步提升。

第一，营建一体化方向发展。在传统上中国企业的角色只是单纯的工程施工方，是施工总承包或工程总承包（Engineering Procurement Construction，EPC），处于基础设施价值链的低端，而基础设施的需求是多重的，包括资金、技术装备、建设能力和管理运营经验等。相关工程由我国建成交付东道国后，由于缺乏有效的技术服务和检测维护，大大制约基础设施的正常运行，从而影响了我国企业的国际形象和国际声誉。因此，未来海外基础设施合作，要从单纯的营建方向集承包商、运营商、管理商于一身转变。要以施工总承包和 EPC 总承包为基础，延伸产业链，加大对基础设施项目早期介入、前期规划、设计咨询、系统集成、运营维护、技术服务、检测维修、租赁经营等业务的开拓，实现业务链的前伸后延和价值链地位的升级。提升中国企业在全球价值链中分工地位，实现从"汗水建造"向"智慧创造"的转变，占领产业链的高端、技术标准的高端、道义的高端，实现互利共赢、共同发展。

第二，整合国际和国内资源，提高合作水平。首先，整合我国基础设施企业的建设力量、金融资源、技术装备及技术标准等优质生产要素资源，进行优化配置，形成内部完整供应链和产业链。其次，加强与东道国企业的合作，发挥各自的比较优势，厚植共同利益，达到互利共赢。最后，要注重与第三方企业的合作，共同拓展国际市场。尤其还要利用第三方的先进技术，占领产业高端。

第三，加强与发展中国家的基础设施合作。尤其是亚洲和拉丁美洲，其基础设施资金缺口较大，市场前景广阔。随着"一带一路"倡议的实施和推进，基础设施联通将发挥更加重要的作用。大多数亚洲国家在公路、铁路、港口、发电厂、清洁水、能源和可再生能源、健康和教育方面都有大型的基础设施项目，需要较大的资金支撑。而拉丁美洲地缘辽阔，电力、交通等基础设施较为薄弱，随着经济增长，对加快基本建设领域发展步伐的呼声日渐强烈。

4. 提升境外并购能力

跨国并购是企业整合全球价值链的重要途径，也是我国企业直接投资的主要方式。目前我国企业并购势头良好，但并购的成功率较低，且主要集中在传统的能源与矿产行业，未来还需进一步提升我国的并购策略。

首先，在适度并购建设一批大宗商品境外生产基地的同时，注意风险防范。大宗商品在我国企业海外投资中已占重要地位。当前，全球资源类大宗商品价格持续下跌，原油、矿石、金属、大豆、橡胶等在内的国际主要大宗商品价格总体上呈现出趋势性震荡下跌走势。我国可通过并购建设一批大宗商品境外生产基地和物流集散中心，合理布局，同时要提高资源就地加工转化能力，延长资源型产品的价值链，深度融入全球产业链、物流链。与此同时，要加大风险防范意识，尤其是难以预测的地缘政治风险。需要政府与东道国建立有效的保护机制，同时企业还要跟踪评估产品供求、国际形势、地缘政治等因素，做好风险评估，保证中长期收益。同时，企业可通过金融工具对冲风险，减少由价格震荡带来的损失。

其次，进一步加大对发达经济体的投资力度，更加主动地配置国际高端产业资源，助力企业实现在国内经济中的转型升级，以及全球价值链中的地位提升。北美洲和欧洲均是中国企业境外并购的最主要目的地。通过促进海外并购一方面利于企业获得先进技术、管理经验和营销渠道，促进企业积极参与全球市场竞争，另一方面企业增加了海外生产基地和全球销售渠道，同时还能分散股权风险，解决资金约束问题。例如，京西重工收购德尔福公司减振和制动业务后，京西重工继而获得了分布于 13 个国家的世界一流汽车底盘零部件生产加工基地和技术中心，同时也承接下为宝马、奥迪、法拉利和通用汽车等车企的供货渠道，京西重工迅速融入了全球汽车巨头供应商体系。未来，我国可以继续通过兼并和收购专有技术、品牌、技能等，使中资企业在相关领域提升国际竞争力。而且从我国内在动力来看，经济转型已进入关键时期，产业结构正在不断调整，并购需求更多地转向对技术、品牌、渠道等领域，因而欧美成为我们并购的首选地。

未来，还需仔细分析自身优劣势，确定投资项目的优缺点，科学评估目标企业项目的资产价值，降低并购成本；并根据自身需要，不断更新企业内部和外部的资源，实现并购双方优势互补、资源互用；同时利用并购强大而迅速的资源聚集能力，形成一些具有优势的专有能力，向全球价值链的高端发展；加大政府政策支持力度，出台相关法律法规引导、协调、监督、管理和支持企业的海外并购活动；采用国际化手段，缓解东道国政治阻力，使投资顺利进行；充分利用当地高水平的投资银行、会计师事务所、咨询公司等中介机构，将他们的利益与并购活动直接挂钩。从而提升海外并购能力，提高并购成功率，促进企业在国内经济中的转型升级。

5. 加强国际区域合作

亚洲：亚洲地区一直是中国对外投资的主要市场，许多国家和地区与中国一直保持长期的密切经贸往来，"一带一路"倡议为中国在亚洲地区的对外直接投资带来更多的机会。中国企业应抓住时机，进一步扩大中国企业同沿线国家和地区的基础设施建设和国际产能合作[①]。

非洲：非洲地区自然资源丰富、陆地面积广阔、市场潜力巨大，中国对非投资有着良好的基础和前景。可通过建立中非信息共享平台，促进国有、民营企业联合发展，强化中非合作机制，推动非洲交通和基础设施"三网一化"合作[②]。

拉丁美洲：2015 年 1 月，中国-拉共体论坛的召开让中拉合作更上一步台阶。未来应加强基础设施建设、能源资源、农业、制造业、科技创新和信息技术领域合作。

北美洲：可加强中美第三方合作，扩大北美投资领域，除传统资源类行业外，还应加大对高端制造业、互联网领域的合作。

欧洲：欧洲各国正不断走出"欧债危机"的阴霾，经济开始缓慢复苏，投资

---

① 2015 年中国对外投资合作发展报告，http://www.fdi.gov.cn/1800000121_35_1089_0_7.html,2016-02-15。
② "三网一化"是指建设非洲高速铁路、高速公路和区域航空"三大网络"及基础设施工业化。

环境有所好转。未来可随"一带一路"倡议的实施及中欧投资协定谈判的推进，加大在欧洲的投资，但要注意防范欧元区和欧盟内部不均衡带来的风险。

大洋洲：应完善与澳大利亚、新西兰的合作机制，加强基础设施建设、农业和食品，以及旅游带动的高层次服务业等领域的投资合作。在新西兰进行基础设施建设时，应防范当地对技术标准、职业资格、环境保护等方面的高要求带来的风险。

6. 以跨国并购契入全球价值链

跨国并购可以利用目标企业现有的设备、管理机构、人才及其分销渠道迅速融入东道国市场，开展跨国经营。近几年我国企业海外并购活跃，目前跨国并购已经超过绿地投资成为我国企业对外直接投资的主要形式。未来可加大对意大利、德国、美国、法国、荷兰等发达经济体的投资并购，拓展高端资源业务范围，提高企业综合实力，科学设计并购流程，从确定收购对象到完成交易过程，灵活选择并购方式，提高并购成功率。我国企业要根据自身需要，不断更新企业内部和外部资源，实现并购双方优势互补、资源互用；同时利用并购强大而迅速的资源聚集能力，形成一些具有优势的专有能力，向全球价值链的高端发展；通过对先进企业的并购，获取其知识、技术，进入被并购企业的全球价值网络，进而实现企业在国内经济的转型升级。

二、我国对外投资降低风险、转型升级的对策建议

巩固国际市场，扩大对外投资合作不仅是转移我国过剩产能的主要方式之一，同时也是加快我国企业"走出去"的主要任务。为进一步扩大我国对外直接投资的规模、加强企业的国际竞争力、优化企业对外直接投资的产业和区域布局，我国必须充分发挥政府在企业对外投资中的监督、服务、引导作用，企业也必须抓住时机做大做强，完善企业内部制度，防范各种潜在经营风险，从而增强国际竞争力。

1. 全方面发挥政府作用

在对外投资发展的过程中，中国企业一直受到政府较大的影响，面对我国开放型经济转型升级，中国政府应充分发挥政府职能，全方位监督、支持、服务企业。第一，对外直接投资的发展要求中国有国家层面的统一管理机构，这也是完善对外直接投资体制的重要前提。目前管理中国对外直接投资的部门职能较为分散，部门之间权力交叉、职能重叠会导致管理资源浪费、审批复杂、效率低下等问题。第二，健全对外投资法律体系。目前，对外投资的法律文件主要是 2014

年 9 月商务部发布的《境外投资管理办法》，为完善法律体系可借鉴先发国家的经验，如日本的法律法规体系分为国际法和国内法，国际法规范了本国与目的国的权利与义务，国内法明确了资本的进出、企业的投资行为、政策管理、管理部门职能等国内投资。第三，加大服务力度，而并非过分引导。企业的投资行为与决策应当由企业结合自身情况来判断与决定，政府应主要对产业、资金、基金、信贷、税收优惠、项目审批政策等方面加大支持，通过建立咨询服务体系，提供全面有效的信息服务。第四，维护良好的国际环境，适应国际规则变化。通过多边和双边投资协议、参与国际投资规则制定等手段来改善对外投资外部环境。

2. 继续培育跨国企业，增强国际核心竞争力

一个国家经济的发展伴随着跨国公司的建立和发展，如美国、日本、德国、韩国等国家在其经济快速发展的时候就出现了像美国通用、IBM，日本索尼、丰田等一批具有相当实力的跨国公司，跨国公司可以重新配置国内外资源，从而反过来促进国内经济发展。目前中国有中国移动通信集团公司、中国石油和天然气集团有限公司、华润（集团）公司等具有国际竞争力的跨国企业，但 2014 年我国前十强的跨国公司平均跨国指数仅为 27.1%，总体来说这些企业的国际竞争力还有待提高。第一，完善包括人力资源管理、组织机构、安全管理、档案管理、财务管理、决策程序等现代企业制度；第二，科学设计并购交易流程，灵活选择资产、股权收购方式进行高成功率的收购交易；第三，通过国际合作发展打造自主品牌，提升国际品牌价值；第四，加大核心技术研发投入，重点放在研发中心的建设和布局上，提高企业整体创新水平；第五，加强财务管理，防范经营风险。

3. 培养跨国经营管理人才

企业跨国经营中，高素质的经营管理人才是企业的核心资源。中国企业的跨国发展急需一批具有跨国经营管理经验、能够洞悉国际形势、跨文化交流等素质的人才队伍。培养这样一批人才队伍，一是需要政府的大力支持，与各大企业合作，提供专项资金设立相关培训机构，加大对国际经济管理人才进行包括国内外政治、法律、政策、语言、市场、风险、文化等方面的培养。二是为高校学生提供实习机会与实践机会，基于跨国公司的需求构建模拟商战，在具有真实性和挑战性的商战中挑选具有潜力的人才进一步培养。三是加强国际经营管理人才的规划工作，实现最优的人才配置。企业应根据项目本身的发展及长期的项目投资情况提前对相应的人员培训相关法律合同、国际采购、工程、市场营销、语言和文化等方面的知识。建立高水平的国际经营后备人才库，注重培养效果，而非单纯地走走形式，让每一个员工都在适合其发展的岗位上发挥出最大价值。四是建立具有竞争力的福利薪酬制度及激励机制。提高薪酬水平，规范福利待遇，探索中

长期的激励措施，从而吸引外来的优秀管理人才，稳定已经培养的具有一定经验的管理者，促进具有潜力的员工出国交流学习别人的经验，提升其外语水平及业务能力。

4. 加大企业对外投资的金融支持力度

中国企业在进行跨国经营及对外拓展的过程中，需要金融业提供跨境结算、信用支持、外汇及人民币贷款、贸易融资、国际保理等多方面的金融服务，需要政府完善相关的财税金融政策法规，提高对金融行业的支持与监管。财税金融体系的完善能为我国企业对外投资提供有力的保障，虽然我国企业"走出去"的金融支撑体系在不断完善，但我国对企业对外投资的金融支持力度还有一定的发展空间。一是建立更多的金融机构。中国的外汇储备足以支持建立一定数量的金融机构，增加服务于企业对外投资的银行种类和数量，引进良性竞争机制为企业提供更优质的服务。二是提供相关鼓励优惠政策，推动保险、金融咨询、证券、担保等非银行金融机构的建立和完善，为企业提供融资及保险服务，尤其加大政策咨询的支持力度，相关部门需加强政策法规的宣传、引导、咨询工作，让各企业了解到最新的投资政策和措施。三是成立各项投资基金，企业海外拓展投资基金、对外产业投资基金、外汇储备管理基金、风险投资基金等专项基金组织，专门用来扶持企业海外拓展。通过银行、保险、基金等机构多元化的发展，促进金融服务体系的完善，从而为企业对外投资提供更多的金融服务，加快企业的海外拓展和经营。

5. 破除不利于非国有企业对外投资的体制障碍

近年来国有企业在对外直接投资中的地位有所下降，与此同时，民营企业充分发挥其产业和产品优势、区域及人缘优势、产权和机制优势，在跨国并购、对外劳务合作业务、对外承包工程等业务中得到较快发展，逐步扩大了市场空间。为扶持民营企业"走出去"，需破除不利于非国有企业对外投资的体制障碍，解决制约民营企业"走出去"的制度环境因素，包括法律法规缺失、融资困难、社会服务体系不健全、行业准入限制等难题。为此，一是要完善有关的法律制度。为向民营企业对外直接投资提供优质、廉洁的服务，同时应针对民营企业产权保护、赋税减免、贷款、市场准入权利、经济地位等方面制定和完善法律法规，为其发展奠定良好的法律基础，提供稳定的政策和制度支持，营造一个公平竞争的市场环境。二是解决民营企业融资难的问题。利用国家外汇储备提供专项资金，同时发挥民间金融机构的积极性和优势，兴办民营金融机构、海外投资银行为中小企业对外投资助力；顺应"一带一路"发展形势，建立针对在沿线国家投资的金融机构和基金组织；建立健全民营企业信贷担保体制，为民营企业海外拓展提供信用担保。三是要提供良好的社会服务平台。通过完善企业海外投资的信息服务平台、建立数据库、提供政策解读平台等方式为非国有企业提供优质的信息服务；通过整合高校、企业管理层、社会资源、政府，为企业提供多元化的人才培训服务；开展如助力民营企业"走出去"的主题活动、经济论坛，为企业间提供交流平台，减少企业之间的信息沟通障碍。

6. 加强双边和多边投资协定

通过资本和技术的跨国流动，对外直接投资有效促进了国际资源分配、国际分工及各国的经济增长，但目前国际投资规则发展明显跟不上国际投资的发展势头。加强双边和多边投资协定谈判有利于我国参与国际投资规则的制定，也是我国对外投资转型升级的有效途径。双边与多边投资协定内容包括投资问题、贸易、服务、产业政策、就业政策、竞争政策、知识产权、环境保护、劳工权益等，尤其注重对环境问题和劳工标准问题的谈判，其已成为国际投资规则的共同价值取向（李玉梅和桑百川，2014）。弄清美国、欧盟等发达经济体及新兴经济体的立场，明确中国参与国际投资重构的优势，选择能够优先推动的双边和区域性投资协定同时兼顾多边投资协定谈判。把握国际投资规则发展趋势，强调投资自由化、便利化，扩大东道国政府的监管权及政策空间。加速中美、中欧投资协定谈判节奏，早日和美方达成一项互利共赢、高水平的协定，深化中欧全面战略伙伴关系，提升双边合作水平，为中国赴欧投资提供更好的条件和保护。最后，做好已签的双边投资协定的修订、调整工作，保护中国企业的海外利益。

7. 以风险防范为导向，健全海外风险监管体系

在进行海外投资的过程中，企业会面临国家政治风险、投资决策风险、管理风险、外汇风险、技术风险等，企业必须准确地评估投资风险，建立、健全海外风险监管体系。目前我国企业海外投资过程中所遇到的风险多为由企业经营环境相关的因素带来的非技术类风险，如法律、经济、环保、汇率等因素，技术类风险如产品的规格、工艺、服务等产生的挑战相对较少。对于技术风险，经营管理者可以迅速拿出合理的解决方案，但是对于非技术类风险，缺乏相关经验的人才，以及多个风险因素的不可控性，常常会导致企业的一些重大决策项目失误。在进行风险评估时，要做到深入调研、全面剖析。企业管理层在借鉴他国成功的风险管理经验时，不能简单照搬，针对不同的项目，应充分了解东道国的政策、市场、基础设施建设、交通等经济环境，对其国际政局状况、法律法规的完善性、投资地区的财政情况、项目可行性、项目预算等进行系统动态的整体性评估，找出影响项目实施和完成的关键风险。尤其防范对俄罗斯、波兰、捷克、哈萨克斯坦、印度、巴基斯坦、沙特阿拉伯、伊朗、阿尔及利亚、墨西哥等国家（地区）基建

行业投资的政治风险、经营风险和金融风险。另外利用避险工具，综合防范风险。利用金融平台建立海外投资风险保障体系，鼓励保险、担保、银行等金融机构和其他专业风险机构创新、研发各类跨境金融服务产品，指导企业使用避险工具及各机构的相关业务来保障自身利益。企业在选择保险公司时，重点考虑信誉度高的国际知名保险公司和国内保险业务。

参 考 文 献

柏杨. 2014. 金融危机以来贸易保护主义对我国对外贸易的影响研究. 南京大学硕士学位论文.

北京市统计局外向型经济外经统计课题研究组. 1992. 关于建立外向型经济统计指标体系的研究. 统计研究, (4): 26-31.

宾建成. 2011. 欧美"再工业化"趋势分析及政策建议. 国际贸易, (2): 23-25.

曹超群. 2008. 建筑企业跨国经营进程中国际化人才战略研究. 合肥工业大学硕士学位论文.

曹晨曦, 徐玲敏. 2009. 我国服务贸易开放度研究. 经济师, 7: 58-59.

曹洪军. 2010. 中国对外投资学. 北京: 经济科学出版社.

曹普. 2011. 1978: 中国对外开放基本国策的提出和实施. 党史博览, (7): 42-46.

曹启娥, 曹令军. 2009. 关于中国对外开发的回顾与思考. 河南工业大学学报(社会科学版), (3): 32-35.

陈彬. 2011. 中国服务贸易法律制度与管理体系的完善: 一个比较法的研究. 经济法论丛, 20(1).

陈传兴. 2015. 经济发展新常态下的中国对外直接投资发展战略. 东岳论丛, 36(11): 138-143.

陈德照, 谈世中. 1983. 实行对外开放是我国坚定不移的战略方针. 国际贸易, (5): 22-26.

陈虹, 章国荣. 2010. 中国服务贸易国际竞争力的实证研究. 管理世界, 10: 13-23.

陈继勇, 胡艺. 2009. 迈向互利共赢的开放之路——中国对外开放三十年的回顾与展望. 广东外语外贸大学学报, (1): 5-10.

陈建奇. 2015. 中国开放型经济的新发展、新挑战及新战略. 国际贸易, (9): 4-10.

陈寿琦. 1981. 对于应用"比较成本理论"的看法. 外贸教学与研究, (3): 4-5.

陈文敬. 2008a. 中国对外开放三十年回顾与展望(一). 国际贸易, (2): 4-10.

陈文敬. 2008b. 中国对外开放三十年回顾与展望(二). 国际贸易, (3): 4-12.

陈文敬, 赵玉敏. 2012. 贸易强国战略. 北京: 学习出版社.

陈贤翼. 1980. 国际贸易存在的根本原因及其作用. 江汉论坛, (4): 3-7.

陈永强, 徐成贤. 2013. 国际服务外包促进服务贸易的途径分析. 国际贸易问题, (12): 108-116.

迟福林. 2015. 转型抉择 2020: 中国经济转型升级的趋势与挑战. 北京: 中国经济出版社.

崔炳堂. 2012. 后危机时代新贸易保护主义对我国外贸的影响. 山东财经大学硕士学位论文.

戴翔, 张二震. 2013. 我国开放型经济传统优势弱化之后怎么办? 福建论坛(人文社会科学版), (3): 29-34.

戴翔, 张二震. 2015. 我国增长新阶段开放型经济的转型发展: 目标、路径及战略. 中共中央党校学报, (5): 82-91.

邓慧慧, 桑百川. 2010. 我国开放型经济发展路径选择: 包容性增长. 国际贸易, (12): 4-7.

邓堃. 2010. 论金融危机下贸易保护主义的新发展——兼论对我国对外贸易的影响. 安徽大学硕士学位论文.

邓小平. 1993. 邓小平文选(第 3 卷). 北京: 人民出版社.

邓小平. 1994. 邓小平文选(第 2 卷). 北京: 人民出版社.

董筱丹, 薛翠, 温铁军. 2012. 改革以来中国对外开放历程的演变及其内在逻辑. 中国经济史研究, (2): 146-158.

杜欣谊. 2008. 新贸易保护主义对中国出口贸易的影响与政府对策分析. 吉林大学硕士学位论文.

敦忆岚. 2014. 新时期中国企业对外投资问题及对策研究. 中国社会科学院研究生院博士学位论文.

樊纲, 马蔚华. 2015. 中国新一轮对外开放: 机遇与挑战. 北京: 中国经济出版社.

樊明太. 2000. 对外贸易对中国经济发展的影响及意义. 财贸经济, (8): 60-63.

冯敏, 宋彩萍. 2016. 运用"一带一路"发展中国与中东欧关系对策. 经济问题, (1): 26-29.

高鸿业. 1982. 比较成本学说不应构成我国外贸发展战略的理论基础. 经济问题探索, (4): 31-33.

盖起军. 2000. 试论对外开放理论与经济技术协作. 山西财经大学学报, 22(2): 24-27.

葛顺奇, 李圆圆. 2010. 外商直接投资对我国贸易发展的影响. 国际贸易, (8): 48-52.

谷震离. 2010. 基于改进熵值法的 MCAI 软件评价模型研究. 计算机工程与科学, 32(7): 134-136.

郭德香. 2012. GATS 框架下中国服务贸易的发展及其法律制度完善研究. 河南财经政法大学学报, 27(5): 111-118.

国家发展和改革委员会国际合作中心课题组. 2013. 中国区域对外开放指数的构建与分析. 全球化, (2): 83-95.

郝志成, 贺奇业力图. 1997. 统一开放与区域发展. 内蒙古师范大学学报(哲学社会科学版), (1): 23-30.

何帆. 2013. 中国对外投资的特征与风险. 国际经济评论, (1): 34-50.

何计文, 邓玲. 2016. 基于改进的 TOPSIS 法的开放型经济发展水平的测度与比较——以长江经济带省市为例. 东南学术, (2): 79-86.

洪联英, 张云. 2011. 我国境外经贸合作区建设与企业"走出去"战略. 国际经贸探索, (3): 48-54.

洪银兴. 1997. 从比较优势到竞争优势——兼论国际贸易的比较利益理论的缺陷. 经济研究, (6): 20-26.

胡祖六. 2004. 关于中国引进外资的三大问题. 国际经济评论, (2): 24-28.

黄安. 2014. 新时期中国外贸转型发展研究. 福建师范大学博士学位论文.

惠田. 2014. 我国服务贸易结构优化问题研究. 首都经济贸易大学硕士学位论文.

季崇威, 方生, 桑百川. 1999. 跨世纪的中国对外开放——对外开放 20 年的基本经验. 改革, (1): 68-75.

季崇威, 袁文祺. 1983. 大力提高经济效益打开外贸新局面. 国际贸易, (3): 16-20.

江小涓. 1993. 中国工业发展与对外经济贸易关系的研究. 北京: 经济管理出版社.

江小娟. 2004. 吸引外资对推进中国产业技术进步的影响. 煤炭企业管理, (5): 16-18.

蒋冠宏, 蒋殿春. 2014. 中国企业对外直接投资的"出口效应". 经济研究, (5): 160-173.

蒋姮. 2015. "一带一路"地缘政治风险的评估与管理. 国际贸易, (8): 21-24.

金京, 张二震, 戴翔. 2015. 论新形势下我国开放型经济发展战略的调整. 经济管理, (6): 12-20.

拉赫曼 M, 吴娟娟, 杜幼康. 2016. 21 世纪海上丝绸之路与中国—南亚关系. 印度洋经济体研究, (1): 31-62.

兰宜生. 2004. 对外开放度与地区经济增长的实证分析. 统计研究, (2): 19-22.

黎峰. 2011. 我国开放型经济转型升级的若干思考. 学习与探索, (1): 135-137.

黎峰. 2012. 论我国开放型经济的新阶段和新模式. 开放导报, (5): 25-29.

李江帆, 顾乃华, 陈洁雄. 2008. 发展与改革白皮书. 北京: 社会科学文献出版社.

李婧. 2015. "一带一路"背景下中国对俄投资促进战略研究. 国际贸易, (8): 25-29.

李丽明. 2005. 从外贸依存度看我国的对外贸易结构问题. 对外经济贸易大学硕士学位论文.

李孟刚. 2012. 中国产业外资控制报告(2011-2012). 北京: 社会科学文献出版社.

李萍, 赵曙东. 2015. 我国制造业价值链分工贸易条件影响因素的实证研究. 国际贸易问题,
(7): 57-66.

李倩. 2014. 中国服务贸易开放程度分析. 东北财经大学硕士学位论文.

李莎莎. 2013. 后危机背景下我国对外贸易面临的困境与区位选择. 科学决策, (2): 71-94.

李亭亭. 2013. 中国服务贸易国际竞争力及影响因素研究. 山东财经大学硕士学位论文.

李晓西. 1994. 新形势下的引进外资战略. 生产力研究, (3): 23-29.

李晓西. 2008. 改革开放30年对外开放理论回顾. 北京师范大学学报(社会科学版), (5): 5-21.

李迅雷, 周洪荣, 朱蕾. 2014. 中国农村劳动力转移效应及潜力测算. 财经研究, 40(6): 121-131.

李由. 2006. 开放条件下的中国区域经济发展问题. 北京师范大学学报(社会科学版), (3):
74-82.

李玉梅, 桑百川. 2014. 国际投资规则比较、趋势与中国对策. 经济社会体制比较, (1): 176-188.

联合国贸易和发展会议. 2015. 世界投资报告: 重构国际投资机制. 天津: 南开大学出版社.

梁莹莹. 2014. 中国对外直接投资决定因素与战略研究. 南开大学博士学位论文.

廖元和. 1990. 论以中心城市为依托的对外开放与对内联合. 改革与战略, (4): 24-29.

刘富英. 2013. 经济转型升级过程中我国对外贸易战略的选择. 山西财经大学硕士学位论文.

刘粆舒. 2013. 中国对外直接投资的政策演变研究. 沈阳工业大学硕士学位论文.

刘敏. 2004. 中国的服务贸易管理亟待提高美国服务贸易管理实践的启示// WTO法与中国论坛
文集——中国法学会世界贸易组织法研究会年会论文集(三).

刘翔峰. 2015. "一带一路"战略下的中哈经贸合作. 国际贸易, (11): 34-38.

刘晓玲. 2013. 开放型经济发展质量与效益评价指标体系的构建. 对外经贸, (9): 30-32.

隆国强. 2006-1-17. 互利共赢: 中国对外开放新战略之思. 国际商报.

隆国强. 2013. 我国战略机遇期内涵发生重大改变. 学习月刊, (9): 20-21.

隆国强. 2015. 中国经济新常态下的对外开放战略. 对外经贸, (4): 4-6.

卢锋. 2007. 我国承接国际服务外包问题研究. 经济研究, 09: 49-61.

吕康银. 2002. 区域开放与区域利益实现的经济学分析. 当代经济研究, (10): 10-13.

马光明. 2015. 中国贸易方式结构变迁与城镇女性就业——横向差异与纵向冲击. 财贸经济, (6):
112-123.

倪月菊. 2007. 世界主要国家和地区的服务贸易管理体制比较. 国际贸易, 2: 36-40.

聂名华. 2010. 我国利用外商直接投资亟待解决的几个问题. 国际贸易(8): 160-161.

裴长洪. 2013a. 从需求面转向供应面: 我国吸收外商投资的新趋势. 财贸经济, 2013, 34(4):
5-15.

裴长洪. 2013b. "两个转变": 全面提高开放型经济水平的题中之义. 国际贸易, (8): 4-11.

裴长洪. 2016. "十三五": 迈向更高层次开放型经济. 经济学动态, (1): 4-14.

裴长洪, 于燕. 2015. "一带一路"建设与我国扩大开放. 国际经贸探索, 31(10): 4-17.

秦单单. 2008. 新贸易保护主义的发展态势及对我国出口贸易的影响分析. 首都经济贸易大学硕士学位论文.

全球环境研究所. 2013. 走出去: 中国对外投资、贸易和援助现状及环境治理挑战. 北京: 中国环境出版社.

全毅. 2015. 论开放型经济新体制的基本框架与实现路径. 国际贸易, (9): 17-25.

桑百川. 2009. 30 年外商投资的贡献、经验与前景. 国际贸易, (1): 58-66.

桑百川, 靳朝晖. 2012. 国际投资规则新发展及对中国的影响. 山西大学学报: 哲学社会科学版, 35(3): 224-228.

申学锋. 2012. 中国近代对外开放史. 北京: 经济科学出版社.

沈传亮. 2014. 中国对外开放战略的历史演进. 辽宁师范大学学报(社会科学版), (3): 155-163.

沈大勇, 金孝柏. 2010. 国际服务贸易: 研究文献综述. 北京: 人民出版社.

石泽. 2015. 能源资源合作: 共建"一带一路"的着力点. 新疆师范大学学报: 哲学社会科学版, (1): 68-74.

宋双双. 2014. 在"一带一路"战略下扩大对外农业合作. 国际经济合作, (9): 63-66.

孙菲菲. 2013. 金融危机后新贸易保护主义的特点、影响及我国的应对措施研究. 天津财经大学硕士学位论文.

孙敬水, 林晓炜. 2016. 开放型经济的评价体系研究进展. 国际经贸探索, 32(2): 34-47.

孙敬鑫. 2015. "一带一路"建设面临的国际舆论环境. 当代世界, (4): 18-20.

孙立行. 2012. 探讨金融市场发展对提升外商直接投资质量的作用. 世界经济研究, (9): 81-86.

孙宁宁. 2014. 新贸易保护主义对中国出口贸易的影响及对策研究. 中共山东省委党校硕士学位论文.

孙秀丽, 隋广军. 2015. 中欧服务贸易竞争力比较研究. 国际经贸探索, 1: 4-15.

太平. 2008. 中国对外开放模式的演进. 政治经济学评论, (2): 51-69.

田国强. 2008. 改革开放 30 年回顾: 从拨乱反正、市场经济到和谐社会构建. 当代财经, (12): 5-14.

童玉芬, 朱延红, 郑冬冬. 2011. 未来 20 年中国农村劳动力非农化转移的潜力和趋势分析. 人口研究, 35(4): 55-64.

汪洋. 2013-11-22. 构建开放型经济新体制. 人民日报, 第 6 版.

王斌. 2013. 高外贸依存度下我国对外贸易结构调整研究. 哈尔滨商业大学硕士学位论文.

王佃凯. 2011. 市场开放对服务贸易竞争力的影响——基于中国服务业市场开放的分析. 财贸经济, 12: 82-88, 135.

王丰龙, 张衔春, 杨林川, 等. 2016. 尺度理论视角下的"一带一路"战略解读. 地理科学, 36(4): 502-511.

王桂敏. 2015. 开放型经济的多位诠释——理论基础与实践运行北京: 中国社会科学出版社.

王海峰. 2014. 新形势下提高我国利用外资质量和水平的战略思考. 国际贸易, (1): 41-44.

王和平. 1988. 比较成本学说可以作为我国对外经贸理论的基础. 当代财经, (11): 7-10.

王建琼, 刘平昌. 2008. 邓小平对外开放思想理论体系论析. 探索, (6): 18-20.

王健, 惠锐. 2014. 化解产能过剩的新思路及对策. 福建论坛: 人文社会科学版, (8): 29-36.

王娟娟. 2015. 京津冀协同区、长江经济带和一带一路互联互通研究. 中国流通经济, (10): 64-70.

王林生. 1982. 试论社会主义对外贸易的地位和作用问题. 国际贸易, (2): 13-20.

王晓红, 梁瑞, 彭玉麒. 2016. 我国外贸"十二五"发展回顾及"十三五"趋势分析. 国际贸易, (3): 4-13.

王晓亮, 王英. 2013. 区域开放型经济发展水平评价指标体系构建. 地域研究与开发, 32(3): 27-31.

王义桅, 郑栋. 2015. "一带一路"战略的道德风险与应对措施. 东北亚论坛(4): 39-47, 127.

王英. 2010. 中国货物贸易对于服务贸易的促进作用——基于服务贸易引力模型的实证分析. 世界经济研究, 7: 45-48, 88.

王子先. 2000. 以竞争优势为导向——我国比较优势变化与外贸长期发展的思考. 国际贸易, (1): 9-14.

王子先. 2014. 中国参与全球价值链的新一轮开放战略. 北京: 经济管理出版社.

王子先, 姜荣春. 2008. 对外开放 30 年: 迈向开放型经济目标的过程及路径. 国际贸易, (6): 4-11.

魏后凯. 2001. 我国外商投资的区位特征及变迁. 经济纵横, (6): 23-28.

吴润生. 2015. "一带一路"战略的几个问题思考. 中国发展观察, (6): 17-22.

吴其胜. 2014. 国际投资规则新发展与中国的战略选择. 国际关系研究, (2): 134-146.

项松林. 2015. 中国开放型经济嵌入全球创新链的理论思考. 国际贸易, (7): 9-17.

徐玲, 夏晴, 董自光. 2016. 当前我国利用外资的新特点和新形势分析. 国际贸易, (5): 18-21.

徐亚静, 王华. 2011. 开放条件下的外商直接投资与中国技术创新. 国际贸易问题, (2): 136-146.

徐占忱. 2014. 全球化变局与中国新一轮对外开放. 北京: 中国经济出版社.

许统生, 熊正德, 刘永辉. 2007. 对我国服务贸易开放度的度量. 统计与决策, (16): 71-74.

许宪春. 2016. 取得巨大新成就的收官之年——《2015 年统计公报》评读. 中国经济景气月报, (2).

薛荣久. 1982. 李嘉图"比较成本说"不能指导我国对外贸易——与季崇威同志商榷. 经济科学, (2): 68-72.

闫克远. 2012. 中国对外贸易摩擦问题研究. 东北师范大学博士学位论文.

杨德才. 2010. 改革开放以来外商直接投资在我国的真实效应分析——兼评我国 FDI 政策调整. 当代经济研究, (10): 28-32.

杨凤鸣, 薛荣久. 2013. 加入 WTO 与中国"开放型经济体系"的确立与完善. 国际贸易, (11): 15-18.

杨小梅. 2015. 中国与"一带一路"亚洲国家的经贸问题和策略研究. 河南大学硕士学位论文.

杨长湧. 2010. 我国内外需关系现状及调整思考. 宏观经济管理, (1): 35-36, 39.

姚星, 黎耕, 高伟. 2010. 改革开放 30 年中国服务贸易的发展及问题探析. 国际贸易论坛, (3): 36-39.

姚枝仲, 李众敏. 2011. 中国对外直接投资的发展趋势与政策展望. 国际经济评论, (2): 127-140.

叶宗裕. 2003. 关于多指标综合评价中指标正向化和无量纲化方法的选择. 浙江统计, (4): 24-25.

殷阿娜, 王厚双. 2014. 中国开放型经济转型升级的路径研究——基于绩效评估. 经济问题探索, (4): 106-110, 153.

殷阿娜, 王厚双. 2015. 中国开放型经济发展绩效评估研究. 当代经济管理, 37(8): 1-4.

尹汉宁, 涂人猛, 钟建勤. 1994. 内陆区域对外开放的理论研究. 江汉论坛, (3): 33-38, 26.

余玲. 2011. 我国利用外商直接投资的现状及发展思路. 中国国情国力, (2): 19-22.

袁文祺, 王健民. 1982. 重新认识和评价对外贸易在我国国民经济发展中的作用和地位. 国际贸易, (1): 22-28.

袁文祺, 戴伦彰, 王林生. 1980. 国际分工与我国对外经济关系. 中国社会科学, (1): 3-20.

曾志兰. 2003. 中国对外开放思路创新的历程——从外向型经济到开放型经济. 江汉论坛, (11): 17-20.

张二震, 戴翔. 2014. 关于构建开放型经济新体制的探讨. 南京社会科学, (7): 6-12.

张二震, 戴翔. 2015. 全球价值链下的贸易应对之策. 中国国情国力, (2): 21-23.

张国庆. 2011. 进一步提高对外开放水平. 国际贸易, (3): 4-9.

张慧. 2013. 国际贸易保护主义的新发展与中国的对策探讨. 商业时代, (1): 62-63.

张娟. 2014. 服务贸易: 新常态下创新路径. 开放导报, (6): 23-27.

张珂维. 2014. 后金融危机时代新贸易保护主义研究. 武汉工程大学硕士学位论文.

张连城, 周明生. 2009. 内外失衡背景下中国宏观经济政策选择——2009 年中国经济增长与周期高峰论坛年会综述. 经济研究, (8): 148-155.

张钱江, 戴小红. 2013. 服务贸易. 杭州: 浙江工商大学出版社.

张晓静. 2015. 中国外商投资发展报告. 北京: 对外经济贸易大学出版社.

张艳, 于立新, 孟翡. 2015. 促进我国服务贸易与货物贸易协调发展的路径研究——基于浙江省经验的实证分析. 财贸经济, 1: 105-116.

张燕生. 2010a. 国际经济形势特点与中国外向型模式转变. 国际贸易, (8): 10-12.

张燕生. 2010b. 我国对外开放面临着新的发展契机//2010 中国经济特区论坛: 纪念中国经济特区建立 30 周年学术研讨会论文集.

张洋. 2016. 服务贸易发展的国际经验及借鉴. 宏观经济管理, 4: 87-92.

张幼文. 2001. 跨越时空: 入世后改革开放的新阶段. 上海: 上海社会科学院出版社.

张雨. 2016. 开放型经济转型发展的国际经验及其借鉴. 国际贸易, (4): 38-44.

张芸, 杨光, 杨阳. 2015. "一带一路"战略: 加强中国与中亚农业合作的契机. 国际经济合作, (1): 31-34.

赵春明, 文磊. 2016. "一带一路"战略下发展开放型经济的挑战与对策. 中国特色社会主义研究, (2): 40-44.

赵丽娜, 孙宁宁. 2014. 新贸易保护主义对中国出口贸易的影响及对策研究. 理论导刊, (11): 63-71.

赵三英, 蔡文浩. 2007. 中国对外开放进程的演化. 生产力研究, (9): 70-71.

赵雪. 2013. 中国服务贸易促进体制的分析. 东北师范大学硕士学位论文.

郑志来. 2016. "一带一路"战略实施背景、路径与对策研究. 湖湘论坛, 29(1): 98-102.

中国商务年鉴编委会. 1996. 中国商务年鉴 1996. 北京: 中国商务出版社.

中国商务年鉴编委会. 1997. 中国商务年鉴 1997. 北京: 中国商务出版社.

中国商务年鉴编委会. 1998. 中国商务年鉴 1998. 北京: 中国商务出版社.

中国商务年鉴编委会. 1999. 中国商务年鉴 1999. 北京: 中国商务出版社.

中国商务年鉴编委会. 2000. 中国商务年鉴 2000. 北京: 中国商务出版社.

中国商务年鉴编委会. 2001. 中国商务年鉴 2001. 北京: 中国商务出版社.

中国商务年鉴编委会. 2002. 中国商务年鉴 2002. 北京: 中国商务出版社.

中国商务年鉴编委会. 2003. 中国商务年鉴 2003. 北京: 中国商务出版社.
中国商务年鉴编委会. 2004. 中国商务年鉴 2004. 北京: 中国商务出版社.
中国商务年鉴编委会. 2005. 中国商务年鉴 2005. 北京: 中国商务出版社.
中国商务年鉴编委会. 2006. 中国商务年鉴 2006. 北京: 中国商务出版社.
中国商务年鉴编委会. 2007. 中国商务年鉴 2007. 北京: 中国商务出版社.
中国商务年鉴编委会. 2008. 中国商务年鉴 2008. 北京: 中国商务出版社.
中国商务年鉴编委会. 2009. 中国商务年鉴 2009. 北京: 中国商务出版社.
中国商务年鉴编委会. 2010. 中国商务年鉴 2010. 北京: 中国商务出版社.
中国商务年鉴编委会. 2011. 中国商务年鉴 2011. 北京: 中国商务出版社.
中国商务年鉴编委会. 2012. 中国商务年鉴 2012. 北京: 中国商务出版社.
中国商务年鉴编委会. 2013. 中国商务年鉴 2013. 北京: 中国商务出版社.
中国商务年鉴编委会. 2014. 中国商务年鉴 2014. 北京: 中国商务出版社.
中国商务年鉴编委会. 2015. 中国商务年鉴 2015. 北京: 中国商务出版社.
中国商务年鉴编委会. 2016. 中国商务年鉴 2016. 北京: 中国商务出版社.
中华人民共和国国家统计局. 2002. 中国高技术产业统计年鉴 2002. 北京: 中国统计出版社.
中华人民共和国国家统计局. 2003. 中国高技术产业统计年鉴 2003. 北京: 中国统计出版社.
中华人民共和国国家统计局. 2004. 中国高技术产业统计年鉴 2004. 北京: 中国统计出版社.
中华人民共和国国家统计局. 2005. 中国高技术产业统计年鉴 2005. 北京: 中国统计出版社.
中华人民共和国国家统计局. 2006. 中国高技术产业统计年鉴 2006. 北京: 中国统计出版社.
中华人民共和国国家统计局. 2007. 中国高技术产业统计年鉴 2007. 北京: 中国统计出版社.
中华人民共和国国家统计局. 2008. 中国高技术产业统计年鉴 2008. 北京: 中国统计出版社.
中华人民共和国国家统计局. 2009. 中国高技术产业统计年鉴 2009. 北京: 中国统计出版社.
中华人民共和国国家统计局. 2010. 中国高技术产业统计年鉴 2010. 北京: 中国统计出版社.
中华人民共和国国家统计局. 2011. 中国高技术产业统计年鉴 2011. 北京: 中国统计出版社.
中华人民共和国国家统计局. 2012. 中国高技术产业统计年鉴 2012. 北京: 中国统计出版社.
中华人民共和国国家统计局. 2013. 中国高技术产业统计年鉴 2013. 北京: 中国统计出版社.
中华人民共和国国家统计局. 2014. 中国高技术产业统计年鉴 2014. 北京: 中国统计出版社.
中华人民共和国国家统计局. 2015. 中国高技术产业统计年鉴 2015. 北京: 中国统计出版社.
中华人民共和国国家统计局. 2016. 中国高技术产业统计年鉴 2016. 北京: 中国统计出版社.
中华人民共和国国家统计局. 1996. 中国统计年鉴 1996. 北京: 中国统计出版社.
中华人民共和国国家统计局. 1997. 中国统计年鉴 1997. 北京: 中国统计出版社.
中华人民共和国国家统计局. 1998. 中国统计年鉴 1998. 北京: 中国统计出版社.
中华人民共和国国家统计局. 1999. 中国统计年鉴 1999. 北京: 中国统计出版社.
中华人民共和国国家统计局. 2000. 中国统计年鉴 2000. 北京: 中国统计出版社.
中华人民共和国国家统计局. 2001. 中国统计年鉴 2001. 北京: 中国统计出版社.
中华人民共和国国家统计局. 2002. 中国统计年鉴 2002. 北京: 中国统计出版社.
中华人民共和国国家统计局. 2003. 中国统计年鉴 2003. 北京: 中国统计出版社.
中华人民共和国国家统计局. 2004. 中国统计年鉴 2004. 北京: 中国统计出版社.
中华人民共和国国家统计局. 2005. 中国统计年鉴 2005. 北京: 中国统计出版社.
中华人民共和国国家统计局. 2006. 中国统计年鉴 2006. 北京: 中国统计出版社.
中华人民共和国国家统计局. 2007. 中国统计年鉴 2007. 北京: 中国统计出版社.

中华人民共和国国家统计局. 2008. 中国统计年鉴 2008. 北京: 中国统计出版社.
中华人民共和国国家统计局. 2009. 中国统计年鉴 2009. 北京: 中国统计出版社.
中华人民共和国国家统计局. 2010. 中国统计年鉴 2010. 北京: 中国统计出版社.
中华人民共和国国家统计局. 2011. 中国统计年鉴 2011. 北京: 中国统计出版社.
中华人民共和国国家统计局. 2012. 中国统计年鉴 2012. 北京: 中国统计出版社.
中华人民共和国国家统计局. 2013. 中国统计年鉴 2013. 北京: 中国统计出版社.
中华人民共和国国家统计局. 2014. 中国统计年鉴 2014. 北京: 中国统计出版社.
中华人民共和国国家统计局. 2015. 中国统计年鉴 2015. 北京: 中国统计出版社.
中华人民共和国国家统计局. 2016. 中国统计年鉴 2016. 北京: 中国统计出版社.
中华人民共和国环境保护部. 2016. 2016 年全国大、中城市固体废物污染环境防治年报. http://
　　www.zhb.gov.cn/gkml/hbb/qt/201611/t20161122_368001.htm[2016-11-22].
中华人民共和国商务部. 2004. 2003 年度中国对外直接投资统计公报. 北京: 中国统计出版社.
中华人民共和国商务部. 2014. 2013 年度中国对外直接投资统计公报. 北京: 中国统计出版社.
中华人民共和国商务部. 2015. 2014 年度中国对外直接投资统计公报. 北京: 中国统计出版社.
中华人民共和国商务部. 2015. 2015 年中国对外投资合作发展报告.
中华人民共和国商务部. 2016. 2015 年度中国对外直接投资统计公报. 北京: 中国统计出版社.
周茂荣, 张子杰. 2009. 对外开放度测度研究述评. 国际贸易问题, (8): 121-128.
朱立南. 1994. 我国加工贸易现象剖析. 国际贸易, (12): 48-50.
卓丽洪, 贺俊, 黄阳华. 2015. "一带一路" 战略下中外产能合作新格局研究. 东岳论丛, 36(10):
　　175-179.
Dollar D, Kraay A. 2002. Spreading the wealth. Foreign Affairs, 81(1): 120-133.
Lane P R, Milesi-Feretti G M. 2001. The external wealth of nations: Measures of foreign assets and
　　liabilities for industrial and developing countries. Journal of International Economics, 55(2):
　　263-294.
Miniane J. 2004. A new set of measures on capital account restrictions. IMF Staff Papers, 51:
　　276-308.
Romalis J. 2003. Factor proportions and the structure of commodity trade. American Economic
　　Review, 94(1): 67-97.
Squalli J, Wilson K. 2006. A new approach to measuring trade openness. Economic & Policy
　　Research Unit Working Paper.
Squalli J, Wilson K. 2011. A new measure of trade openness. World Economy, 34(10): 1745-1770.

后　记

　　本书是在国家社会科学基金《我国开放型经济转型升级路径研究》（13BJY009）研究报告的基础上进行补充、拓展、提升、完善而形成的。

　　该课题的申报题目原为"GVC 与 NVC 二维视角下我国开放型经济转型升级路径研究"，拟从开放型经济转型的区域视野，分析国家价值链（NVC）在一个大国内部的区域间如何进行整合和构建；从开放型经济转型的全球视野，研究嵌入全球价值链（GVC）的动力机制及升级路径，从而突破传统的 GVC 研究视角，以期对全球价值链理论有所补充和完善。但由于下达题目时前面的"GVC 与 NVC 二维视角下"被省去，变为"我国开放型经济转型升级路径研究"，其研究的领域宽泛了许多。"开放型经济"既包括外商投资、对外投资、对外贸易，又包括对外开放的区域布局、国际经济合作空间的拓展、安全开放金融体系的构建，以及优化市场环境、保障机制建设等。但由于国际贸易和国际投资一直是两种最重要的国际经济活动，是一个国家或企业走向国际市场两种最重要的选择。而且从本书参考的众多关于开放型经济的研究成果来看，也未面面俱到，都主要集中在开放型经济的某一方面或者某几个方面。因此，本书仍然聚焦于开放型经济中两大重要领域——投资和贸易，同时对我国在开放型经济转型升级的理论和实践进行梳理和总结，对开放型经济发展中的体制改革、路径升级提出对策建议，而对其他方面的研究难免有所忽略和不足。再加上课题组成员才疏学浅，囿于前期的知识结构、研究积累也无法覆盖开放型经济的方方面面，存在的缺陷和遗漏是我们未来研究的努力方向。

　　本书由段小梅进行总体框架设计，拟订编写提纲。之后，由段小梅、杨占锋（内江师范学院经济与管理学院）、孙娟、周莹、李静、柴泽阳、孙媛媛等分工撰稿，最后由段小梅统纂成书。在本书编写过程中，参考或引用了许多学者及行政管理部门已有的研究资料或观点，谨表示诚挚的谢意。凡被引用的内容均尽量在书中或书后参考文献中列录，但也可能有遗漏之处，谨表示歉意。由于作者水平所限，以及对一些问题的研究还不够深入，加之一些资料收集困难，书中的不足之处在所难免，敬请读者批评指正。

　　本书的出版得到了教育部人文社会科学重点研究基地重庆工商大学长江上游

经济研究中心科研（智库）团队项目"长江上游地区创新创业与区域经济发展"（CJSYTD201706）和重庆工商大学经济学院国际贸易教研室的支持。在此，一并表示衷心的感谢。

段小梅

2017 年 10 月 10 日